# 好好和孩子說話，創造零距離對話

## 心理學家的父母說話課，有效溝通、情緒減壓，打造親密和諧的親子關係

溫蒂・莫傑爾博士（Wendy Mogel, PhD） 著
陳莉淋 譯

高寶書版集團

獻給安與倫納德·莫傑爾

「就好像她踏入了一條船，然後被強烈的水流沖刷一般。她並不知道那些字的意義，而且也無法唸出幾個名稱，但是沒有人打擾去試圖糾正她，而她不停地讀下去，強烈穩定的節奏，從一個鏗鏘有力的韻腳迅速向前拉到另一個。」

——桃樂絲・肯菲爾德・費雪（Dorothy Canfield Fisher），摘自《貝絲丫頭》（*Understood Betsy*, 1916）

# 目錄
CONTENTS

# 作者的話

一九七〇年代，當我是一個心理系學生時，一些可怕的謊言被認為是事實：精神分裂症是由「精神分裂基因（過度保護又拒絕）」的母親所導致；自閉症的成因是因為「冰箱」（refrigerator）母親；男同性戀是因為軟弱的父親無法控制他們強勢的妻子。在那個時代，婦女運動旨在消除生物學即為命運的概念。男孩與女孩來到世界上是平等的，關鍵在於後天養育。提供女孩積木，提供男孩洋娃娃，彼此間的差異就會消失。如此雖然立意良善，但是用這種方法去保護權益、允許成長和不受限的機會又太過狹隘，而且經不起科學的檢驗。

然而，一九七〇年代也產生了一些直到今日仍站得住腳的絕佳事實。其中之一就是由社會心理學家珊卓．班姆（Sandra Bem）所發展出的心理兩性化理論（*theory of psychological androgyny*）。她健全的研究顯示展現出一些傳統上被視為「男性」特質的女孩，及帶有「女性」特質的男孩，其情感上較那些態度和行為都分布在性別標準兩端的孩子來得更健康。班姆發現狹隘的定義、限制性別角色對個人和對整個社會都有負面的影響。

班姆開啟了一個運動，將性別角色從二元且固定的定義，轉變為今日我們對於豐富且逐步形成的性別表達光譜更細緻的理解。一九八〇年代末，我得到一個經驗，幫助我深入理解這個主題。四歲半的艾許的父母來找我談論關於他令人困惑的行為。他的媽媽說：「艾許每天至少一次會突然抬起脖子，然後一臉擔心的往上看。接著他會舉起雙臂、兩手肘彎曲、雙手握拳，然後墊腳尖在房間裡面快速奔跑。我問他為什麼這麼做，他用一種實事求是的口氣解釋道：『媽，當灰姑娘看到時鐘已經接近午夜，她必須撩起晚禮服的裙襬，這樣她才能飛快跑到南瓜馬車那裡。』莫傑爾博士，我們擔心他有性別認同障礙（gender identity disorder，GID）。」

那時，「GID」被認為是一種心智疾患，時常在新聞中被提到。為了決定一種適當的診斷和治療計畫，我向兩位專門處理年輕男孩這種「狀況」的資深心理師同事尋求意見。一位堅持死板的哲學，其觀念類似那些從事同性戀轉換的治療師：「告訴那些父母，立刻清除男孩房間裡面的所有洋娃娃和女性服裝，不准有任何女生玩伴，然後父親必須開始每天跟他一起運動。他們也要至少讓他參加一種運動團隊。」

另一個同事說：「告訴父母讓他做自己。為他的想像力感到高興，甚至一起同樂。媽媽可以問：『南瓜馬車的座椅有椅墊嗎？還是更像長板凳呢？』」

當我再次跟艾許的父母見面時，我告訴他們不用擔心他目前的行為，或是預測他的未來。「我們現在知道的所有事情就是有時候……他是灰姑娘，而且我們愛他。你們對他創造力和自我表達的尊重對他的成長極其重要。」

一九九〇年代，神經科學發展出先進的科技工具，提供了大量資料，顯示性別差異在認知、情感和生理發展；感覺知覺，像是聽覺和視覺；解剖和大腦結構；荷爾蒙在情感上的影響；以及其他細微但在與兒童和青少年溝通時又非常重要的特性。還沒有大量的研究可以告訴我們跨性別人們的大腦是否更偏向他們的「體驗性別」（experienced gender），而非他們出生證明上勾選的「指定性別」（assigned gender）——不過這個工作已經開始了。今日，大多數的心理健康專業人員（以及年輕人）都瞭解性別是坐落於一段光譜內，而非完全的二元分類，每個人經驗到自己是誰、想如何穿搭、最喜歡被如何稱呼，以及被什麼樣的朋友、情人和性取向所吸引皆不適合硬塞入預定或固定的類別。

隨著科技和社群媒體的發展，父母必須成為終身學習者，以便為孩子制定和執行合理和保護性的規則。瞭解性別表達也是相同的道理。如果你希望孩子視你為可信任的夥伴，你必須下工夫。我知道沒有一個地方比「genderspectrum.org」這個網站更適合做為一個起點。對於教育工作者、父母和青少年來說，這是一個沒有術語、沒有爭論，既合理又完整的資源。

閱讀本書中關於男孩和女孩，以及其父母親態度和行為的陳述時，請根據你的需要，自行對號入座。如果你是單親、同性別伴侶或屬於任何一種與較傳統核心家庭並存的新家庭結構，也同樣適用此原則。

敏感的理解到生物學上的差異，可以幫助我們深刻瞭解該如何幫助女孩成為有自信和具創造力的科學家、工程師及數學家——這些我們在二十一世紀所需要的人才——同時保護她們免受在生活各方面都必須力求完美的壓力。在不斷變化的經濟和教室中，男孩們的高能量和「發現樂趣」的喜悅常常被視為一個問題，這使我們找出最佳方法來促進他們的自豪感和實力。男孩們需要成人導師將他們養育為會表達情感、可以與他人建立親密關係，並且有能力控制自己強烈衝動的男人。

本書的主要目標是教導讀者在孩子生命的各個階段，如何學習與孩子們交談所需的「特殊語言」。有些課程是根據神經科學和生物學的新知；有些是根據我幾十年來與所有家庭類型互動的臨床經驗；有些是根據近代顯露出的文化見解。沒有一種是刻板模式或泛論，我總是期許父母們去調整策略以適應每個獨特孩子不斷發展中的心靈、人格以及需要。

為了保護書中描述的個人和機構的隱私，我更改了名字、可供辨識的特徵以及事件發生的地點。

# 序言

這本書是獻給希望想要找到自己聲音的父母。

你們有些人剛成為新手爸媽，才正要開啟將重新定義自己，同時塑造被你們召喚來這個世界的小小生命的終身交談。

你們有些人已經為人父母幾年或多年。你們可能一遍又一遍地說著同樣的事情導致嗓音嘶啞，無論是提醒、懇求還是尖叫，而你說的話仍然沒有被聽進去：你的孩子忘了沖馬桶，罵他的妹妹是傻瓜，說他再也睡不著覺還有總是拖拖拉拉的早晨。或者儘管你每晚請求或威脅，你的女兒還是邊作功課邊上網社交，並以粗魯和無禮的方式對你說話，你的母親過去曾為了這樣的行為將你禁足。你說的話沒有份量，但是你沒有放棄，你只是對自己失去了信心，對你的孩子失去了期望。

你們有些人默不作聲，顯然已經放棄了，你們失去了不斷嘗試與孩子建立聯繫的靈感、自信和精力。與你十四歲的孩子一起自拍時，你對於如何抓到完美角度已經非常熟練，但是你們兩個似乎沒有任何交集。因此，你放棄了對學校作業的嘮叨，轉而退避到電子螢幕這種容易的夥伴關係或是工作的庇護之下。

嘶啞或沉默不語；新手爸媽或經驗豐富；你想知道是否有一個神奇公式，將使一切變得更容易而且更好。事實是沒有什麼神奇公式。你所擁有的就是你的聲音。如果你知道如何使用它，你的聲音就是你所需要的。

這本書是關於與兒童和青少年的交談，並且教導他們用口語去表達自己。它是關於使用文字和語氣、節奏和時機、環境和行為以加深你與孩子之間的關係。它不是一個公式，而是一種實踐。

人類透過溝通去連結。寶寶看著你的眼睛，同時咿咿呀呀、牙牙學語的時候，你的鏡像神經元會開始活化。你本能地重複孩子的聲音、動作和表情。很快地，你們兩個會開始交換單字，然後是句子。雖然這是最自然的技能，但是與孩子說話需要有奉獻的精神、事先的考慮和耐心。它牽涉到猶如接發球般的發聲互動、良好傾聽所需的自我克制以及對輕鬆活潑、非常好笑、令人作嘔、深切、令人心碎、發自內心、尷尬但有價值和富有啟發性等談話的歡迎態度。所有這些對話都會經由建立愛與信任的聯結、提高孩子對自己熱情和偏愛的理解以及幫助他們將父母和其他成年人視為完整的人來豐富我們的家庭生活。

我已經與父母和孩子一起工作超過三十個年頭。我的焦點以往是放在教育父母有關兒童發展、家庭動力和不切實際的教養期望。這些知識可以幫助他們以更靈敏和可信賴的方式與孩子相處。但是幾年前我開始改變我的策略。

我一直鼓勵父母與我重新討論他們與孩子經歷的爭執或僵局。在我們深入討論的期間，我開始注意到他們如何說，正如他們說了什麼一樣重要。那些女性和男性通常都是出色的溝通者。和其他成年人說話時，他們使用強烈、清晰和直接的語調。但是當使用角色扮演回到與孩子的爭吵情節時，我經常會看到一個戲劇性的轉變。他們會畏縮並且僵住。他們聽起來很軟弱、受傷、憤怒和惱怒。有些人會用嬰兒的聲音說話；有些人是小小聲地說。所有人的聲音聽起來都是高音調和令人痛苦。他們會聳起肩膀，接著開始指著孩子責罵。

那時我會問：「然後你開始大吼大叫嗎？」他們會點點頭。我會繼續問：「多大聲？現在做給我看看。」然後他們會嘗試。我會露出微笑。「哇，她真的贏了那一回合，是吧？」接著我們會一起大笑。分享這種挫敗和羞辱感有一個雙重目的：減輕了他們的負擔，且幫助他們瞭解即使他們的言論在心理上完全正確，孩子們也不會聽進去，原因在於訊息被傳遞的方式。

針對幾位客戶，我決定跳過一般的流程，並以指導他們的發聲技巧作為我們工作的開始。我會介紹以低音域說話、帶著更多溫暖、放慢節奏以及展現放鬆但自信的肢體語言等概念。然後我們會練習，而且我會鼓勵他們從那天晚上就開始使用他們的新技巧。

孩子們的轉變，迅速得令人吃驚。父母們回報說，即使他們在語氣和行為上只有微小的變化，也改變了整個關係的新陳代謝。當父母們訓練自己認真傾聽並且與年幼的兒女進行兒童式對話時，孩子們會願意合作並且變得更加有禮貌和坦率。當父母們學會找到與青少年進行尊重和放鬆的對話開場時，同樣的事情也發生了。

與孩子對話的藝術不僅取決於內容，還取決於學習用隨著孩子的成熟度不斷變化的說話方式來說話。如果成人的風格和形式與兒童聽眾的認知發展、興趣和氣質相符合，那麼幾乎任何想法都可以溝通。這些因素伴隨學習的典型性別差異，將影響男孩或女孩聽到和理解的內容。如果你期望七歲兒子的聽與回應會像他姊姊在七歲時那樣，那麼你注定要失望。但是如果你能切入他的頻道，你將可以度過更輕鬆的時光。

本書的課程旨在提升你家中的氣氛，讓你更貼近你的孩子，並且對我們緊張和擾人的文化有著平衡作用。但要充分利用這些策略，還有一種聲音你可能需要進行調整，這裡指的是在你腦海中低語著「還不夠」的聲音。沒有足夠的資源、要上最好的學校、得到老師的注意力、得到機會和結交可以提供正確影響力的朋友。時間不夠用、帳戶裡的錢不夠、保護地球的時間和把事情做完的機會不夠。大多數父母的心中充滿了對匱乏的恐懼。這就是使他們的聲音變得緊張和恐慌的原因。使我們與孩子的對話變得令人不愉快的衝動、猶豫、責罵和請求的背後就是恐懼。

在我作家庭治療的時期，父母們就一直在擔心匱乏。現在，隨著科技將我們帶入一個令人興奮卻又深不可測的未來時，他們更加的害怕。孩子們必須培養二十一世紀所需的技能！不過，是哪些呢？程式設計還是焊接？機器人還是覓食？流利的中文，還是在社交和情感的技巧上既可做為領導者又可以是團隊的一員？或者以上皆是？立意良善的父母們在瘋狂的過度計劃和無望的麻痺之間搖擺。與此同時，他們的孩子則患有焦慮、憂鬱、做惡夢、飲食疾患和逐漸減弱的動機。

世界的步伐將繼續加快。雖然這讓人感覺很可怕，似乎你無法做你被設計該做的事情——保護你的孩子——但是它也是個解脫。即使你盡可能地擔心和計劃，你也無法預測哪些技能將會得到報償、哪些學位將通往最能實現個人抱負的職業、哪些工作將會最賺錢，或者哪個城市在二十年後對你的孩子而言仍然安全。保護孩子的方法不是試圖戰勝未來。而是透過專注於永恆的事物，提供孩子永遠需要的基本需求：穩定、一致、溫柔和接受。

停止恐懼，你將會打開一扇前往迷人之處的大門。為人父母的最大樂趣之一就是在另一個時代，由一個感受與你截然不同的小人兒領導著你經歷第二次成長。孩子們的新鮮視野、嬉鬧和天真無邪，以及他們熱切的渴望學習都會為你的生活增添色彩。如果你能意識到作為父母，是一個能與你的兒子或女兒一起探索這個雄偉又神祕的世界的機會，那麼對你來說，為人父母的壓力應該可以減少，而不是增加。無論我們的星球正處於多大的危險，它仍然是綠意盎然，並且充滿美麗和魅力，而我們的孩子則充滿魔力。如果他們信任你，如果你肯花時間，如果你願意跟隨他們，他們將引領你邁向一段不可思議的旅程。

# 第1章　觀眾正在聆聽（從嬰兒期到學步期）

一位母親對她的新生兒所說的第一句話通常輕柔的如音樂、甜美且高音頻。社會科學家將這種本能的語言稱為父母語（Parentese）。它以往被稱為媽媽語（Motherese），直到研究人員注意到，在與嬰兒交談時，男性也會強調關鍵字，同時簡化他們的語法，並且放緩他們的傳達速度以配合孩子的注意廣度（attention span）和理解能力。三歲左右的孩子就會自然地使用父母語對嬰兒和學步期的幼兒說話。

父母語的特徵是什麼呢？可以吸引寶寶注意力的抑揚頓挫，並充滿變化的輕快語調。輕柔的升高音調而非尖叫。拉長的母音與清晰誇張的子音。帶有押韻和重複性、簡單但吸引人的字彙：「那是一個大泡泡！寶寶的睡覺時間到囉。一個甜美可愛又想睡的寶寶的睡覺時間到囉。」雖然嬰兒無法理解個別單字的意義，但是他們會留意你各個方面的表現——音量和節奏、強調和重複、目光接觸、臉部表情和手勢。

或許最重要的是父母和孩子之間持續不斷的回饋。寶寶微笑或哭泣的指物，而父母描述孩子看到的東西：「那是一隻**大狗狗**！一隻大狗狗在我們這條街上！」

當孩子學會發出單字時，父母會使用適當的發音和擴展主題來提供溫和的鼓勵：

「卡ㄊㄜ！」

「對，那是一輛黃色的卡車。」

早在一九七七年，哈佛大學的心理學兼語言學家凱瑟琳．斯諾（Catherine E. Snow）就寫道：「語言習得是母親與孩子互動過程所產生的結果，這個過程從嬰兒期就開始了，孩子作出的重要貢獻不亞於母親，且其對於認知和情緒發展以及語言習得極其重要。」她的想法走在時代的尖端：其後二十年間沒有實驗研究支持她的主張。但現今科學進展顯示大腦發育確實與社交互動有關。父母語——嬰兒口語溝通的橋梁——不僅是教授嬰兒語言的方式，它還幫助塑造和支持孩子思考的能力。

## 該對嬰兒說什麼

從生命的最初幾天起，你的寶寶就開始學習音調、節奏以及如何構建句子，請好好享受這段短暫的親子關係。自由沉溺於無約束的獨白，這些獨白可能會煩擾、冒犯或惹惱那些理解力更強的人。很快的，你的孩子就可以逐字重複你不打算與其他成人分享的內容。你的孩子將具備命令他人的口語技巧，「不准講話！不可以唱歌！」要睡覺時，你跋扈的四歲孩子將會發布命令：「不，不是那個故事！我想要聽那個我掉入一個神奇的洞裡，然後遇到兩位名叫瑪莉拉和瑪莉塔公主的故事，然後有一天晚上她們在護城河裡游泳，遇到一條會講法文的魚。講一個跟這個完全相同的故事，但是這次不是遇到魚，也不是講法文。可以嗎？」這就是等待著你的未來，但是現在你的寶寶會非常高興地忍受你漫無目的的自言自語。

除了和寶寶聊一些你的想法、感覺和計畫外，也要養成敘述寶寶日常例行公事的習慣。沒有告知就脫掉寶寶的上衣可能會讓他感到詫異；擦拭他柔軟的屁股可能會帶來刺痛感；沒有解釋就用水把頭打溼可能會使他受驚嚇。預告行動可以幫助寶寶學會信任和適應這個世界。當你跟他說話時，關掉收音機或電視，這樣他可以輕易地聽到你的聲音。

敘述要活潑、簡單，同時詳細：

「現在，我要用這塊滑溜溜的肥皂幫你洗澡。看到泡泡了嗎？你可以戳破它們！」

「梳子上這些一根一根尖尖的叫做齒梳，就像你嘴巴裡面的牙齒一樣，排成一排。」

不用擔心向寶寶介紹不熟悉的字，這就是他擴充單字的方式，而且新的聲音和音節組成將如同你生動地敘述一樣吸引他的興趣。使用包裹著感官愉悅的字彙：

「當我們雙手拍打水面時，會水花四濺！」

「這顆桃子真的熟了！我一咬，它的汁液就會噴出來！」

「我聽見貓咪嗚嗚的叫聲。你聽到了嗎？」

預告你的寶寶他將體驗到的具體感覺：

「這是我們的新地毯。我們摸摸看是什麼感覺。它很柔軟而且毛茸茸的！」

「這是你的紅色毛衣。穿上它你會感覺很溫暖。」

引導他注意周遭環境：

「你聽。你聽到了很大的颼颼聲嗎？可能是飛在天空中的直升機剛好飛到房子的上面喔！我們去看看可不可以看到它！」

「現在，我們要出門然後下樓梯。一，二，三！這是我們停在車道上的車。」

當然，可能會有許多時刻是你用充滿愛的聲音也無法取悅或安撫寶寶的時候。如果你疲倦或暴躁不安的寶寶拒絕你，或忽略你溫柔的語調，千萬不要放在心上。有時候，好好地哭一場是他最需要的運動。

## 用歌唱趕走寶寶的憂鬱

每個文化圈的母親都會哼唱搖籃曲以撫慰她們的寶寶和自己。這些歌曲遵循著一致的模式。它們的韻律模仿胎兒在子宮內經歷到的搖晃，而且旋律很簡單，通常只由五個音符所組成，節奏平穩且催眠。這些特性吻合新生兒處理聲音和動作的有限能力。當母親哼唱時，寶寶感覺到她聲帶的熟悉震動、她呼吸的節奏運動，並且透過輕微搖擺得到安撫。

搖籃曲的目的，不僅僅是讓一個難取悅的孩子安靜下來而已。如同它們的音樂形式是全世界一致，它們歌詞的本質也是驚人地相同。有些是帶有「噓，趕快睡覺」的憂鬱魔法，但往往歌詞使用的字會陷入一種不確定、恐懼和孤單的黑暗世界。

Twelve weary months have crept away
十二個疲憊的月份已經悄然而至
Since he, upon thy natal day
因為他，在你的出生日
Left thee and me, to seek afar
離開你和我，尋求遠方
A bloody fate in doubtful war.
戰爭中難以預測的血腥命運。
Baloo, my boy, lie still and sleep.
Baloo，我的孩子，靜靜地躺著睡覺。
It grieves me sore to hear thee weep.
聽到你哭泣，我感到很難過。

——安・伯斯威爾女士的哀歌（*Lady Anne Bothwell's Lament*），蘇格蘭

Hush, little baby, don't you cry.
噓，小寶寶，不要哭

You know your mama was born to die.
你知道你的媽媽生來就會死。

——我所有的試煉（*All My Trials*），巴哈馬群島

搖籃曲是疲倦的父母們傳達原始真理的機會。當黑暗的情感轉化為音樂，一整天的挫折、恐懼和怨恨就像被賦予了一雙翅膀。它們不會變得苦澀，反而是蒸發，提振你的精神，讓你看清孩子的可愛。

搖籃曲的療癒特質已經被科學所證實。研究加護病房中的嬰兒，發現聆聽搖籃曲可以穩定嬰兒的心跳和呼吸；幫助他們吃和睡得更好，並且在進行醫學檢查時，降低他們的疼痛感。此外，當寶寶聽你唱搖籃曲時，他也在學習溝通。他接收到你的文字和臉部表情，然後他會咿咿呀呀地回應。他看著你的嘴唇，然後會模仿它們的樣子。寶寶們利用全部的感覺去理解你唱的歌曲。

## 綻放和修剪：語言和寶寶的大腦

科技讓我們可以一窺人類大腦的內部，並且幫助我們看見口語如何影響孩子的發展，甚至從出生前就開始。想像一個早產兒保育器，裡面住著一個比預產期早五至八週出生的早產兒。保育器內，有一個小喇叭撥放著媽媽的聲音和心跳。四十個保育器都裝設有喇叭；其中二十名

早產兒每天會接受額外三小時媽媽的聲音。一個月後，研究人員利用神經影像學去測量每位早產兒的聽覺皮質——大腦的聽覺中心。那些在額外時數聽到媽媽聲音的寶寶，其顳葉的聽覺中心顯著較大。媽媽的聲音和心跳確實會導致寶寶的大腦長得更大。

母親聲音和寶寶大腦發展之間的產前連結，已經在許多新生兒研究中得到證實。出生後一天，新生兒為了獲得聽到媽媽聲音的獎賞，會以更快的速度吸吮奶嘴。新生兒可以區辨父母親與其他不熟悉的人之間的語言，而且對於在出生前常被大聲朗讀的書本內容會顯示出偏愛。

寶寶們怎麼可以這麼快就知道如此多的事情呢？他們是儲備充足的包裹。如同女嬰甫出生，就具備往後為了製造自己孩子所需的全部卵子一樣，新生兒的大腦裝配有一千億個神經元，而且有能力學習和複製任何語言的聲音和音調。胎兒還在媽媽的肚子裡時，聽覺就已經高度發展，這就是為什麼寶寶一出生就具備一些完全建立好的聽覺神經路徑。

出生後，大腦充斥著不熟悉的聲音、景象、氣味、味道和觸感。這些感覺加速寶寶塑造出一個可預測的世界。孩子可能需要任何東西以幫助他生存：認出雨雲或腳踏車鈴聲或家中飼養的馬的氣味等能力：葡萄牙語的喉音、納馬語（Khoekhoe）的吸氣音，或是說中文所需的五種聲調。大腦說：「都來吧！」然後在孩子三歲時，創造出數以萬計額外的突觸，其數目是成人的兩倍。

科學家稱之為「突觸綻放」，它使得幼小孩童的大腦對新的刺激輸入特別有反應。例如：因為那些多餘的突觸，年幼的兒童可以輕易吸收一種以上的語言。當學習發生時，一些突觸會被消滅或修剪，也就是那些沒有使用的突觸。如果孩子不是在納米比亞生長，那麼讓他們能夠發出納馬語吸氣音的突觸就會萎縮；如果孩子不是生在一個需要透過夜晚天空導航的航海部落，那麼幫助他分辨星星亮度的突觸將會縮減；如果孩子聽到過少的母語字彙，一些沒有被使用的突觸——像是支持文法和發音的那些——將會消亡。這並不代表孩子最終無法精熟這些技能，而是代表需要付出更多努力才能取得。理想上，一個孩子應該從出生到五歲之間獲得大量充滿文法糾正、適當發音和豐富字彙的口語刺激。

在一個始終如一的情境下，聽到大量、多樣化的文字和聲音，孩子的大腦會刻印上豐富的神經路徑地圖，而當他開始模仿自己聽到的聲音時，那些路徑會更深地被嵌入。許多研究證明「詞彙落差」的影響——聽到各式各樣、大量詞彙的孩子與那些沒有聽到的孩子之間在社交和學業能力上的差異。看電視或操作具有教育意義、語言豐富的應用程式並無法促進兩歲以內兒童的語言學習。如同身體需要營養以生長，寶寶和幼兒的大腦在充滿人與人口語交換的氣氛下會成長得最好。

## 為什麼和爸爸說話會使寶寶更聰明

星期天早上，一個蹣跚學步的幼兒和他的爸爸沿著我家附近的主要街道走來，當小男孩看見某樣想要的東西時，他微笑著鬆開爸爸的手，然後跑向一間書店，用小小的拳頭輕敲書店的玻璃門。

爸爸：沒錯，傑布。這是書店。它今天沒開門。

（傑布的笑容消失，開始用力敲門。）

爸爸：我知道，裡面很好玩。我們就是去那裡聽故事的。我們看看裡面，你看到了嗎？今天裡面沒有人，但是明天開門時，我們會再來一次。

母親和父親在環境、姿勢、步調、社會期待和語言上教的會有所不同，但卻都是相同寶貴的技巧。母親的風格促進社會學習和連結，而父親則是利用一種更成人的語氣、不同的語彙和更開放式的對話，為孩子提供一座與外面世界相通的橋梁。研究顯示當父親將嬰兒抱在腿上或使用多功能背巾時，他們更常選擇讓寶寶的臉朝向外面，母親則是較喜歡讓寶寶的臉面向自己的身體。在孩子的一生中，與爸爸相處的時間，可以擴展和豐富他們的經驗。

另一次，同樣是在我家附近：一位父親蹲在一個坐在嬰兒車內的兩歲幼兒身邊。他們一起看著工人使用手提鑽打碎對街的車道。塵土和水泥塊飛揚。這對父子著了迷似的，一起欣賞著這噪音和塵土飛揚的奇景。

父親為育兒生活帶來一種冒險的感覺，通常是與母親想要保護和計畫的天性不一致。爸爸帶孩子坐公車和火車不僅是為了到達一個目的地，也是想要分享利用載滿人的大型交通工具旅行的那種興奮感。他們跟隨衝動去探索、追尋、移動，並且享受當下，即使沒有準備多餘的奶嘴、濕紙巾和零食。當他們遇到困難，孩子會向父親學習如何處理非預期的問題。

琳恩．維儂－費根斯（Lynne Vernon-Feagans）在北卡羅來納大學研究識字心理學與早期語言發展。結果顯示當父親使用多樣詞彙與他們的寶寶互動時，孩子在十五個月大時，會具備更進階的溝通技能，而在三十六個月大時，能夠發展出更進階的表達性語言。即使媽媽和爸爸擁有相同的詞彙，如果爸爸能與孩子們互動，他們會更容易學會那些詞彙。

研究人員認為這可能是因為母親與孩子相處的時間，一般而言通常比父親來得多。媽媽即使在睡夢中也能把故事書《忙碌的企鵝》背誦出來，所以她對於內容的解釋，可能就會變得有點死記硬背。母親也可能會預期得到孩子的希望，所以無意間終止了對話的需要。如果短暫的啜泣可以換得午餐，那孩子何必努力使用句子呢？出於習慣，媽媽可能會使用她知道孩子已經理解的文字。當爸爸沒有如此熟悉時，他很自然會使用新的字，因而擴展了孩子的詞彙。與爸爸相處的新奇感也可能讓寶寶的注意力更集中。不過這不表示爸爸是更好的玩伴，只是代表他們與媽媽不同而已。

## 咯咯笑從這裡開始

如同寶寶欣然接受你走音的搖籃曲一樣，他們發現適當的玩笑可帶來無止盡的趣味。「適當」意謂知道輸入多少感覺是孩子可以忍受的。你最初的嘗試會是利用身體感覺和聲音。寶寶兩個月大時，就會對你笑並且模仿你吐舌頭的動作，但是就像所有寶寶接受到的刺激一樣，恐懼和喜悅之間存在著脆弱的界線。任何粗魯的動作——包括搔癢——皆可以導致寶寶的抗議或眼淚，所以如果溫柔地發出同樣的噴氣聲可以讓寶寶咯咯笑，那麼就要注意是否這次的聲音過於大聲。

對著四或五個月大的寶寶肚子哈氣，你會聽到他的笑聲，接著他會利用雙眼、臉部表情、腳和腿熱切的表達出：「再一次！現在再做一次，再一次！」當寶寶成長為幼兒，身體和聲音的滑稽動作皆可以取悅他們。一個成人爬在地上，像狗一樣吠叫、嗅聞空氣和蜷成一團；或只是將頭從門後伸出並且說：「哇！」真是太搞笑了！現在，寶寶會開始試著變出自己的把戲。當媽媽問：「你的鼻子在哪裡啊？」他會指著自己的腳，然後瘋狂大笑。如果他將濾盆放在頭上假裝是帽子，媽媽會笑嗎？如果他從高腳椅上把牛奶倒在地上會怎麼樣呢？噢噢，媽媽看起來很生氣，也許她看到麥片碗飛越房間才會覺得有趣。天啊！她真難取悅。

有些孩子是這方面的天才。我朋友十八個月大的兒子在換尿布時，手指沾到了一些大便。他指著他的媽媽，然後高興地說：「嚐嚐看！」

一個兩歲幼兒會故意說錯家人的名字來讓自己哈哈大笑，例如她把哥哥「傑克」叫成「麥克」；把爹地叫成「派地」。另一個孩子告訴她媽媽：「艾米．羅素，你是一個蝴蝶餅！」（Amy Russell, you're a pretzel!）最終，許多幼兒都會變得機靈。

兩歲的芙蘿拉跟爸爸說：叩叩叩。

爸爸：誰在那裡啊？

芙蘿拉：搔搔癢。

爸爸：誰要搔搔癢？

芙蘿拉：克洛伊！（她的姊姊）

最初的這些年，孩子們會非常感激在他們身邊開玩笑、假裝跌倒撞到東西、模仿卡通人物的聲音和好笑步伐的成人們；或是沉溺於誇張的反應，像是當一個熊玩偶掉到地毯上時，大人大叫「噢，不不不！」他們是多麼容易取悅的觀眾啊！你只要上台，表現出你最蹩腳的滑稽場面，就可以發展出勸誘一個頑固的孩子坐上餐桌的方法。

## 固體食物和語言發展的關係

當我詢問一個有多年幼教老師經驗的朋友，她的學生與過去相比，是否有更多言語和發音上的障礙，她明確地回答：「沒錯！」她說人們責怪電子產品，但卻不知道那部分的問題其實是由於食品袋（可擠出水果和蔬菜泥的塑膠管）的普及。

「孩子來到學校，嘴裡吸著他們的早餐，然後另外一袋裝滿著李子泥和藜麥是他們的午餐。他們進入有點像嬰兒般的恍惚狀態，而且在餐桌上對話的時間絕對少了很多。」

學習說話在生理機械方面會伴隨寶寶認知的準備就緒一起發展。它自然會確保每樣事情都同步執行：可以讓寶寶吃固體食物的下頷、舌頭、臉頰、嘴巴和嘴唇的動作同時也會促進言語的發展。可以讓我們說話的肌肉在我們咀嚼和吞嚥時會得到強化。當寶寶從出生時的尋乳反射進展到更健全的吸吮反應，直到四至六個月間吃下他第一口糊狀固體食物時，他就正在準備發出他的第一個字了。

某些語言的發展里程碑直接與寶寶的進食里程碑相符，例如：用杯子喝水（非鴨嘴杯或奶瓶）與進階的唇音「w」一致。另外，能夠在嘴中移動食物，也讓寶寶可以適當地清晰發音。食品袋的方便性——偶爾將它們作為點心並沒有錯——研究幼兒園的孩子證實了我同事所觀察到的現象。過度使用這些食品袋會影響到孩子的語言發展。

食品袋是美食世界的一種遺憾替代品。如同一般的原則，寶寶大於一歲後應該要能夠坐在高腳餐椅上，跟家人吃一樣的食物，只需要細微的調整。家庭的晚餐時光是建立會話藝術的經典場合，即使只是一個幼兒和一位成人也充滿了機會。你們可以辨別味道、質地和顏色；描述什麼東西好吃或難吃；並且透過一碗新鮮的草莓或南瓜湯去體驗季節。

## 看看誰沒有在說話

對每個人來說，父母語所包含的音樂品質可能都是再自然不過了，但是父母與寶寶說話的時間量卻差異很大。許多父母可能認為歌曲、故事和敘述，比起維持寶寶溫暖、飽足和安睡要來得更不重要。有時候，這不是優先順序的問題，而是與先天氣質有關。可能媽媽天性就安靜，或是對一個只會咿咿呀呀的寶寶說話，爸爸會感覺害羞。其他父母則是透過臉部表情看出寶寶的警醒程度，以及透過他對溫和身體遊戲的反應有多麼高興，依此來判斷互動的品質是否夠豐富且充足。

父母也可能被更可以預期或有迫切需要的同伴所分心：他們的手機。回應手機鈴聲的衝動，分散了你對於寶寶那微微邀請你參與互動的注意力。螢幕上沒有什麼東西可以提供如此個人又短暫的經驗——短暫是因為今天那個喜歡你唱歌和笑話的快樂孩子，可能在她十四歲時不會有相同的感覺。

在孩子面前克制手機的使用是一個健康的習慣，因為寶寶是藉由人們與他們說話以及無意中聽到對話去學習語言。為了達到此目的，孩子必須聽到雙方的語言交換。當寶寶透過電話，只有聽到一方在說話，她無法建構完整的對話——情境、意義、說話一來一往的節奏，還有聆聽時的暫停。相反地，她聽到呼喊、隨機的詞組和部分的句子。同時，寶寶藉由尖叫、指物或踢腿去溝通的意圖，因為父母心有旁騖而徒勞無功。

觀察一間位於舊金山的星巴克：一個爸爸懷裡抱著一個幼兒正往櫃台走去。我無意間聽到他說：「你可以幫我一個忙嗎？」這個問題讓我聽起來有點奇怪，但是卻很有禮貌、甜蜜又有點帥氣。這位男性似乎很有自信他幼小的孩子可以幫得上忙。接著，我聽到：「從我的桌上找出沒有簽名的合約。然後現在就掃描並且寄出。」

什麼？我真是個笨蛋。他是用藍芽耳機在跟辦公室通話。

他繼續說：「稍等一下，不要掛斷。」他向服務生點完餐後，回到電話上。他的女兒興奮地看著窗外的某樣東西。她用手不斷指著，嘴裡發出「哦～哦」的聲音。我看向外面，然後看見……一台叮叮車！車上載滿了拉著吊環的人們，正緩緩經過我們！爸爸仍然在對著空氣講話。小女孩消沉並安靜了下來。我透過想像一個報復的場面去緩解看到這一幕的痛苦。這位朋友，等到 SAT verbal prep（學術能力測驗語文準備班）的帳單寄給你時，你就會後悔了。

我希望那一幕是罕見的。幾乎每次在公共場所，我都會看到孩子們試圖吸引父母親的注意，但是父母們卻全神貫注地在講電話，所以孩子們很快就放棄了。更令人感到難過的是，有些孩子只是看一眼正在講電話的父母，然後完全沒有想要打斷他們的意思。一個研究發現，用餐時間當中，成人對待孩子的行為會因為桌上放著手機或平板而有所改變：照顧者專注在那些設備上時，會經常性地忽略孩子的行為一段時間，然後用一種斥責的語氣回應孩子、像機器人似的給予孩子重複的指示……似乎沒有注意到孩子表達的需求，或是使用肢體回應（如：一位女性在桌下踢孩子的腳；另一位女性在她的小兒子試圖將她的臉抬起來，以遠離平板螢幕時，用力的把兒子的雙手推開）。

這個研究提醒我們，不只是父母親，而是所有的照顧者都欠孩子一個明智使用這些設備的模範。告訴你的保姆，當照顧孩子的成人只顧著講電話或專注於螢幕上時，對寶寶的情感和語言發展會有如何的影響。強調她是你寶寶的老師以及會話同伴，這一些非常重要的角色。

孩子對於照顧者或父母使用手機的反應，使我想起著名的「撲克臉實驗」（still face experiment），這個實驗於一九七五年由發展心理學家愛德華．楚尼克（Ed Tronick）進行。你可以在 YouTube 上找到；它是我看過最強烈、最令人不安的影片。實驗一開始，媽媽和她的寶寶說話及遊戲。接著媽媽被指示短暫將頭轉向一側，然後面無表情地轉回來。攝影機定格在寶寶的臉上，我們可以看到他發現某些東西不太一樣的表情，從「嘿，媽咪，你到底怎麼了？」到極力努力重新與媽媽有所連結，然後到純粹的憂傷。觀看時令人感到痛苦，當母親被指示遵循她的本能去撫慰孩子時，又瞬間令人感到寬心。

星巴克裡那名試圖引起父親注意，然後放棄的幼兒使我想起楚尼克博士實驗室中的那些寶寶們。她就像撲克臉實驗中的孩子一樣，沒有發狂或害怕，但是她的沮喪卻反映出一種我們已經知道的悲劇教訓。

## 一目了然的樂趣，為什麼印刷品勝過螢幕

寶寶可以令你感到無趣和挫折；幼兒可以令你感到煩躁且沒完沒了。一個孩子三個月大的母親有一次打電話給我說：「我已經陪她躺在地板上二十分鐘了，現在還能幹嘛？」另一個母親則自白：「生第三個寶寶是個天大的錯誤。我討厭他。他白天完全不睡覺，而且長得很醜。他看起來像個又老、又禿頭的男子。而且他無時無刻都在哭。」

我回應：「我們都想一直哭泣。我們只是學會了如何控制。」

「沒有人告訴我會變成這樣！女孩們照顧起來容易多了。」

無論這是你第一個還是第五個孩子，你因為缺乏睡眠或無聊到超越可以忍受的程度所引發的精神錯亂，一定會到來。所以為什麼你不應該偷偷看一下手機呢？難道你只能盯著寶寶，直到你們同時大哭或打瞌睡嗎？

當然不是。但是請考慮看一些不是螢幕的東西來使自己分心，像是一本書或雜誌。當你這

麼做時，你的注意力將處於更公開、更容易接近的狀態。電子設備需要不同種類的注意力參與其中。它們會吸引住你更私密的情感和認知，而且你的視力會牢牢聚焦在一個較小的空間中。你對周遭的警覺度會較低。如果你在傳簡訊，它會互動；如果你在瀏覽網頁或觀看YouTube，它會移動和改變。印刷的頁面是靜止的，代表當你移開視線，沒有任何東西會改變，意味著你可以分散出更多自由浮動的注意力到環境中。在公園裡，相較於使用手機，閱讀一本書的父母更可能會注意到孩子的哭泣。

選擇印刷品而非電子設備有另一個更微妙的理由。如果你的孩子可以看見封面、半本書、你翻頁的動作，他就會吸收關於你的有用資訊，以及學習更多關於你和她的世界。幼兒可以輕易地看到你在看什麼，評論封面或圖片，或者詢問你這是不是一本好書。內容是關於什麼呢？為什麼你想看這本書？你的活動將可以作為對話的催化劑。相反地，手機無法一目了然，如同蘇珊・多米諾斯（Susan Dominus）在一篇題為〈母親們，關掉螢幕〉（*Motherhood, Screened Off*）的感傷文章中指出的那樣。她寫到，無論何時只要她拿起手機，她的孩子們就知道她同時「打開了一個入口，像是納尼亞傳奇中的那個衣櫃一樣神奇，也有將我傳送到另一個世界或無限世界的力量……我要去多遠的地方呢，他們可能會合理的擔心，還有我會多快回來呢？」

除了你在螢幕上做的事情並不確切和無法接近外，你可以立刻滑動和隱藏螢幕畫面的這個事實，也進一步阻隔了你與你的孩子。確實，成人可以享受許多孩子不應該知曉的娛樂。這是成年人魅力和神祕的一部分。但是傳簡訊並不神祕：它是隱蔽的。神祕是像媽媽和爸爸的約會夜去了哪裡。隱蔽則是具有排他性，是一個屏障。

你的寶寶——之後會長成你的幼兒、孩子和青少年——可以透過你閱讀的書本和雜誌、你喜愛的音樂、你支持的隊伍去認識你。當你和孩子在一起時，會戴著耳機聽音樂或打電玩嗎？這樣會讓他無法參與。反之，讓他看見你在讀什麼，是一種邀請他進入你的世界的方法。想一想，你期望未來他願意向你透露出多少內心世界，那麼現在就與他分享你的經驗，這似乎是應該要做的事。

## 照顧孩子時使用的小玩意

在一間餐廳裡，一位年輕的母親將一個捲髮小男孩緊抱在腿上，一邊用叉子餵他吃飯。他小聲地尖叫，媽媽在他耳邊輕聲說了什麼。然後我看到他想要什麼了：一支撥放著卡通的手機。你可能會想：「這有什麼不對嗎？他們雙方都開心，這只是一點娛樂！放輕鬆好嗎？」

我選擇這個場景來介紹用手機當保姆的這個主題，正因為它是如此可愛又無辜的小插曲。可是問題是，它非常可能不是一週發生一次，而是一天多次。年幼孩子使用電子產品的研究仍持續進行，但就語言發展而言，相關的發現皆不利於此。

成人承認他們對3C產品「上癮」，事實上這是有科學根據的。智慧型手機會活化大腦多個掌管強迫行為的區域。從一個演化的觀點來看，我們被迫「尋求」。多巴胺這種神經傳導物質強迫我們去尋求資訊、新的經驗，以及基本的食物和性。之前多巴胺一直被認為控制大腦的壓力系統，但是新的研究結果顯示出一個更複雜的過程：當我們尋求、然後發現時，我們會感到壓力。「發現」活化了鴉片壓力反應。以神經學來說，我們對尋求和發現的渴望是一樣多的，而我們的手機允許我們尋求無止盡的資訊。

如果你不知道自己將會發現什麼，或何時會發現，這種尋求和發現的壓力就會加劇。心理學家將這種現象稱為「變動增強」（variable reinforcement）。簡訊、推特和e-mail的到來，時間無法預期或次數不定，因此刺激我們去察看新的資訊。3C產品的鈴聲代表他們將勾選強迫清單上的另一個框框：巴夫洛夫反應。

這些都不是巧合。長期身為科技業執行長的比爾・戴維多（Bill Davidow）於二〇一二年報告：「許多網路公司正在學習菸草業早就知道的事情——上癮對商業有益。毫無疑問，透過應用當前的神經科學技術我們將能夠創造出更吸引人沉迷的虛擬世界。」

所以父母們說自己上癮時，他們是對的。研究仍在持續進行，但是嬰幼兒像海綿般的大腦應該要避免接觸螢幕的成癮魔力。

捍衛寶寶使用這些產品的父母們可能會宣稱「它具有教育意義」或是「我的孩子喜歡！」琳達・史東（Linda Stone），一位科技業執行長、理論家以及「連續性局部注意力（continuous partial attention）」一詞的發明者，並不同意這些說法。

「我們可能認為孩子天生就對手機著迷。其實孩子會對父母親熱愛的所有事情著迷。如果父母們喜愛庭院中長出的花朵，那麼孩子也會發現那些花很迷人。如果父母們無法關掉3C產品的螢幕，孩子也會想：那就是全部，那就是我應該去的地方！」

美國兒科學會長久以來不斷建議父母們不要讓兩歲以下的孩子使用智慧型手機或平板，因為使用這些產品有造成語言發展遲緩的潛在風險：「神經科學研究顯示非常年幼的孩子經由雙向溝通會學得最好。照顧者和孩子之間的『說話時間』對語言發展仍然至關重要。」二〇一六年，美國兒科學會調整了他們的建議，修正為「一些媒體對於十八個月左右的兒童具有教育價值，但是慎選高品質的節目是重要的關鍵，例如芝麻街和PBS所提供的內容……問題在於當觀看媒體取代了真實世界的身體活動、動手探索和面對面的社會互動這些重要的學習。花太多時間在螢幕上，也會妨礙睡眠的質量。」

目前還沒有研究發現，有語言障礙的中小學學生與其非常年幼時花在3C產品上的總時間之間的關聯性，但是英國的一個全國性研究發現在二〇〇七到二〇一一年之間，「學齡兒童因為語言障礙需要額外協助的人數上升了71％」。首支iPhone正是於二〇〇七年一月推出。

## 睡眠、噪音和音樂

有時候你不需要使用一個產品或任何東西去娛樂你的孩子。寶寶們的確偶爾會自己睡著，而「讓他們不支倒地」，很快就成為父母們不變的熱情。這就是所有的搖籃曲、電動嬰兒搖椅、以及夏威夷吉他音樂或任何可以鎮靜寶寶的隨機音樂不斷重複撥放的理由。一旦他開始打瞌睡，我們就會傾向墊起腳尖行走，並且確保房子盡可能地安靜，惟恐一個聲音就讓他驚醒。

你孩子擁有的音景（soundscape）對他的發展非常重要。就像是一個完美無瑕的無菌環境會降低對抗感染的免疫力一樣，沒有必要因為寶寶正在睡覺就喝令每個人保持安靜，並且在家中創造一個不自然的安靜範圍。雖然沒有任何東西比母親的聲音更能安撫一個新生兒，不過他也能藉由家中那些他在子宮內就聽過的其他聲音獲得平靜。吸塵器吸地板的聲音、門鈴響時小狗的叫聲、姊姊在沙發跳上跳下的節奏——這些都是熟悉的配音。聽到家人在附近的隆隆聲，比起單獨被隔離在一個安靜的嬰兒房中更讓他感到舒適。嬰兒監視器只是安撫了你，而不是他。

此外，幾乎所有一歲以下的嬰兒都有能力隨時隨地睡著。你一定看過他們在喧鬧的生日派對中靠在爸爸的肩膀上打盹。不過寶寶不應該暴露在家裡以外的過多噪音之中。他們的聽覺非常敏感，所以你最好保護你的小寶寶避免刺耳、震動或高分貝的聲音。在忙碌的餐廳或戶外慶典上，當他盯著燈光或打瞌睡時，看起來像隻可愛的小羔羊，但是你將會為了他受到過度刺激而付出代價——得到一個半夜兩點還不想睡的小寶寶。

更重要的是，噪音將會損害他的聽力。大聲的音樂、汽車的引擎加速聲、一大群人的吼叫聲（例如運動比賽的場合），以及其他大聲的噪音都可能造成嬰幼兒聽力的永久受損。因為他們的顱骨較大人薄，所以他們的內耳就更脆弱。適合嬰幼兒配戴的阻絕噪音耳機並不貴，而且容易上網購買。如果你認為你的寶寶在某些情況下可能會暴露在非常大聲的噪音下，那麼這是一定要準備的配件。

## 無聲管家：何時該安靜地陪在寶寶身邊

人類總是將安靜當成一種心靈的慰藉：冥想室、登山健行、圖書館的僻靜角落。安靜對於寶寶也是非常珍貴的，它不僅是午睡時的前兆，也是他通往自我的途徑。培養自己可以和寶寶自在、安靜的相處有兩個重要的理由，第一個是實用且具教育性，第二個則是更深層的影響。

當寶寶們試圖用自己新興的不熟練能力去解決問題時，父母親最好克制自己，不要太快就插手幫忙，包括給予口語引導。這種情況與敘述日常的例行公事不一樣，而且它需要一些父母這方的專注。黛博拉．卡里斯勒．索羅門（Deborah Carlisle Solomon），一位開明且有經驗的教育者，她告訴我教導媽媽「不要說話、不要指點，甚至不要詢問直接導向解決辦法的問題」是她嬰幼兒課程的核心目標。

坐在「媽媽與我的課堂」（Mommy and Me class）中，我看見父母們似乎對於這個簡單的官方命令感到焦慮。父母和寶寶們坐在一張散落著玩具的大型法蘭絨床單上。八個月大的懷特伸手朝向一個放在床單上、超過他伸手可及的柔軟布球。懷特注視著那顆球，輕聲地咕噥著。他的媽媽看見他的努力，自動將那顆球滾到他的身邊，同時描述他的慾望：「你想要這顆球！」

「等一下，」團體帶領者輕聲地指導她。「讓我們看看接下來會發生什麼事。」

幼小的懷特熱切、堅定，但是卻不灰心。他的咕噥聲持續。現在媽媽似乎比他更加痛苦，畢竟幫他一點小忙是如此容易！突然間，懷特改變了他的策略。他不再伸手要拿那顆球，他用拳頭抓住床單，然後用剛好的力氣拉動床單，使那顆球離開了床單上的摺痕，直接滾向懷特等待的雙手。寶寶眉開眼笑！他的媽媽則鬆了一口氣。

帶領者說：「我知道最初的觀看會很不忍心，但是看看懷特現在，那顆球變成了一面金牌！如果你幫助他容易取得，那麼那顆球就仍是一顆球。把你的雙手坐住，想像自己的嘴巴被貼了牛皮膠帶，給予協助前先等待幾秒，想盡辦法阻止自己去干擾懷特想出辦法的機會。」

觀察完懷特之後沒多久，我在海灘上度過了一個上午。在那裡我和一個兩歲男孩泰奧的媽媽——珍妮變成了朋友。我們看著泰奧把他的水桶裝滿了沙，將沙子倒過一個篩網，一次又一次、不斷的重複這個過程。有時候他會一邊命名他的工具一邊動作：「桶子……鏟子。」其他時候，他則是輕聲吟唱：「沙子喔，沙子喔，沙子喔。」但是他大部分的動作都需要非常專注，所以他一個人安靜的工作著。珍妮告訴我他已經持續二十分鐘了。「我必須不斷提醒自己不要打斷他，讓他自己玩。」

透過控制自己，珍妮賦予泰奧陪伴自我的機會。這是需要實踐無聲管家的第二個理由。安靜的舒適感可以讓孩子開始學習自我談話，一種正向內在對話的習慣。當他長大，自我談話可以作為一種強而有力的保護劑，幫助他抵抗不安全感、焦慮反芻以及發狂似地避免無聊。

「單獨遊戲」與小孩自己和電子產品互動截然不同。心理兼社會學家雪莉．特克（Sherry Turkle），在麻省理工學院教授和研究科技在人類關係上的影響。她說：「學習孤獨和獨處是早期發展的基石，你絕對不希望孩子因為你利用一個產品去安撫他們而錯失了這些機會……他們需要能夠探索自己的想像；能夠聚集自己並且知道自己是誰。所以有一天他們可以與另一個人建立關係，卻又不會害怕獨處。如果你不教導孩子獨處，他們就只會知道什麼是孤單。」

耐心點，無聲管家就像任何心靈上的練習一樣，需要自律、信念和勇氣。在這個充滿焦慮野心的世界，侵入你孩子與自我的關係可能會讓你感覺充實。沒有每一回都參與到可能感覺像是忽略。當我看見父母們認同當成人做愈少，孩子做更多的觀念時，我會更感欽佩。

當孩子們離開學步階段後，他們的語言習得將快速發展，而他們的人格特質也開始綻放。我們即將進入花兒盛開的兒童期：囉嗦的故事、牽強附會的藉口、可惡的誤解以及未來的家庭傳說。請聚精會神的往下看吧！

# 第2章　重要的兒童期：學習你孩子世界的語言（三歲到十一歲的孩子們）

兒童期在所有時代都相同嗎？還是它是由成人所定義的呢？我們現代養育孩子的經驗通常充滿著緊張和憂慮。我們無法靜下來聆聽孩子說的話，或是只聽一半。匆促導致我們試圖最大化每一次的互動，因此拼字練習併入了睡前故事，而聽取簡報則被迫排入從學校到公司的這段路程中。因為我們的倉促行動，我們做出粗心的假設或是依賴情感行動，而非花時間去深思。

除了未經過濾和曲折的對話之外，成人和兒童之間很大一部分的溝通是建議、提醒和警告。僅僅是和孩子一起坐下來並且聆聽孩子說話——偶爾提供觀察到的現象或問題，加上不要查看手機——似乎就像是遺落的一片拼圖。但是你可以從五分鐘開始，甚至兩分鐘。那些與你獨一無二的小人兒所共度的時光將產出令人驚訝的寶藏，並且帶領你想要更多。

近幾十年來，世界有了戲劇性的改變，但是快樂童年的條件仍維持一樣——那就是食物、庇護所、安全感、健康的非結構化時間，以及父母們渴望聽到孩子每天的冒險。維吉尼亞·吳爾芙（Virginia Woolf）寫到她的母親：「她在那裡——在宏偉大教堂的中心，也就是兒童期。」

父母不只是提供兒童期的孩子一個溫暖的家，還要位於家的中心點，準備聆聽和願意交談。

## 關於兒童的三個根本真理

雖然孩子們可以帶領你進入迷人之處的國土，但是當你與他們一同度過普通的一天時，生活可以像是地獄一般。此外，不像任何其他社交活動一樣，這是沒有選擇性的。當古代的猶太聖人提到「tzar giddul banim」，希伯來語的意思為「養育孩子的痛苦」，他們也承認將你的訊息傳遞給那些注意力分散、執拗、無知又自我中心的小傻瓜是件緊急同時似乎又徒勞無功的努力。但是每天會遇到的一部分問題可能可以透過理解三個根本真理而得到解決。如果這麼說似乎是不言而喻，而且可以輕易地融入你的內心、世界觀和養育孩子的例行公事，那麼你可能還是個新手父母。

### 一、男生和女生不同

他們看和聽的方式不一樣、學習方式不一樣，以不同的速度進步；覺得有趣的情況和聲音也不一樣，而且對於不同類型的口語及非口語互動有所反應。過時的刻板印象可能會窄化或扭曲我們對於個別兒童的觀點，因此造成傷害。男孩和女孩有著許多相似的特質，不過父母和其他成人必須重視每個孩子的特性，同時接納真實存在的典型性別差異。

## 二、孩子不好的行為不代表你是個不好的父母

你不用為了孩子的壞行為而生氣。除了少數的例外，他們的固執、任性、拒絕講理以及其他暴躁或無禮的行為無法反映出他們有多愛你，也不是一個監控你親職技巧的氣壓計。他們的生活中還有許多其他的影響：每日的困難、羞辱、無法實現的渴望、挫折和失望。如同背包底部的一團雜亂，他們會將其帶回家一樣。如果他們不覺得你可以接受，他們也不會對你傾倒自己的情緒垃圾。

## 三、今日只是一張快照，並不是你孩子人生的史詩電影

孩子們不斷在進化。今天無法預測太多的未來——明天、中學階段、他們最終的職業、當他們成熟後，你與他們的關係等都無法靠當下孩子的表現去預測。在一個強調排名和評分的世界，採取「等看看會發生什麼結果」的方式是非常不合時宜，同時卻又是必須的事情。

我們開始探討對話之前，我在這裡給予一個最後的建議。和孩子們交談時，請假裝自己是一個無經驗的旅行者或文化人類學家。這些人做事的方式為何？他們的傳統和信念是什麼？他們崇敬誰，為什麼？他們在追求什麼？當你進入他們的領土時，讓開放的心胸、好奇心和勇氣來做你的嚮導。

## 聲音訓練第一課：聲調與詞句同等重要

藝術家、音樂家和作家總是極力在尋找「他們的聲音」，意味表達出最真實的自我。我們每天的生活中，聲音不僅傳遞出文字訊息，同時也暗示著藏於其下的內心感受。你說話的節奏、語氣、溫暖或冷漠、呼吸急促或慢聲慢氣對你的孩子而言，都與你所說的內容同樣甚至更加重要。當你的女兒回想她的童年，她會記得你迎接她回家時的愉悅，以及你大聲命令她時的惱怒；你叫寵物名字時的歡快節奏和你輕笑與不贊同的噴氣聲。你的兒子會記得你為他歡呼時的熱情、你不斷重複的警告性演說、盛怒下的威脅和哄他睡覺的溫柔歌聲。我們表達出對孩子的欣賞、期望和恐懼有很大一部分是來自於我們聲音的品質。不過大多數時候，我們並不知道自己的聲音會給他們帶來怎樣的感覺。

我和父母的聲音課程通常始於一通電話，就像我接到一位心煩意亂的母親打來的電話一樣。「我們的女兒露比，她真的太誇張了，每天生活都像惡夢！」電話那頭的女性低聲說話，我想像她躲在浴室裡面撥這通電話。「我們需要盡快安排與你見面，我們會取消所有事情。」

「露比多大呢？」

「四歲。」

四歲？從她母親驚慌失措的聲音聽起來，我原先猜測她已經十五歲了。但是四歲大的小女孩可以讓她們的父母措手不及，短短幾週內，從開懷大笑的幼兒轉變為閃閃發亮的粉紅暴君。

她是如此甜美，一個迷人的夥伴，然後有一天貝拉．雷斯壯[1]突然現身，而且不肯離開。父母們的自信開始動搖。

我與露比的母親見面後，詢問了關於家庭的人口組成、露比一般的健康狀況、她進食和睡眠的模式，以及她平安度過的所有困難經歷。然後我邀請露比的媽媽用實況報導的方式提供我一些最近典型的「惡夢」場景。聽了幾個例子後，我微笑並且打斷她：「哇喔！我希望我有把現在的你錄下來。你就能夠聽到自己的音調改變了多少。你的聲音變得非常尖銳。你瞇起了眼睛、咬緊牙根、肩膀聳起，並且開始揮舞手臂和用手指著露比。你認為你在和露比說話時也是這樣嗎？」

「可能吧。因為我氣炸了！她真的很壞。」

「對四歲的孩子而言，『壞』這個字是來自於挫折、焦慮或疲倦。露比擊潰了她最愛和最信任的人，就是你。」

「但是她在生日派對上，甚至對外公外婆也是這樣！真的令我感到非常難堪。」

「我們在這裡試一種新的方法。我們花些工夫在簡單的改變上，而不是試圖釐清哪裡、何時還有為什麼露比會出現讓人生氣的行為，或是怎樣的後果可以幫助她展現出更多自我控制。我們來試試一點聲音訓練。」

我指導的基本聲音課程包括音高、速度、語氣和肢體語言。

---

1 譯註：Bellatrix Lestrange，小說《哈利波特》中最邪惡的食死人之一，也是佛地魔王最忠心的手下。

1. 與孩子說話時，無論其年齡為何，當你開始感覺緊繃時，放鬆你的臉部肌肉和肩膀。將雙手平放在大腿處。不要指指點點。
2. 深呼吸。有意識地降低你的音高以及說話的速度。
3. 不要使用高人一等或孩子氣的語氣。

我對我所有的新客戶都進行了相似的活動：我要求他們詳細描述一種導致他們與孩子之間爭吵或崩潰的情況。他們在房子的哪裡？是在一天的什麼時候？他們最後一次用餐是幾點？無可避免地，當父母們講述故事時，她變得惱怒，然後聲音就像事件發生當下一樣的升高。高音高、緊張的聲音傳達出憤怒、恐懼和缺乏權威。這種聲音的變化在父親與母親身上同樣常見。

一旦父母的聲音上揚，角色就轉換了。孩子們現在可能會視父母為一個可以奚落的兄姊或一個啜泣的弟妹。當孩子們反擊或傳遞出他停止聆聽的訊號時，父母的挫折感會增加：虛弱的口語訊息現在會伴隨著驚慌或服從的非口語暗示（肩膀聳起、嘴巴張開、手勢不斷）。當一個堅強的父母變得畏縮和衰弱，孩子地位就會升高。他看和聽到（不是文字，而是音高和語氣）的是他贏了這一回合。孩子並沒有感受到獲勝時的興高采烈。雖然是無意識的，但是他感到害怕——害怕卻又強大，一種不好的結合。父母的行為透露出「當你表現像個孩子時，我不知道該如何面對。」

與父母的後續會面中，我們會探索隱含在他們那些緊張的聲音、無意義的重複和驚慌的行為之下所反映出來的感覺。同時，我們會練習更多聲音課程。如果你的聲音更平靜，你也會感覺更平靜。如果你刻意降低音高，你的孩子會認為你可以控制自己的感覺，因此整個情況並非令人不安或不尋常。孩子的反應則是讓自己變得更平靜和交出權力，通常是愉快的放棄（雖然他們自己並沒有意識到）。如此一來，你將會從試圖維持控制權或因為失去它而感覺羞恥，轉變為釐清這次的麻煩可能是因何而起。說話語氣的改變會自然地導致行為和觀點的改變。

你沒有必要感覺平靜，才能表現出平靜，並且得到所有好處。表演者、公眾演講者和學校老師都是依賴表演「似乎很平靜」來維持生計。你也可以學習做到這樣。

## 口頭說話的專業術語

我的生命中花了許多時間在說話。我有三十五年的治療經驗，而且在超過五百場的演講和會議中擔任主講者。身為一位研究人員，我對數百位成人和學生進行過正式的訪談。但是，當我開始體會到只要在聲音和肢體語言上做些微小的特別調整，就可以使父母與孩子間的關係獲得驚人的改善後，我開發出一些新的資源：表演訓練和聲音老師。這些專業人員知道如何維持或失去聽眾注意力，以及鼓舞人們參與和自發性努力或是激怒和使人們疏遠的方法。就像所有專業領域一樣，聲音訓練也有其詞彙。以下是最常見的術語。

**「音高」**是聲音的音域。高音可以愉悅嬰兒和寵物，但是對於兩、三歲以上的兒童來說就是一種喪失權力的訊號。低音展現出自我控制和權威。

**「音量」**是一種經常被濫用的強大工具。大聲吼叫（Shouting）傳達出軟弱或是會激出聽者的防衛意願，而用適中的音量說話表現出尊重，同時可以強制吸引住聽眾的注意力。

**「速度」**是說話的速率。說話快可以傳達出興奮或熱情，同時也可傳達出緊張、生氣或不安的感覺。說話慢讓你有時間去強調特定的重點，並且也讓孩子有時間去處理你所說的資訊。

**「暫停」**是轉換到一個新重點或是給予孩子機會去吸收一個想法的訊號。對父母而言，暫停也代表聆聽和保持安靜，不要立即打斷或糾正孩子。

**「語氣」或「音色」**是聲音中包含的情緒品質。它傳遞出你的態度，例如：愛嘮叨、滿意、高傲、好奇、無聊、緊張或感動。

**「節奏」**是你說話的韻律。雖然嬰兒們喜愛搖籃曲和唱歌的節奏，但是較大的兒童會認為它很煩人或讓自己感到羞辱。演講的節奏相當平坦，而死記硬背的聲明書或歡樂的讚美——「那實在是太～棒了！」可能會被理解成膚淺和虛偽。

**「語彙」**是你對孩子說話時所使用的單字。你可以刻意擴充孩子的單字，藉由使用較他們目前已知更複雜一點的字彙，並將其包含在情境當中，這樣孩子們會更容易抓到它的意思。

**「臉部表情」**應該會配合你的聲音和文字，不過孩子們必然能從你不打算展現出的表情中發現一些事情。當你企圖隱藏挫折感時，他們可能會問：「為什麼你要咬著嘴唇？」我的女兒會譴責我擺出「厭惡臉」。完全控制住自己的表情是不可能的任務，但是你可以訓練自己更能察覺到自己的嘴唇、嘴巴、下頷及眉毛的動作。如果你感覺非常緊張，但是又不想顯露出來，可以嘗試一個公眾演講者的訣竅：擠壓你的腳趾。這麼做可以釋放一些壓力，同時又不讓人注意到。

## 關於沉默的幾句話

針對一場對話而言，安靜地等待一個孩子說完他的話正如同你表達自己所使用的方式一樣重要。父母與孩子間的交談最有效益的方式為：坐在可以平視孩子雙眼的高度、雙手放在大腿上、與孩子目光接觸並且抑制想要打斷他的衝動。靜止並且抵抗分心的態度傳達出你想聆聽這個故事的慾望，因為你孩子必須說完的事情是令人著迷、重要而且必須認真看待的。這些時刻在孩子們度過暗藏危險的一天後，可以為孩子提供慰藉和陪伴。

沒有父母可以在孩子每次說話時都做到這一點。但是培養這些技巧是值得的，因為注意和耐心的聆聽儘管有回報，但仍然是瀕臨絕種的溝通形式：它可以修正許多父母到我辦公室抱怨的問題、它是免費的而且就像睡覺一樣自然（或者曾經自然，直到我們變得如此忙碌以致於遺忘了這項技能）。

## 對話的模板

孩子成長到四歲時，他們的對話技能將全部綻放。他們現在可以說出完整的句子、使用複雜的文法、更能夠連珠炮似地問你問題，並且可以從事複雜的假想性遊戲。大多數年幼的孩子們都像是有趣的話匣子，但是這也是他們將透過忽略、拖延和與你爭辯而激怒你的時期。又或者他們將使用無異義的喋喋不休去進行長篇演講，使成人們因為顧慮一旦制止會減低他們自信心和生活之樂而感到挫折。

你可以透過說話、撫摸和歡樂的手勢與嬰兒溝通。至於兒童，你則是得到一個想告訴你所有事情的對話伴侶！這是真的，他們會跟隨你到廁所門口，當你在裡面上廁所時，他們也不願意停下來。他們固執又苛刻、生氣勃勃又好奇。而你的任務是什麼呢？就是減少潛在的乏味或惱怒，增加愉快的可能性。

透過鼓勵兒童說出自己的沉思、詢問令他們感到迷惑或恐懼的主題，並且講述荒誕不經的故事，有尊嚴的對待年幼的兒童。要求澄清和解釋，但態度要溫和，不要採取像宣誓作證般嚴肅的模式；不要期待最終可以發掘出一個問題或是轉化為一則必要的生命教訓。時常聆聽孩子說的話，並且記住他們不是在尋找資訊，而是在尋求溫暖對話的伴侶關係。

你說話的對象其注意廣度有限，所以保持簡短的詢問和指示，並且以夠大聲且清楚的聲音傳達，讓一個可能正在做白日夢的孩子也可以聽見。忙碌的父母經常在轉身離開房間時，突然拋出一個命令。當他們沒有得到立即的回應時，他們會從更遠的地方，用一種不耐煩的語氣去重複之前的命令。從孩子的觀點來看，就像聽到一個板著臉孔的巨人說話，但卻看不到他的表情一樣。「他的聲音聽起來很生氣，但是嘿嘿，我看不見他的臉，所以表示我有機會忽略他。」

在年幼兒童的班級中觀察有經驗的老師們，會發現當他們想要對學生傳達重要訊息時，他們會蹲下來，看著孩子的眼睛，以較低的音高說話，然後稍等一下再請孩子重複自己剛剛說的訊息。這就是我所謂的「正面聆聽」：與孩子平視，給予孩子你全部的注意力，同時雙手溫和的放在孩子的肩膀上。

一旦孩子們開始會說話，他們就開始偵查虛偽。他們會感覺到虛假的公關音高：「你一定會愛上科學營的！」他們可以嗅出隱藏的意思：「那麼……你今天在班上有舉手嗎？」（老師有給你足夠的注意嗎？你有認真嗎還是在發呆？）他們對於你假的讚美、假的驕傲和假的有興趣會感到憤怒，因為他們已經可以分辨真誠的重視他們所說或所做的事情與心不在焉的「你真棒！」之間的差異。這就是以尊重的態度對待兒童開始起作用的地方。

我問過許多孩子，父母說的哪些話最令他們討厭（像是具有操作性、被動攻擊型、欺騙或一廂情願的想法）。以下這些是獲勝的內容：

「只是想讓你知道……」

「你知道嗎？……」

「這將會很棒！」

「你不是這個意思。」

「你知道他不是故意的。」

「我可以和你說一下話嗎？」（孩子們知道要把「一下」翻譯為悲慘的十五分鐘。）

「你中午和誰一起吃飯？」

「可以嗎？」（用帶有試探、請求特性的「可以嗎？」作為句子的結束會暗中破壞你的權威性，並且令孩子生氣。它暗示著他們可以說「不可以，」但實際上卻不能這麼說，同時也不是孩子真正想要得到的那種權力。）

……

最後是這個：「小心！」

你的孩子騎著三輪車接近一條車道，你緊張（既陳腐又可預測）大叫「小心！」不太可能有任何幫助。有幫助的敘述應該是「瑪德琳，請等一下。我想告訴你關於道路的規則（成人用語穿插在情境中）。有一種好方法可以幫助你駕駛（情境中艱深的字）。如果你看見一條車道，一定要先停下來。停下來的同時，看看車道前方的街道是否有車子要開進來。也檢查停在車道上的車，看看是否有人正要倒車。」

每天我們會自動叫出多次的「小心！」，可說是一種懶惰的咒語。孩子會理解成「我沒有什麼害怕的東西」（所以不用這麼注意我），或是「我不相信你的判斷」（所以你不必提醒我，就交由我自己判斷就好）。

當與兒童聊天，特別是年紀較小的孩童，你會發現他們經常說出滑稽的口語錯誤。你當下不須反射性地糾正那些錯誤發音、錯誤的文字使用或關於主題的錯誤資訊，因為這麼做可能會限制住你孩子的熱情，並且讓他在表達時顯得小心翼翼。相反地，你可以採取「糾正前先暫停並思考」的策略：讓錯誤過去，然後正確地重複一些字彙或想法，不必直接點出錯誤。

現在讓我們來檢視開啟對話和探索主題的建設性方法吧！

## 對話開啟者

展現你認真注意的具體觀察，是一種絕佳的對話開場。「我對你畫的雲朵形狀還有站在那裡的人們很有興趣。我想我看到了彩色筆和顏料。看起來這幅畫中有一個故事？」仔細觀察你孩子這位新興畫家的工具和意圖，是一種更有效的對話開啟方式，遠勝過詢問「是或不是」或者說「好棒的圖畫！你真厲害！」

當孩子長到四或五歲時，他們就可以察覺出父母詢問的開放式問句是不是想要探聽出一些消息，例如：「你今天做了什麼啊？」或是「午餐好吃嗎？」藉由記得他們已經告訴過你的事情，進一步去詢問更多資訊，如此一來可以透露出你真心對他們這個人而非其成就或受歡迎的程度感興趣：「你養在教室的蝌蚪長成青蛙了沒？」

類似「你玩得快樂嗎？」這種開放式問句，不一定會讓孩子感到焦慮或覺得你愛打聽祕密，而且孩子可能也會熱情地回應你。但是如果你想要提高孩子不只用一個單音節打發你的機率，試著加入細節：「狄翁家的後院還擺著彈跳床嗎？你在跳床上面跳躍時，他爸爸有像上次一樣用水管朝你們噴水嗎？」如果你很健談且具體，你的孩子更有可能也是如此回應你。

一種引人入勝的對話途徑是提供孩子作為一位重要顧問的機會。注意：只有在你真的有意，以及你孩子的回應會被認真考慮的情況下，才能提出這類的問題。

「你希望誰跟我們一起去海邊呢？」
「你覺得艾迪來家裡的時候，我們應該準備什麼午餐呢？」
「你的表哥們要來家裡，我們該如何讓他們感覺受到歡迎呢？你有什麼想法嗎？」
「等一下開車的時候，我想要聽你選的音樂。」
「你認為哪一個是比較好的選擇，是把車停在靠近停車場的入口還是出口處呢？」
「你心目中的生日派對是什麼樣子？」
「我們下一次可以教小狗什麼把戲呢？」

這類型的問題透過賦予孩子一個真實的任務而提高他的尊嚴。它也是日常生活中父母與孩子間每日必要詢問的對照。

「你記得我們要把烏龜帶回學校是哪一天嗎？」
「每個人都繫好安全帶了嗎？」
「為什麼沙發上會沾到泥巴？」

孩子們的好奇心通常是激發一場對話唯一必需的東西。一個熟人告訴我他有多麼喜愛他七歲姪兒的陪伴：「我們每個下午都一起騎腳踏車。傑克是一名優秀的對話開啟者。他會問我：

『雷恩叔叔，你最喜歡漫威裡面的哪一個超級英雄？什麼曾經讓你笑過最久的時間？你有心碎過嗎？』」

## 擴展對話

有多種策略可以使你和孩子更全心投入你們之間的對話。最簡單的方法為重複孩子述說的消息，然後詢問後續問題。試著包含一個孩子提到的具體事件。如果你說：「我從來不知道耶！告訴我更多吧。」已經很不錯了。但是你也可以說：「我從來不知道關於古代埃及人的事情。『每個人』都要剃光頭？為什麼呢？」重述一遍代表你真的對聽到的這則資訊印象深刻。

親和力是另一種途徑。「你說的這個讓我回想起一件我五年級時發生的事情。我班上的兩位女同學在我們去博物館校外教學時不見了！她們沒有回到校車上，然後因為這樣為自己惹來了大麻煩。你覺得她們為什麼這麼做？」含有一點醜聞的主題會激起年幼孩童的興趣。而且因為這是「你的」歷史，不是他們的人生，他們可以安全地表達自己天馬行空的假設，關於那些女孩可能在想什麼或是沒有想到什麼！

以要求澄清的方式重新描述孩子的意見或評論也可以幫助你們之間的對話帶有啟發性。

「我們來看看。我想我知道你的意思。一部分的你想要在賈斯伯家過夜，但是另一部分並不確定。我這樣說對嗎？」

「告訴我你是不是正在嘗試釐清……」

試著成為一個願意進入黑暗領土的同路人士。詢問關於他們的夢境、圖畫的細節，以及書中角色作出決定後所導致的悲劇和後果。就像無聲管家提供寶寶機會去陪伴自我一樣，你的其中一個目標就是情感上的陪伴。

孩子：我夢到一個大怪獸追著我。

媽媽：哇！多大！像一隻長頸鹿一樣大？還是一棟房子？還是一座大山？

孩子：更大喔，媽媽！光牠的嘴巴就和一座山一樣大了！

媽媽：哇，那真是巨大。我想這是我聽過最大的妖怪。我可以知道為什麼你感覺這麼害怕。牠看起來像任何你看過的動物嗎？牠的身體是只有一種顏色，還是有斑點或條紋的圖案在身上呢？

孩子：牠身體是紫色的，上面還有綠色斑點。（可能不是真的，而是一個事後的闡述，不過這樣就夠了，因為正確並不是這類對話所追求的目標。）

透過這段放鬆又親密的交談。孩子的角色從被迫害的受害者轉變為有趣的說書人。現在只是諾亞和媽媽，以及斑點圖案的怪獸坐在家裡面，沐浴在早晨柔和光線中。下一次，當一個新怪獸出現在諾亞的夢境時，他這次創造出來的有趣外表和與媽媽分享的舒適記憶可以幫助他塑造出一段故事。

問問看你的孩子是否想要你把他的夢境或故事用電腦打出來或是寫在一本日記中。即使他已經夠大可以自己執行，你也最好要讓這件事簡單一些，避免將其從娛樂轉變為家庭作業般的必要任務。如果他接受你幫他寫下來，你接著可以問：「那你想在文字旁邊畫些插圖嗎？」你的好奇心和尊重會將恐懼轉變為創造力，並且會進一步在駭人的圖像和平靜、提供保護的父母之間鍛造出一座的橋梁。你也可以唸這個故事給他聽——孩子們都很愛媽媽或爸爸賦予他們的創作一個戲劇性的詮釋。

## 對話關閉者

結束交談的一種好方法為「我必須去打個工作上的電話／開始煮晚餐／換衣服出門，但是這是非常有趣的對話，謝謝你！」這麼說可能感覺太過正式，但是它的確傳達出這次交談對你而言多麼珍貴，同時也能教導你的孩子如何表達感謝。

與孩子間的對話不甚愉快時——例如，你和孩子抱持著不同的觀點——小心自己陷入必須繼續探究，直到雙方取得共識的陷阱。一旦孩子或父母用完了情感燃料，要看見另一方的觀點就變得更加困難。不要使用理性和邏輯進行抨擊，而是應該延伸出一個富有創意、令每個人都滿意的解決辦法，或是先退讓一步，你可以推遲下決定和進一步的討論。父母的措辭不能屈服或不考慮孩子的熱情、絕望或急迫，這樣一來就具有示範的額外價值，當孩子進入中學，面臨同儕壓力時就知道該如何表達。

「我聽到了，也瞭解你的意思。但是我需要一些時間仔細思考。」

「我需要和你媽討論一下。」

「等我睡醒後再重新討論。」

「這對我來說是新的。我還無法專心在這上頭。」

「我不知道答案，但是我會找出來，我們明天再說。」

有時候只是簡單的說句「不行」就夠了。有一種「不行」的花俏版本，很簡單，你只要記得使用ACE：

**確認**（Acknowledge）孩子的願望：「我知道你現在不想回家，因為你和蘇菲亞還沒有裝飾完樹屋，而且蘇菲亞的媽媽邀請你住下來過夜。」

**提供情境**（Context）：「我這次必須說不行，因為你明天上午九點有一場比賽，你需要回家睡覺，這樣你才能為明天的比賽養精蓄銳。」

**展現真誠的同理**（Empathy）：「我知道要你在玩得這麼開心的時候離開，是很困難的一件事。不過，我們必須回家，現在是說再見的時間了。」

你是權威，即使你的孩子希望她可以留下來過夜，但是最終，你可以掌控一切的可靠感，那才更能夠令她安心。

## 替對話清出空間

當家長們來找我談論關於孩子在家的不合作或不開心的表現，我會問他們彼此間產生摩擦的來源：「你和孩子的溝通裡面，嘮叨、提醒或責備的百分比占了多少？」家長的答案總是一貫地懊悔、誇大、認錯：「嗯……百分之九十或百分之百？」

這絕對不是真的。這些家長和孩子之間有各種有趣、無厘頭的交談，但是他們的自白告訴我，他們常常使用「小心！」模式。他們不相信孩子可以管理自己的日常責任，所以他們強迫性地嘮叨和責備孩子。

我接著會問他們的孩子花在以螢幕為基礎的活動上，時間有多長。典型的口語回答：「太多了。」非口語表現：悲傷的臉部表情、低下頭來回搖晃、以無助的姿態舉手投降。

我詢問關於嘮叨和螢幕時間的理由，是希望提高父母們意識到這種根深蒂固的習慣所造成的代價。與父母爭吵，以及玩電子產品，幾乎耗盡了孩子上學之外的所有時間。這種情況下，可以留給親子間親密、自由對話的空間只剩下一點點。

每次的交談都在等待一個信號：孩子感覺到父母已經準備好聆聽，並且願意慷慨地接受資訊，然後延伸關於話題的討論。豐富的親子對話源於自發性的時刻，這些時刻受到一組無聲規則的保護。當家長們表現出：

- 值得信任：你不會洩漏給別人知道。

- 尊重：你不會嘲笑或不屑一顧。
- 好奇：你詢問問題，並且渴望聽到更多。
- 真誠的感興趣：你不需要反射性地點頭，但是當你不理解時，你會問清楚。
- 合拍：當你的孩子表現出嚴肅、興奮或迷惑時，你不會過於鑽牛角尖；另外，你會積極參與而不會分心，並且會認真地聆聽和回應。
- 耐心：你通常會讓對話持續，直到它自然結束。

這種交談的頻率多久一次呢？每天，但不是你孩子說出任何一句話，或展現出與背景故事不符的臉部表情時都需要。對話的時間長短呢？取決於當下的時刻，同時環境要允許，因為你仍然需要合理、有效地處理家務和享有個人的生活。

許多父母利用開車、洗澡或睡前時間作為每天進行長對話的機會。確實，這些例行公事提供了親子間連結的可靠窗口，但是它們的時間也相對有限。到了傍晚時分，成人和孩子都感到疲倦了，或是家長仍然有工作要做，導致這些每日儀式被匆忙帶過。這就是為什麼家長的注意力需要保持彈性並且讓孩子可以接近。

一旦我告訴父母，嘮叨、責備和過多的螢幕時間會如何抑制孩子溝通的慾望後，他們都會變得更加願意與孩子即興聊天。孩子說的話不再是要求或藉口，而是愉快且深刻的觀察，同時孩子們也變得更有自信和更健談。

為了孩子，我們從早晨開始就應該打造對話的空間。假使你像大多數成人，清醒後第一個碰面的是你的手機，它的確是超乎想像、可靠又討人喜歡的鬧鐘。不過……只要看一眼簡訊或電子郵件或新聞，你的心靈就會轉換為複雜的優先順序模式：這個請求、這則訊息；「我要儲存、執行或是忽略它呢？」

如果你在注視孩子臉孔前就埋頭於你的手機，孩子很可能就會發現你的心已經被其他事物占據了。然而，如果你可以克制檢視手機的衝動，你就得到了在這個特別的日子裡，細想你孩子未來的機會。昨天他的世界發生了什麼事？他有期待、擔心今天的任何事嗎？這段簡短、充滿愛的評估賦予你最佳的機會進入他嶄新且即將展開的故事中，在他離開家前對他說些話，提供他一點鼓勵。

隨著時間的推移，數位干擾顯示為對話的最大阻礙。為了維持讓家庭能夠緊密連結的界限，專家們建議以下時間不應該存在手機或電子產品：

- 在家中或餐廳用餐時
- 開車時
- 洗澡時
- 就寢時

除此之外，當你在孩子身旁時，將手機調成靜音或將其放在你的皮包或任何視線以外的地方，就絕對不會出錯。

你的孩子會模仿你使用手機的習慣，就像他反映出你的舉止和意見一樣。但是科技並不是餐桌禮儀——它是一種徹底的文化轉變，而且它在不經意之中所造成的後果會隨著時間變得更清楚。我們不知道從現在起的二十年後，電子產品將如何影響一個年輕人建立人際關係或巧妙參與對話的能力。我們只知道這些技巧是自兒童期開始習得，而且仰賴家長們持續不斷的栽培。

## 七吃掉了九！為什麼幽默比任何其他事情都更重要

你第一次逗寶寶開懷大笑是一大樂趣，但是你年幼的孩子第一次逗得你大笑出聲時，所帶來的喜悅是無窮的，這是你多年來辛勞和作為他生命中可信賴的前導者的獎賞。

當父母們來找我談論關於他們的孩子時，我在諮詢中總會抽出時間幫助父母們擺脫煩惱，以不同的眼光去看待自己的孩子。我會詢問孩子的幽默感。他會刻意做些事情去逗笑他人嗎？你們？他的老師？他的朋友？朋友的父母？認真看待孩子的幽默感代表替牽強附會的故事、扭曲的綽號，以及老式的冷笑話（「爸！為什麼六怕七？[2]」）提供了一個出口。你的存在，讓「所有事情」都有了庇護所，你的孩子可以用他同學的邪惡模仿來娛樂你或是請你結合所有歌劇技巧，放聲高唱「We Are the Champions」，你的生命中絕對沒有人會像一個四或五歲的孩子一樣那麼欣賞你的表演。

你會發現某些事情你們都覺得好笑（最常見的是如果你們有養寵物）。而現在你正在建造

2　編註：「七、八、九」的英文（seven, eight, nine），聽起來像是「七吃掉了九」（seven ate nine），因此以諧音的方式形成了這個冷笑話。

一個你們之間才懂的笑話倉庫。一個胡思亂想的穀物碗！裝出來的傲慢英國腔調！錯誤的發音是如此迷人，使得它們在家中的播放列表中獲得永久的榮譽。

車子在車廠維修

四歲的女孩：我愛粗粗車（lentil car）！

爸爸：我也喜歡出租車（rental car）。

車子開過一間餐廳

女孩：你看你看，它們這裡有芭蕾停車場（ballet parking）[3]！

分享歡笑具有連結我們和振奮我們心情的力量；享受低俗的喜劇和巧妙安排的可恥失敗，讓我們體會對於暴力的幻想，卻又不需要承擔真實世界後果帶來的痛苦。吹牛和扣人心弦的英勇描述讓敘述者擺脫危險或失望，同時讓她可以控制最終的結果。誇大和英雄事蹟也需要被理解為是樂趣的一部分。

這些溝通的最佳模式通常受到我們世界中更有影響力的日常工作事項所排擠：關於公平競

3　編註：應是「代客泊車」（valet parking），孩子將 Valet 看成了 ballet。

爭的課程、上網安全的解釋、同儕壓力危險的演講。幽默的價值被貶低可以在許多幼兒園的教室中看見，在那裡課程從豐富的遊戲和社交課程轉變為嚴肅的閱讀和考試準備。因為如此，我們陷入了自相矛盾的境地：發展兒童的幽默感通常被認為無用，不過其價值卻無法衡量。

縱觀你孩子的一生，她的朋友、戀人、同事和僱主會受她吸引，不僅因為她令人印象深刻的工作技巧（許多人都有），還有因為他們是多麼享受她的陪伴。她好相處嗎，願意與人合作嗎？她可以看見人類困境詼諧的一面的能力將大大影響她所領導的生活與身處在其中的人們。從童年開始，笑聲就是所有我們遭遇到的侮辱和殘酷情節的安慰獎。好的幽默感是遊樂場的超能力：進入一所新學校社交生活的入場券，或是遠離班級霸凌者壓力的出場券。它與孩子其他的健康和發展同等重要。

關於幽默，成人傾向宿命論的態度——你要麼生來就幽默，要麼就沒有。然而，像是畫一幅山水畫，或是煮一頓美食，有一些才能是可以培養出來的。到底為人父母是什麼，難道只是一種激勵人心的說法嗎？那個領域中的明星又是誰呢？就是那些以幽默方式傳遞嚴肅訊息的人們。所以讓你的家成為找到趣味的場所，並且試著精進本身說笑話和故事的技巧。

笑聲是我們堅韌奮鬥文化的最佳慰藉，孩子們會藉由觀察你而學習如何使用它。所以在你的孩子即將面對令人生畏的拼字比賽或跆拳道升段測驗前的那個夜晚，放開準備到最後一分鐘的迷思，轉向令人放鬆的笑話書和謎語的懷抱。要求她向你展示她目前最愛的 YouTube 影片或圖像，或是睡前一同閱讀一本有趣的故事書。然後你也是，在你睡覺前快速地瀏覽一下洋蔥報[4]，雖然它的標題總是恰當地呈現出家長們的憂慮。以下是我曾經用於授課的標題：

- 家長們插手三年級美術課程的創意控制
- 每日旋轉課程（Daily Spin Class）是能阻止媽媽開車載孩子墜入大海的唯一方法
- 大哭孩子的父母一定不好

還有一個我尚未使用過的：

- 親職專家從來沒有告訴你該如何養育你該死的孩子

## 誤用幽默：當好的意圖引發不信任感

幽默是幫助你的孩子處理困難經驗以及用不同的眼光看待它們的最有效方式。但是要留意專業喜劇演員的智慧：悲劇因素＋時機＝喜劇。

考慮到孩子的氣質將指引你正確的時機。一次失策的表現、一位朋友轉而加入風雲人物的小圈圈、一次雨下個不停的露營，這些例子用口頭敘述都比身處在那個當下更顯得有意思。如果你的孩子期待你可以快速解決她的悲傷、痛苦或沮喪（無論那件事似乎多麼微不足道），但是你卻用一種開玩笑的態度做回應，她可能會感覺被輕視或背叛，或者會發展出因悲傷導致羞愧、憤怒導致罪惡感等後設情緒。此外，她可能會學到當生活事件引發出她的強烈情緒時，不

4 編註：原名為 The Onion，美國一家諷刺新聞網站。

要去尋求你的協助；她真的需要的是一位富有同情心的體貼聆聽者。

孩子通常對父母親所製造的幽默有雙重標準。媽媽說的戲謔意見可能會造成孩子畏縮或甚至大哭，但是當爸爸講出完全相同的俏皮話時，他卻會得到欽佩和大笑，然而，爸爸也不能保證每次都會得到孩子這種反應。我有時候必須提醒父親，即使似乎是最世故的小孩也會直接從字面上去理解、深深在意他們父親的意見，並且模仿他們的行為。當媒體中瀰漫的諷刺和嘲笑無意間在家中出現時，它對孩子可能會造成無心的影響，導致他們隱藏住溫柔的情緒，反而表現得像是個冷靜又憤世嫉俗的小大人。

## 當孩子退回牙牙兒語

五歲安東妮雅的母親擔心她已經可以清楚表達的孩子，突然間說話變得像是兩歲大的幼兒。「是因為我懷孕了嗎？她感到要做個大姊姊的壓力嗎？她那樣說話相當惱人，而且在陌生人前面讓我感覺丟臉。」

探究了一下，我瞭解了安東妮雅剛進入幼兒園幾個星期，同時間，她的奶奶賣掉了原本舒適的房子，搬進一間更方便生活的公寓裡。這些種種對這位小女孩來說都是一大改變。

「我會認為，牙牙兒語對正在經歷這些改變的安東妮雅而言是一種健康的反應：新寶寶的奇妙或恐怖、幼兒園的奇妙或恐怖，還有不能再去熟悉的奶奶家。」

小孩子存在著許多顧慮，但是除非他們問問題，否則不需要挖掘細節或要求他們吐露心聲。

為了抒發自己的焦慮，安東妮雅採取了一種輕微且安全的退化形式，而不是尿床、吸手指、咬或打同學或是在大庭廣眾下暴怒。那麼該如何處理這種退化行為呢？我建議她媽媽：

1. 將牙牙兒語想成是一種較重的腔調：告訴安東妮雅你聽不懂，但是只有在你真的聽不懂時才這樣說。如果她說的話不清楚，不要跟她說要用「大女孩」的聲音說話（有羞辱她的可能性，而且甚至導致她更加使用嬰兒般的溝通形式——哭泣）。反而要直接看著她（不帶批判性的眼光）、慢慢說話，並且使用一種禮貌卻帶有困惑的語氣，請她重複她的要求或意見。然後嘗試解釋。不需要針對這件事持續密談很久，否則會讓她以為牙牙兒語是可以得到媽媽注意力的神奇花招。
2. 當她沒有對你說話時，請完全忽略她的牙牙兒語。即使是在你母親或陌生人面前你覺得非常羞愧的時候。
3. 當她對父親牙牙兒語時，不要介入。那是他們兩人之間的事。
4. 採取「我心愛的大女孩」的方式與她交流。「下星期是奶奶的生日，你覺得她會喜歡哪種蛋糕呢？」

牙牙兒語對孩子而言是一種低成本的方式，可以在轉變時期提供她一個情緒的壓力釋放閥。它是暫時性的，一旦孩子習慣了她新的生活常規或環境後就會消失。

## 童話故事不會成真，它們不會發生在你身上

「童話故事不是告訴孩子惡龍的存在。孩子們已經知道惡龍真的存在。童話故事是告訴孩子惡龍可以被打敗。」——吉爾伯特・基思・卻斯特頓（G. K. Chesterton）

很神奇地，即使是一個充滿煩擾的家庭都會認為古老的睡前儀式是一種常規，仍然神聖不可侵犯。這齣舞台劇及其劇本為：一間光線柔和的房間、枕頭、毯子、一隻泰迪熊或破舊的娃娃，父母的全副精神都在孩子身上，一段閱讀和交談的祕密時光，以愛的情感交流作為結束。在進入夢鄉前這段緩慢又溫和的插曲之中，我們該如何打開親子間流暢交談的開關呢？

針對非常年幼的兒童，節奏、押韻和會說話的動物既迷人又有魔力。你拍拍兔子說「月亮，晚安」[5]同時一起尋找小波[6]。當孩子的注意力廣度、字彙的理解力和想法逐漸成熟，你將與他們一起同情憂鬱的屹耳[7]、拜訪住著許多友善但野蠻怪獸的陸地、夜晚的廚房、巨大的桃子和巧克力工廠。然後接著呢？你發現不知不覺間已經說完了所有鍾愛的經典書籍，許多孩子（特別是有哥哥、姊姊的那些）會要求更刺激的內容：「我們來讀哈利波特！」不要太快答應，因

5　譯註：英國知名的童書大師艾瑞克・希爾創作的「小波系列」，書中的主角小波（Spot）為一隻小狗。
6　譯註：小熊維尼的故事中時常愁眉苦臉的驢子。
7　譯註：小熊維尼的故事中時常愁眉苦臉的驢子。

為如果你從小熊維尼跳到鄧不利多，你將錯過童話故事。

童話故事！超級殘酷、最性別歧視、最經典、不公正且嚴厲。為什麼要透過向他介紹遺棄、誘拐和企圖食人的《糖果屋》（*Hansel and Gretel*）；兒童奴隸和變成孤兒的《灰姑娘》（*Cinderella*）；出現兇惡、野生肉食動物的《小紅帽》（*Little Red Riding Hood*）來終結他的天真與單純呢？因為當你們一起從溫暖的臥房冒險進入黑暗世界時，你將會為孩子積累了一整天強烈又初步的想法和感覺提供一個堅固的容器。

心理學家布魯諾．貝特罕（Bruno Bettelheim）在《童話的魅力：我們為什麼會愛上童話》（*The Uses of Enchantment: The Meaning and Importance of Fairy Tales*）一書中描述為什麼這些奇怪且狂野的童話可以吸引住年幼的孩子，這是因為它們對孩子內心混亂的情緒狀態提供了接受和認同。透過向孩子介紹故事中的壞人，你提供他可以投射出自己暴力感受的角色——例如：他不知道怎麼向家人和朋友命名或表達的正常人類所感受到交雜著愛與恨的情緒。藉由觀看聰明、有韌性又機智的孩子如何戰勝邪惡，他學到行動會帶來後果，而且提供他希望和勇氣的榜樣。貝特罕寫到：「童話具有暗示性」，「它傳達出的資訊可能暗示著解決辦法，但是卻從不詳細說明。童話故事留給孩子去幻想，自己是否且該如何應用這些揭露出關於生活和人類本質的故事在自己身上。」

在故事中的任何時刻，父母親都可以停下來，詢問孩子他覺得主要角色的處境如何。如果他是那個角色，他會怎麼做？為什麼？他可以猜到接下來會發生什麼事嗎？他認為這個角色應該要有什麼樣的結局？

童話故事的幻想本質為你的孩子提供一個機會，讓他去詢問可能困擾著或使他感到困惑的事情。不要隱瞞直白的答案。簡單和坦率可以緩解一個年幼孩童煩惱的心靈。無論你的孩子想要去探索哪一條道路，就在那裡打開你的手電筒為她指引。一位七歲的男孩鑽牛角尖於故事中角色的年紀：「在真實世界裡面，糖果屋裡面的姊姊和弟弟永遠不可能打敗一個女巫。她會吃掉他們。」察覺到他的焦慮，他的父母提供他一系列關於孩子們面對驚恐情況的真實故事。這個男孩的觀點從憂慮轉為勇於冒險直到恰到好處，接下來的夏天，他與父親制定策略：「我們不要在靠近救生站的地方游泳，否則救生員可能會說不能進入泳池。」

## 友好銀行

教導孩子要有禮貌、樂於幫忙和體貼，無論他們的心情或當下慾望為何，這種對話將持續約二十五年。有一種對你有利的方式可以帶來決定性的作用。由心理學家和作家鮑伯．迪特（Bob Ditter）創造出來的一種概念，他將其描述為「友好銀行」（bank of goodwill）。親子間的互相尊重依賴父母存放在這個銀行的存款。這些存款就是所有對孩子逐漸累積的興趣所表現出的信任和容忍：讓他把組好的樂高模型放著展示整個星期，可能比去一趟迪士尼樂園更有價值。

養育孩子經常像是選擇一個對你有利的戰場，其中有許多智慧，但是它是一個防守策略。友好銀行則是主動進攻。與其等待一場正在醞釀的戰爭，然後再決定是否值得作戰，不如你有意識地尋找讓你孩子感覺獨立和被重視的方法。當你不斷存款進友好銀行裡面時，孩子們將會更願意忍受嚴格或是那些他們感到不合理或不公平的規則。

什麼可以保證投資的高報酬率呢？對你孩子述說的故事、深奧神祕的資訊（對你而言）和扣人心弦卻難以理解的敘述，包含了許多由「然後……然後……然後」所連結起來的句子展現出你高度的熱情和興趣。詢問你兒子更多關於龍捲風、無人機或專業運動比賽分組的細節。只要不違反學校的服裝規定，對女兒選擇的服裝表現出良好的寬容，無論你覺得她的穿著多麼誇張或奇特，阻止自己提及你們之前一起去精心挑選的衣服。提醒自己尊重是互相的。

媽媽：你已經連續一個星期都穿著內搭褲去學校了。

女兒：我愛內搭褲，穿起來很舒服。

媽媽：對，舒服最重要。

尊重你兒子的願望：當他不在家時，他的妹妹不可以進入他的房間，如此一來，當你太忙時，他會更願意幫助她完成回家作業。尊重你女兒的願望：不要強迫她在向親友打招呼或道別時主動去親吻別人，這樣子，她將更願意帶著笑容回答叔叔笨拙又沒有惡意的問題：「不，傑夫叔叔，我還沒有交男朋友，因為我才三年級！」

小小的縱容將產生巨大的影響。一位女孩說：「在超市排隊結帳時，有時候我媽媽會讓我買幾個用不同顏色的閃亮包裝紙包著的瑞士蓮巧克力球。她讓我挑選最喜愛的顏色。」當我聽到這個，我會認為媽媽願意等待女兒選出最愛顏色的那幾秒鐘，就是友好銀行中的高價值貨幣。

當我在全美國訪談不同群的學生時，其中一項問題總是立即得到熱烈的回應：「你喜歡和父母一起做什麼？」孩子們熱切地述說顯示出他們有多麼喜歡父母的陪伴，並且指出許多父母累積友好，但自己可能沒有察覺到的方式。以下是一些例子：

「爹地是我的麻吉。我們一起騎腳踏車和玩撲克牌。」

「我爸和我媽拿出他們蒐集的唱片，然後我們全部一起跳舞。」

「我和媽媽一起下廚。她教我怎麼烤裡面夾著起司的漢堡！」

「我媽和我一起觀看《英國烘焙淘汰賽》（*The Great British Bake Off*），看的同時我們一直討論，真是太有趣了。」

「我喜歡和媽媽一起禱告。」

「我們每個週末都會騎乘野外泥土地比賽用的機器腳踏車。」

「爸爸和我從懸崖上跳入湖中，媽媽都不敢看。」

「我的父母出生於印度。我們會一起看寶萊塢電影。」

「當我坐進車裡，我的媽媽在開車前會看著我，輕拍我的手臂，然後說：『嗨，寶貝』。我真的很喜歡那樣。」

友好銀行不只是一個鼓勵好行為的策略。它是一個在你孩子居住在家中的那些年裡面，點亮家中氛圍的哲學。每個年齡階段，你的孩子總會為你帶來想像不到的麻煩，以及最燦爛的時刻。你愈瞭解孩子心中的喜悅，你就愈容易看見那些時刻。

# 第3章　最大、最強、最快：與小男孩溝通（三歲到十一歲的男孩）

「我喜歡兒童。男孩除外。」——路易斯·卡羅（Lewis Carroll）

「媽！媽！你知道有四百五十五種鯊魚嗎？其中最大的是大白鯊。牠有六呎長！但是鯊魚一年只殺死一個人。小狗一年可以殺死兩百個人！你知道哪一個國家的Wi-Fi最快嗎？是南韓。我們的太慢了！我們比立陶宛、拉脫維亞和葡萄牙還慢。你知道熊蜂寶寶（baby bumblebees）被稱為公蜂（drones）嗎？無人機（drone）這個詞就是源自於牠！你知道嗎，無人機！我沒有開玩笑，你看。」

與小男孩交談需要擁有令人驚訝的敏銳和感動。男孩們為了尋求出名、展現力量和英勇，他們的喊叫、哼（輕蔑或憤怒）、喝斥聲和背誦事實都可能令成人惱怒。當一個男孩正古怪、熱情地發表獨白，完全沒有注意到他的聽眾已經對他說的話逐漸失去興趣，然後我們可能會不耐煩的反射性回應：「好，好，我知道了。」或者「夠了，現在進去車裡坐好。」當他繼續嘟嘟囔囔地說話，你的蜥蜴腦（lizard brain）會產生不安：這個男孩一定哪裡有問題。但是如果你不要為了能夠順利進入下一個活動，而克制自己要求他安靜的衝動，你將會得到獎賞：一段含有大白鯊、立陶宛和熊蜂寶寶等詞語的獨白詩。你還能從哪裡聽到這些字呢？

在這個章節中，你將會學到為什麼男孩表達自我的方式，通常會讓女孩和女性覺得奇特或被冒犯；大腦科學令人興奮的新發現揭露了年輕男性選擇性聆聽、吼叫和粗魯等適應性功能，以及文化轉變對男孩發展所帶來的劇烈影響。利用這則資訊作為地圖，你可以將他的言行重新定義為一種禮物，雖然不像他姊妹的那樣被整潔地包裹著，但是那源於他活潑的心智，並與他內心的熱情相連結。用「男孩」的方式回應他，他就會聽見。無論你溝通的目的是什麼——同理、欣賞或接受這樣的行為準則——他將會聽進你說的話。

## 小男孩是由什麼所組成？

隨著學校要求和安全顧慮的提升，男孩們吵鬧的方式也被視為是一種問題，而不是值得欣賞的天性。這些改變影響了父母評量他們兒子的眼光以及男孩們的自我感覺。直到約十年前，大多數小男孩的父母是被學校建議而來找我。那些學生通常在閱讀和書寫能力上落後，或是靜不下來、淘氣又或者行為舉止非常不合時宜。今天，父母們都是自己來找我。最常見的原因是什麼呢？他們兒子令人擔心的擔憂。這些痛苦的父母使用如此相似的詞組，讓我覺得自己好像在聽演員對著經紀人閱讀台詞。這裡是一位母親的主訴，她有個六歲半的兒子史賓塞。

「史賓塞堅持我們之中一個人在他換好上學衣服前，必須待在他的房間陪他。即使回家後，他極度想要某件東西——像是一部分的樂高或是他的夾腳拖——他仍然拒絕自己上樓。他會問非常多關於回家作業的問題，所以我通常只能坐在他旁邊直到功課完成。

「如果他知道我們那晚要出門，他會表現出很悲慘的樣子。如果我們在他睡前離開，他會拜託保姆讓他打電話給我們。他做惡夢後會想跟我們一起睡；如果我們說不行，他會跑去和他的妹妹一起睡。而且他只同意朋友來我們家過夜，不能接受去別人家過夜。」

其他父母來找我是因為他們的兒子似乎一直都很無理、粗魯和毫不在意他人。八歲雨果的母親講述她每日的挫折：

「雨果認為他說的一些事情很好笑，像是：『嘿，媽，你看起來像懷孕了。為什麼你沒有跟任何人說呢？』或者他會稱他的弟弟為驚人的毛腳傻瓜，每次都因為這樣引發一場爭吵。他說別人的食物看起來很噁心，當我再三告誡他不要這樣說時，他會故意張開嘴巴咀嚼食物好讓我們覺得討厭。」

史賓塞的父母擔心他永遠無法自給自足，還有他的軟弱會讓他成為被霸凌的對象。雨果的父母煩惱他對他人缺乏體貼是顯示他性格不佳的證據，以及他們在他進入青少年後會面對到麻煩的無情預告。然而，儘管他們在家中的言行舉止正如父母所描述的那樣令人心碎、可悲或煩人，他們的老師通常都認為他們非常優秀。當我詢問上次親師會議上老師說了什麼，父母們的回應再次非常的一致：「噢，老師們都愛他！他們說他是很棒的學生。他上課投入而且在遊戲場上對年幼的孩子非常友善。他們真的很喜歡他的幽默感。」父母們常常告訴我在聽到這些老師的觀察後，他們會互看對方然後想著：我們的兒子嗎？可能她是在說另一個孩子。

老師熱情地分享完孩子討人喜愛的特質後，接著，她必須依照慣例，與父母討論孩子「需要改進的領域」。可能他有吹噓的傾向，為了試圖引起哄堂大笑，他會未經思考就脫口而出一些話。可能他因為一個小症狀或其他原因就要求去保健室的頻率過高。我告訴父母們，我非常訝異在親師會談之後，他們兒子的優點會從他們的記憶中消失得如此快速，然而「需要改進的領域」卻令他們印象深刻，因而增強了關於他們在家中看到兒子無助或無禮行為的擔憂。

過去十年間，我看到浮現出一種模式，在許多方面可以解釋史賓塞的無助，或至少可以部分解釋雨果「不成熟」的表現。大多數孩子在學校都很勇敢、堅強，並且盡職地完成他們的課外活動或練習。但是一旦男孩們踏到稱為家的柔軟領地，並且在前門卸下後背包開始，這些堅強的年輕男性就退化回像嬰兒般黏人又使人惱怒的泥坑。（女孩們有不同的方式，我們在下一章將會提到。）這些男孩並不是真的疲倦，好像他們與朋友一起跑跑跳跳和遊戲好幾個小時之後一樣。他們是疲勞加上焦慮。這種焦慮是他們的能量、想像和對冒險的渴望轉向內心去反對自我。

父母們害怕他們的兒子最後會成為被社會遺棄者或失業的懶惰蟲，除非他們學會自制，所以他們聚焦於教導他們怎麼做。但是如果我們與男孩間的對話組成大多都是責備、糾正或警告，無論我們多麼小心翼翼的使用措辭，仍會造成傷害。我們說：「迦勒，我不是生你的氣，我是不喜歡你的行為。」可是這不是真的，而且迦勒也知道。他代表他的行為，所以你就是在生他的氣。他搞不懂的是：為什麼？

## 怪異社會的奇怪方式

大衛・藍西（David Lancy）在他出色的書籍《童年人類學》（*The Anthropology of Childhood*）中描述了西方、受過教育、工業化、富裕、民主社會下的父母當前的標準和期待，與全球其他文化和過去幾代美國人形成強烈對比。在非怪異社會，男孩會被賦予任務以提升他們的社會地位，同時滿足他們需要活動的天性。藍西寫到男孩們必須長期巡邏遙遠的領土，並且尋找必要的糧食。如果拒絕這些機會，麻煩就在等著他們。

父母們時常抱怨他們的兒子太粗暴、好動、吵鬧——是與誰相比呢？與女孩相比。綜觀大部分的人類歷史（以及今日的一些文化），粗暴並不是個問題，因為日常生活中有許多方面需要族群裡面的一些成員，其身體強壯、具攻擊性、充滿能量，並且具備洪亮的聲音，才能夠嚇跑掠食者。男女角色狹隘且分明，但是狂野和溫和這兩種類型的特質是一個部落得以生存的必要條件。

然而現代社會不再是這樣了。除了在美式足球場上或動作電影中，技術經濟的轉變貶低了罕固酮的價值。我們的文化轉而重視那些可以長時間坐著，專注於心智任務的人們。這反映出我們的孩子從幼兒園開始就被教導的方式。雖然人們愈來愈意識到養育男孩的最佳作法，然而我們對於性威脅的顧慮，以及媒體聚焦於探討男性暴力，種種因素使得我們難以放鬆地去欣賞男孩們許多討人喜愛的特質：坦率、輕易克服情感上的忽視、高能量和高昂的精神。我們很容易將這些特質視為粗野，並且用它們去預測未來的麻煩。或者只能忍耐男孩的「滑稽舉止」直到他們逐步發展出一種更令人能夠接受（像女孩）的狀態。與朋友或爸爸一起胡鬧可以移除小男孩的一些壓力，但是偶爾的男性情誼無法與整個社會轉變相抗衡。

即使是最疼愛和支持孩子的父母可能也會發現，要容忍他們兒子過於發達的肢體動作、易激動性和被他的建構玩具、遊戲、軍備和工具所占據的空間是件困難的事。通常處境最艱難的是有姊姊的那些男孩們，因為父母們很難不去比較手足間的行為和能力。這種比較的心態被許多男女通用的書籍和網站提供的發展里程碑所強化：「大部分寶寶可能可以……一些寶寶可以……少數寶寶將可以……」雖然透過評估嬰兒的正常發展範圍可以讓父母放心，但是事實為男孩、女孩的大腦在出生前就有發展上的差異，且會持續整個兒童和青少年時期。

如果你對於男孩大腦的發展有基本的瞭解，你將能夠說你兒子的語言：使用他可以理解的字彙和句子，以他能夠輕易聽到的長度、速率和音量去傳遞。你將把你兒子的行為視為廣泛男孩童年的一部分，不只是從家庭或班級的狹隘情境中去評斷他。藉由熟悉一般的男性行為，你可以將它們結合你已知的兒子人格，並且對於什麼可能會驅動他的情緒、文字和行動有更深的瞭解。此外，如果你是女孩的父母們，學習關於男孩的大腦發展將使你多認識一些（或更有耐心）朋友和親戚那些大吼大叫、蹦蹦跳跳、玩槍擊、愛好模型的兒子們。

## 男孩與女孩在腦部發展和功能上的相對差異

| 男　孩 | 女　孩 |
|---|---|
| 語言技巧的發展比女孩慢。 | 語言技巧的發展比男孩早。 |
| 幾乎所有男孩在四歲半時的口語表達可以被他人理解。平均而言，男孩每天的詞彙量較女孩少，語速也相對較慢。 | 幾乎所有女孩的口語表達在三歲的時候就可以被理解。平均而言，女孩每天的詞彙量是男孩的兩到三倍，講話速度是男孩的兩倍。 |
| 學習閱讀的時間比女孩慢。 | 學習閱讀的時間比男孩早一年到十八個月。 |
| 有較多的衝動表現，需要更頻繁的精力釋放（體能活動）。 | 較男孩容易安坐一段更長的時間。 |
| 較無法感受到他人的痛苦或憂慮的訊號。 | 能快速回應他人痛苦或憂慮的訊號。 |
| 為了能夠輕鬆的聽見説者説話，男孩需要的説者音量比女孩所需要的高六到八分貝。他們對背景噪音有較高的容忍度。 | 較低的分貝下就可以識別出聲音，也能夠比男孩更好地區分音調的細微差異。在高頻的聲音下能聽得更好。更容易受背景噪音的影響。 |
| 處理視覺線索的方式與女孩不同；他們容易被動作所吸引，在明亮的光線下看得最清楚。 | 更能發覺臉部表情和肢體語言所傳達的意思，在較暗的光線下能看得較好。 |
| 三歲以前，有較強烈的分離焦慮並更容易哭泣。隨著年齡的增長，面對壓力或衝突反而會出現興奮的反應。 | 可以讀懂社會線索的能力將幫助她們更能適應新環境。面對極端壓力時，往往出現退縮或身心症狀。 |
| 睪固酮濃度較高；然而，男孩之間的睪固酮濃度差異很大。睪固酮導致男孩企圖透過生理和社交上的優勢來表達自己的社交能量（social energy）。 | 有較高濃度的雌激素和黃體素，這些屬於「社交荷爾蒙（bonding hormone）」。女孩利用社交能量與同儕和成年人形成依附關係。 |

## 男孩們的大腦

男性和女性的大腦用不同的方式解釋這個世界。神經科學的新技術，像是腦細胞定位讓我們可以進一步瞭解這個複雜的器官，不過要完全掌握它仍然遙不可及。例如：使用功能性磁振造影（fMRI），研究人員可以實際觀察神經的活動。他們學到男孩和女孩在說話、拼圖或呈現視覺分心的情況下，不同區域的大腦會被活化。我們知道男女孩的大腦發展在速度和時間上都不一樣，而且在影響語言、空間記憶和動作協調等區域的發展順序也不同。男孩和女孩的神經化學物質——血清素和催產素的濃度不同，這些會影響他們對刺激的反應；另外，像是睪固酮、雌激素和黃體素等荷爾蒙的濃度也自青春期前就開始影響他們的情緒和行為。

過去數十年間，我們對於「神經可塑性」已經有了相當程度的瞭解：經驗會影響大腦各方面的功能。雖然大腦解剖上的天生差異可以解釋為什麼男孩在班上坐不住或為了向朋友展現忠誠而大叫「我們比賽誰先騎到山上！」還有為什麼女孩會溫柔地搖晃她們的洋娃娃睡覺，但是我們也知道每個孩子都是獨一無二和不斷發展的。刻板印象很危險；它們的歷史充滿了偏見和錯誤的假設。我們成人有責任去欣賞男孩子的敏感和健談，同時教導沒有的那些人如何展現同理心和清楚表達。鼓勵女孩子要勇敢和擁有技術能力也是我們的職責。我們可以透過提高自身對於典型性別傾向的理解，同時對每個孩子的個人特色和氣質持續注意來達到這個目標。

關於這一點，沒有任何人的經驗可以比班級教師豐富。他們希望滿足所有學生的需求，因此促進了許多兒童大腦的發展以及它如何影響學習和溝通的研究。在教室這樣大量強調口語表達、聆聽和衝動控制的環境中，讓男孩們發揮其最大的能力需要一些技巧。

心理學家與家庭醫生利奧納德・薩克斯（Leonard Sax），書籍著作有《浮萍男孩》（*Boys Adrift*）與《養男育女調不同》（*Why Gender Matters*），他研究教室噪音對於男孩和女孩的影響。他發現在男女同班的教室，最能成功抓住男孩注意力的教師音量，要比其他老師大聲六至八分貝。這種經驗觀察得到了生物研究的支持，它顯示男孩的聽覺不像女孩那麼敏銳。同時，薩克斯也觀察到男孩更能夠容忍較高程度的背景噪音。「電扇的嗡嗡聲或是手指敲擊桌面的聲音，對於女孩或（女性）教師來說可能相當擾人，但是不太會干擾到一個男孩。」

如果表現不佳的男孩們坐在教室的後面，薩克斯推論將他們的座位移到前面會比較合理，這樣一來他們才更能聽見老師說的話。不過此時性別的社會和情感差異開始起了作用：對男孩而言，在朋友間保全面子比起得到老師的贊同或提高分數更為重要。在一間允許孩子們選擇自己喜歡座位的教室，愛搗亂的男孩傾向坐在後面。如果老師將他們其中一人移到前面，「那個男孩的首要任務通常可能是向他坐在後排的兄弟們表示——他不是老師的跟班，他仍然屬於『他們之中的一份子。』因此，他坐在前面的表現可能會比坐在後面時更加地干擾上課和不專心。」

這確實是男孩父母們在嘗試鼓勵兒子聆聽、遵循指令、用口語表達自己、敘述感覺和先思考、再說話時所遇到的難題。你愈明白你兒子所具備的工具，你就愈容易與他契合。如果你不知道該怎麼做，你可以透過典型男性特色的心智清單以決定現在可能的情況為何。這種將溝通障礙與天生生物差異的連結練習對於女孩們的父母也同樣有幫助，我們將在下一章節談到。

你可以在下面這張表格發現影響男、女孩溝通的大腦、神經化學物質和荷爾蒙的基礎屬性。（它不是所有發展差異的清單，因為並沒有提及像是男孩在空間和數學推理上的能力較好等細節。）撰寫此書時，這些特性已經普遍被科學界所接受。讀者亦可參考本書「附錄」中更詳細的一份表格。

## 你的兒子：脆弱又搞不清楚狀況

談到年齡介於三或四歲到青春期之間的男孩時，大腦發展在兩個方面特別顯著。一個是男孩與女孩處理情感的方式不同。因為男孩在理解自己感覺或是偵察到是什麼因素引起那些感覺的口語和認知工具較少，所以他們復原的時間較長。一個目睹家庭爭執的女孩，與朋友討論後，隔天早上就可以整理好自己的情緒，但是換做是你的兒子，他可能需要更長的時間去處理。如果你接他放學時，他顯得悶悶不樂，其原因可能是兩天前而非這個下午所發生的事。

第二個男孩、女孩之間值得注意的差異是他們大腦分泌的血清素和催產素總量。男孩分泌的較少。較少量的血清素，使他們比起女孩更為衝動和不安定，而較低程度的催產素則使他們對他人的情緒或生理痛苦反應較慢。當你正在擔心兒子似乎麻木不仁時，請謹記在心，那不一定是性格上的缺陷，更可能是種標準的男孩特性，隨著他長大將會改變。（並且想想如果祖母跌倒，他會多麼快地跑去幫助她！）

當然，這些男孩特性不能解釋一切。即使他在學校表現良好，但是若出現故意傷害動物、其他孩子、成人或自己、縱火等行為模式，或是展現出與一般男孩間開玩笑的打鬥明顯不同的行為，那麼你應該去尋求專業的協助。

## 說話要大聲、平靜、簡單、重複

父母親關於兒子的一致抱怨為他們不穩定的聆聽技巧、吵鬧和不乖巧。事實上，導致這些特質的原因也讓小男孩們渴望無約束、隨心所欲的生活。你的任務是控制自己對於兒子行為的反應，並且教導他一些精明社交的替代辦法。

一切都從成人之間如何說話開始。在一個生氣吼叫是稀鬆平常事的家庭中，父母親將無可避免地把他們的兒子訓練成只會對侮辱或尖叫有反應。男孩們經常推斷問題不在於他們的行為，而是他們父母的壞心情或無理的規則。為什麼媽媽或爸爸會因為我犯的這麼一點小錯就如此憤怒呢？「你從來不會把毛巾掛起來！你總是忘記！」他是個男孩。這項任務並不排在他待處理清單中的前面。他並不會想到要將毛巾掛起來，這樣下次洗澡時才有乾的毛巾可以用，因為他根本不在乎下次洗澡時，這條毛巾到底乾了沒有。

一個男孩不理會父母親說了一次或甚至第二次的話，這是很平常的情況。這種情況發生時，有相當高的可能性是他真的沒有聽見你們在說什麼，特別是假如他正全神貫注地進行一個活動時。這是他們大腦運作的方式。瞭解這一點，可以預防或阻止自己感到被冒犯或憤怒。所以準備好要重複自己說過的話，並且藉由學習以下的聲音課程來使你的影響力達到最大化。

## 音量和音高

所有年紀的男孩都對相當大聲，但音高不高的簡短句子有最好的反應：「泰勒，看著我。現在是五點半，該去廚房餵雪球了。」不要一次給予超過兩個指令，這樣你很容易被忽略。與其問他：「我剛說了什麼？」然後接著一個口語威脅，倒不如用同樣大聲卻不是高聲吼叫的音量重複你的指令。如果他有聽見你，但是卻希望你會放棄，你只需要平靜地重複這項指令，讓他明白你不會妥協。避免升級為：「這是第三次，那隻可憐的小狗餓了，而且就我所知，牠無法餵食自己。」

老師們常利用一個簡單的拍手節奏（拍拍**拍**、拍拍**拍**）去得到孩子們的注意力。這對男孩們來說是一個有用的策略，因為他們對大聲的噪音會有反應，而且又可以從中獲得遊戲般的刺激。這是一種替代大聲吼叫的好方式。如果情況很緊急，使用正面聆聽技巧：蹲下來，將手放在他的肩膀上，看著他的眼睛，並且要求他重複你剛才說的話。

因為男孩們處理感覺資訊和情感的速度都比女孩們慢，他們可能不但需要花更長的時間去反應，也更容易因為你對他大吼大叫而感到受傷。此外，雖然他們可以忍受爸爸某種程度的大聲喝斥，但是媽媽用相同的方式卻真的會傷害到他們。

## 語氣

男孩們不會聽見語氣中的細微差別，所以你無奈或諷刺的暗示可能對他沒有作用。如果他注意到了，他可能會感到困惑和受傷，而不是將其作為一個動力。他可能完全不會注意到悲傷的語氣，導致你感覺被羞辱或忽略，儘管他真的沒有發現話中潛藏的情感。當男孩進入青春期，這種情況會改變，他們會對父母的語氣變得極為敏感，那時候你將必須訓練自己說話聽起來爽朗且不帶批判性。你可能最好從現在就開始。

## 速度

雖然他可能正喋喋不休地在講話，你還是要保持適當的速度。男孩們的語言技巧比女孩發展得慢，聽和說兩方面的能力都是。用一種放鬆但不是嘲弄他，就像機器人在宣布事情的速度說話「請．把．碗．放在．水槽．裡面」（不過有鑑於男孩們不太會分辨語氣，他可能只會認為這樣很有趣，這是兒子的可愛之處。）

## 暫停

語言病理學家阿莉艾拉．施密特．桑德林（Ariela Schmidt Shandling）認為男孩們口吃人數的增加，是因為父母要求他們的兒子「快一點！趕快說到重點！」的緊張感所導致。當與男孩交談時，訓練自己允許他們有暫停的時間，以及當他們努力表達自己的想法時，不要打斷或插話。你要明白他們說的話可能沒有任何一個重點；他們可能只是單純地想提供你有趣的資訊。如果你要求他們重複你剛剛說的話，即使他們必須停下手邊的工作去努力回想，你也要給予他們足夠的時間。不過請溫柔一點。

### 肢體語言

跟你的兒子說話時，要面對他。如果他正坐在地板上玩，那麼你也要坐在地板上。雖然他不像女孩那樣擅於看懂表情，他還是需要看到你的臉，這樣可以幫助他集中注意力。如果他忽略掉你嚴厲的掃視或不贊成的輕微搖頭，不要對他生氣，他很可能是沒有接收到你的訊號。放鬆你的肩膀和手臂——不要在空中揮動你的雙手或是指指點點。

## 替代辦法

你不能強迫一個男孩記得將自己的毛巾掛起來、同情跌倒的朋友，或是在他的身體想要他跳起來衝過開放的運動場時，希望他安靜地坐著。但是有方法可以幫助你的兒子調整自己的行為，這樣他才不會總是接受到他人的憤怒和失望。

爸媽不該說的話：「你的行為不適當。你需要專注在課堂上，停止干擾老師上課。這樣你就會更成功。」抽象的字彙，像是不適當、專注、干擾和成功對一個小男孩來說並沒有什麼意義。當這段話以嚴厲、嘮叨的語氣傳達時，男孩們聽起來會像在聽史努比漫畫中成年人發出的

「挖——哇——哇——哇」的聲音。

與其期望你的邏輯可以說服你兒子改變，不如以共謀者的身分去接近他。表現得像是一個文化人類學家，教他熟悉不同部落成員間古怪但可預測的方式。當你告訴他時，你的語氣應該要平易近人。

「傑斯，聽我說，所有你相處上遇到麻煩的人——女生、你的祖父母、學校中年紀較大的男生、老師，甚至是你的媽媽和我——我們對於你（和所有小孩）做的某些事都有相同的反應。接下來的話可能沒有什麼道理，但是少惹上麻煩的祕密是學會一個模式。它像個密碼。如果你可以記得人們在這種情況下會如何反應、那種情況下又是如何，你將能夠預測什麼會導致他們生氣或失望。你不需要納悶：『我這次做了什麼壞事？』」

胡鬧和隨便亂說話，這些如此讓成人不愉快的行為是男孩們充滿活力、愛吹牛和渴望娛樂或挑釁的正常表現，他們認為這是一種直接且有趣的方式。我將最常見的這類行為列在下方，同時附上你可以如何對兒子說明的範例。當你閱讀時，你可能會想「我的兒子非常聰明。他一定已經知道了。他只是選擇不要表現得像個文明人。」但是某些社會規範可能會讓男孩們感到荒謬或莫名其妙，這就是為什麼詳細說明將有所幫助。接下來就是他自己的選擇：扯妹妹的頭髮，然後聽她尖叫，可能值得受到一次隔離處罰，也可能不值得。不要與他爭論這種行為是對是錯，或者妹妹是不是個弱者。此外，不要使用修飾詞去輕輕帶過這次互動，像是說：「我知道你喜歡逗班上同學大笑，而且你是如此風趣！但是你必須集中精神，可以嗎？」你正在傳達非常重要的密碼，所以你需要的是直接了當。

與其在你兒子身上裝載預先設定好的規則手冊，不如等到他做出一些選擇，而導致自己遇到一點麻煩。男孩們很少對他們的過失感到懊悔，因為他們不認為自己有做錯什麼。他反而可能會感到憤慨或困惑。不要將這些反應視為愚蠢或刻意無理，應該想成是單純的無知。接著傳授他祕密的知識，使用當他還在學步期，你教導他不要拉小狗耳朵那種實事求是的語氣說明。在你的引導下，他才有辦法開始練習自我控制。

注意：以下的範例，我使用像是「對你生氣」和「對你大叫」等詞句，因為這麼說能讓你的兒子馬上明白你的意思。孩子們最常使用「對我大叫」來描述任何類型的斥責，即使是最輕微的。

## 嘲笑他人的外表

「如果你取笑某人的長相或他們穿的衣服，即使他們知道你喜歡他們，但是有時候他們會辱罵回去；有時候他們會感到難堪或對你生氣。你這樣說可能會傷害到他們的感覺。通常女生和成人更容易受傷，但是許多男生也很敏感。」

如果你的兒子因為嘲笑或侮辱其他孩子而惹上了麻煩，你也可以告訴他這種版本：「如果你侮辱某人的外表，然後他告訴他的父母或老師，你可能會得到一位成年人的告誡、處罰或打電話給我。有些孩子不在意被嘲笑，有些非常在意。你要留意並且觀察不同的人會有什麼反應。」

## 嘲笑他人的表現

嘲笑外表的規則也適用於此，再搭配上一條額外的警告：今天的父母對於任何懷疑他們孩子能力的人特別在意，即使對方是個孩子。所以試著提高你兒子對於「你投球投得很爛！」這種他以為是建設性批評的認知。他可能會聳肩然後說：「我只是說實話，媽。而且每個人都知道。」可能如此，但是學習如何巧妙地給予有用的批評——並且知道何時該保持安靜——是種最好早點學會的社交技巧。

試著告訴你的兒子：「當某人犯了錯，他們通常知道，而且已經感覺難過了。在你說任何話之前，先等等，看看會發生什麼事。如果有其他人批評他們，你可以看看他們和大人會如何反應。說出惡毒的話可能會使你招惹上麻煩，即使它是事實，而且可能會傷害到其他人的感覺。」

或者：「與其羞辱某人的所犯的過錯，想想看你觀察到什麼可能可以幫助他們進步的地方。例如：『我想到一種不同的站姿，可能對你的投球有幫助。』如果他們想知道，他們會來問你。」

## 脫口說出負面的意見

「當你的腦袋跳出一個想法——我們假設你覺得姊姊在看的節目很愚蠢，或是老師規定的回家功課很無聊，或是你的朋友挑選了一個錯誤的滑板品牌——先忍住，不要說話，然後想想如果你把這些意見告訴他們，可能會發生什麼事。即使你是對的，又或者你的評論讓每個人哈哈大笑，但是那個人可能會感到生氣，或是不想再做你的朋友。有些人比其他人敏感。如果有看過他們面對不同情況所表現出的反應，你就不難理解。當你第一次見到某人時，最好不要批評他們。」

## 打斷

「如果你打斷正在說話的人，可能會使他們斷了思緒，或讓他們覺得你不在乎他們正在說什麼。你要等到他們故事暫停，然後你再去回應他們說過的內容，或是敘述一個你自己的、主題相同的故事。」

## 碰觸、拉扯、推擠

「我相信你已經注意到男生和女生玩的方式不同。如果你戳、推擠、打、拉女生的頭髮、用力扯她們的衣服或是打她們一拳，即使你是在開玩笑，但是大多數女生會生氣、受傷、哭泣或向一位成人告狀。你的男性朋友可能會有不同的反應，但是有些男生仍然會介意。你最好的選擇是溫柔地開始，不要碰觸人們，除非你們是朋友，而且你知道他們不會在意。永遠不要對成人展現粗暴的行為，除非他們邀請你這麼做，像是你和爸爸玩黑鬍子海盜或忍者武士遊戲的時候。」

**課堂上的小丑**

「有時候老師會被你的笑話逗笑，有時候她會生氣。當你愈來愈熟悉她時，你會瞭解她的幽默感。在你說出一個有趣的評論前，先考慮你可能會被罵或被貼上麻煩製造者的標籤。想想你在這位老師心中的以往記錄是什麼，再問問自己是否值得冒險。」

**使其他學生分心**

「老師們要抓住全班的注意力非常困難，尤其在有很多學生，卻沒有教師助理或另一位教師的情況下。你透過竊竊私語、打手勢或傳小紙條來讓其他孩子分心，會使老師的工作變得更加困難，即使你是在幫助他們，老師們也不喜歡。當然，如果現在是小組或團體時間，那麼和其他學生說話是沒有關係的。」

**令人作嘔**

「許多人對於噁心事物的反應與你和你的朋友們不同。雖然你覺得讓其他人覺得噁心很有趣，但是小孩們可能會因此稱呼你為笨蛋或幼稚、告訴其他人或是大叫；而成年人可能會處罰你。」

### 太大聲：室內和室外的音量調節

告訴男孩：「讓我告訴你，與室外音量相比，什麼是大人認為適當的室內音量。從最輕柔的耳語開始，並且說：『我愛紅色的大汽球。』現在，說大聲一點……」持續這個過程，直到你的聲音達到「室外音量」，然後稱這個音量為第七級。然後更大聲地說直到你們雙方都開始尖叫和大笑，這種音量稱為第十級。然後接著說：「在室內，你的音量應該大概是第四或五級，這種音量同時也適用於在車內，因為任何更大聲的噪音都可能使駕駛分心；在室外，如果你說話的音量大於第七級，即使你是在我們的後院或遊戲場，如果附近有大人，有人將會請你安靜一點，或是你可能被陌生人警告太大聲。」

## 一時衝動：教導男孩如何認識和命名強烈的感覺

男孩需要較女孩花更長的時間才能認識代表著「我現在有一種強烈、不舒服的感覺！讓我想看看這是什麼感覺，可能造成它的原因是什麼，還有我可以做什麼來讓我自己感覺舒服一點，卻又不會惹上任何麻煩」的想法和生理徵兆。一個男孩聽見媽媽因為他搶了妹妹的玩具而斥責他，或是老師因為他踢前方的椅子而召喚他，或是爸爸指責他說了一個自己被其他孩子推開的謊話，可是他無法解釋為什麼自己會做出這些事，因為他真的不知道。

成年人可以幫助小男孩將他們衝動的行為和感覺間的斷點連結起來，藉由帶領他們認識可以用文字去表達的概念，像是「忌妒」自己的妹妹（搶！）；當老師再次解釋分數的概念，但是自己仍然無法理解時的「挫折」和「灰心」（踢！）；因為自己跌倒使新牛仔褲裂開，而且膝蓋沾上泥土和小石頭時的「困窘」（說謊！）。當我們在下一章討論到這個主題時，我們將會看到男孩與女孩的差異在於女孩會意識到自己感覺到了某些事情：她們只是沒有明確的字彙可以用於表達。當她們實際感受到的是忌妒時，她們可能會說自己「討厭」某人。男孩不一定能做出這麼多的連結。他們完全不知道自己為什麼要去搶玩具或踢椅子；他們只是感覺應該這麼做。

聆聽兒子告訴你的他的故事，你可能有機會成功地指引他認識他沒有覺察到的感覺，那些感覺可能引發令他惹上麻煩的反應或選擇。如果他願意接受，你可以指出特定的生理反應去幫助他意識到自己的不安，像是肚子痛、輕微受傷產生的強烈反應、劇烈的心跳聲或冒冷汗。但是如果他仍然感覺刺痛或氣憤或丟臉，那麼這種方法不會有效。送他回自己的房間去「想一想」，提供冷靜的機會，這很有幫助。不過從他的觀點來看，除了這個世界不公平或是他多久一次運氣不好，或是完全被誤解之外，到底還有什麼好想的呢？

有時候，幫助小男孩理解他們行為和感覺的最佳方式是間接的方法。對男孩（和男人）來說，保全面子是最為重要的一件事，所以挑選一種你的兒子需要理解的感受，並且將此概念穿插在他沒有參與其中的事件裡面。例如：閱讀睡前故事時，溫柔地暫停並提出一個問題。詢問他書中的角色感覺如何，或如果他遇到那種情況，他會有什麼感覺。然後重複他說的話，並且表示同意（「沒錯！真難過！」），同時加深對於情緒的描繪。「如果這發生在我身上，我可能會感覺有一點興奮和有一點擔心。」這樣做，你的兒子不需要承認他自己的痛苦、害怕或憤怒，但是仍然可以聽見父母命名它的原型和教導同理心。它也同時強化了對他自己和他人同情心的神經路徑。

無疑地，我們每個人即使經過多年的治療，仍然還在學習辨識觸發事件或想法與本身感覺之間的關係。提供年輕男孩除了打架、不安和假裝從來沒有發生過以外的選擇，保護他們免受不必要的苦惱，同時提供他們在下一次面對情緒挑戰時，可以用來反應的工具。

## 英雄需要長期的探索

所有年輕男孩都會面對相同的三個問題：

我要怎麼做自己又不會惹上麻煩？

有誰認為我是一個英雄嗎？

如果其他人沒有做出更好的貢獻，我可以做什麼來貢獻這個家庭？

我們到目前為止討論過的策略應該可以幫助你的兒子回答第一個問題。當你們花較少的時間在爭論他的行為時，他人格上的細微差異將會開始聚集，而你可以引導他進行會讓他成為英雄和培養他獨特貢獻的活動。

兒子的怪癖和熱情將會一點一滴地變得明顯。觀察並且聆聽。讓他說話，不論是在黑暗中、在車裡，在移動的同時或等待公車和坐在地鐵裡面的時候。一般來說，肩並肩的聊天會比面對面更令他感到自在（正面聆聽技巧適用於重要的要求或訓斥，非用於普通的談話）。你的角色是注意並接受這些評論。有些男孩偏好寫下自己長長的想法、自白或由衷的心情，然後偷偷塞入你的桌子，而不是當面說出來。如果你經常在他的桌子、床頭櫃或枕頭上留下小紙條，你就開啟了一個他不知道可以使用的溝通管道，而且他將更願意做出相同的回應。

至於你的貢獻是什麼呢？投籃是一個很好的比喻：某些事情你說一點，其他事情也說一點，然後有時候你就投籃得分了。對於年輕男孩而言，這種方法比起冗長、嚴肅的討論和解釋會有更好的效果。

如果你保持好奇，也就是克制想利用時間去提醒或指導兒子的衝動；相反地，隨意問些問題，或是評論有趣的內容，那麼這種良好溝通很常發生在走路或開車到學校的途中：

「我注意到梅爾曼家養了一隻新的狗。一隻非常大隻的狗。你最近在我們那一區有看到任何不一樣的事情嗎？」

這段對話可以展開為：

兒子：「萬聖節那天，住在梅爾曼隔壁的那家人送出超級噁心的糖果！」

媽媽：「哎呦，是看起來噁心還是味道噁心？」

兒子：「都是！（停頓一下）媽，我很奇怪嗎？我覺得我不是很喜歡大部分的萬聖節糖果。」

媽媽：「我會說你是有敏銳的味覺。（這個評論包含在情境中使用了新的名詞，能幫助他擴充字彙。）你知道自己喜歡什麼。不過我覺得很有趣，因為你那天非常興奮要去要糖果。」

兒子：「因為我想要得到很多糖果、最多的糖果，但是我不想吃它們。我想要用糖果交換其他東西，尤其是其他孩子吃完自己的糖果時。」

媽媽：「這很合理，你已經找到自己的策略了。」

在住家附近散步的二十分鐘內，你可以追尋一個目標，像是找到一根很棒的樹枝，一根細長又直直的樹枝。男孩們則尋求更多——腐爛的鳥屍、一堆破碎的車窗玻璃——他們需要一根好樹枝去檢視他們的發現。如果你家附近有小徑，可以去探索它們。檢查被丟棄的家具、穿過籬笆上的洞到某人的後院、凝視一個堆滿垃圾的開放式車庫。這些都像是一次尋寶或是厚臉皮地忽視「禁止進入」的標誌，小男孩們（還有許多女孩）都很喜歡這種冒險。

我的一位醫生朋友，工作時數總是很長，她從前往往會帶著她的小兒子出門假裝要辦一些事情長達一個小時，讓他們在車內享有不受打擾的相處時光。她也有一個大女兒，但是要找出時間與她談話並不是個挑戰，也不需要任何準備。現在當她已經二十四歲的兒子回家時，他總會問他的媽媽願不願意和他一起去辦些事情。真是甜蜜！

良好的對話可能發生在你與兒子一同散步的時候，但是他獨自漫步或與朋友一起發生的冒險故事也同樣有趣。替他找些機會，在一個你可以容忍又最少限制的戶外環境遊玩。自由的時間、沒有結構、沒有父母，加上可以漫遊的空間，這些將為他正在萌芽的敘事技巧創造出肥沃的土壤。如同學習吃固體食物和說話之間的同步性，男孩們想在野外冒險的渴望也支持了他們的口語發展。他們的情感線路使他們難以表達感覺，但是他們會急切地告訴你他們在後院搭建的松鼠陷阱，並且詳細解釋它作用的原理。（不用擔心，它可能沒有用。）

哪裡可以讓你的孩子——不論女孩還是男孩——到處跑，並且以樹枝假裝成寶劍戰鬥呢？哪裡他們可以攀爬，還有可以躲在什麼下面呢？他們可以在哪裡建造俱樂部，邀請朋友過來，並且訂定自己的規則呢？哪裡可以讓他們逃離你呢？家庭露營、祖父家的船塢、自家的後院？探索公園池塘的周邊？這些是你的男孩可以實踐他的英雄行動，並且蒐集一堆故事帶回家的地方。

自由時間和非結構的遊戲不僅能培養孩子的語言能力。它也對他們的心情和精神有正面的影響。彼得．格雷（Peter Gray），波士頓學院心理系的研究教授，他研究精神病理學和「自主感（sense of agency）」（發展上可適當地控制一個人日常活動品質和數量的能力）間的關係。他寫道：「經由剝奪孩子自己玩、直接遠離成人監督和控制的機會，我們也剝奪了他們學習如何控制自己生活的機會。我們可能認為我們在保護他們，但事實上，我們正在減少他們的快樂、降低他們自我控制的感覺、阻止他們發現和探索他們最愛的努力，同時增加了他們未來罹患焦慮症、憂鬱症和其他疾病的機率。」

換句話說，一個英雄需要——的確需要——長期的探索。而一個成年人可以告訴所有人這一點。

## 驚人的事實、世界紀錄，還有其他真實卻信不信由你的事情

關於男孩第三部分的困境：「如果其他人沒有做出更好的貢獻，我可以做什麼來貢獻這個家庭？」這是一個棘手的問題，因為你和你的兒子對於「貢獻」可能有不同的定義。你可能認為它是以表現為基礎，並且屬於一個家庭公民的要素：幫助手足、做家事、與父母合作。的確，那些對於你兒子感覺自己在家庭中的地位和用途都至關重要。但是對於一個富有想像力的小男孩來說，它們的價值不像他的王國使用的錢幣一樣重要：資訊。四百種鯊魚、世界上最高的建築物、美國中情局所使用的最小攝影機、在單場比賽中，最多次投籃成功的次數……如果他沒有告訴你，你怎麼會知道這些令人驚訝的事實呢？

儘管他偏愛的主題遠遠不是你通常會認為有吸引力的主題，你還是要試著對他的喜愛而陶醉。怎麼做呢？一種策略是表現得有點無知，尋求他的專業知識，無論其多麼貧乏。你的熱情會成為友好銀行中的存款。你可以說：「太有趣了！」「你還知道關於微型機器人的什麼事情？」「間諜還有使用其他的招數嗎？」

當然，他可能會不斷背誦你已經聽過五十次的恐龍名單——這些了無新意的存貨清單，會讓你想要買酒灌醉自己。他不斷重複的原因是由於他沒有題材了。小男孩們需要更多資訊不僅是要滿足他們的好奇心，也是要讓你著迷。更新獨白最有效的方式為透過書本、影片或短程旅遊提供他一些新的事實和經驗：一趟圖書館、海港、碼頭或火車站之旅；搭乘摩天大樓的電梯；

去跳蚤市場或農人市集的早晨；或是一次到博物館、水族館或動物園的高價遊覽。你可以藉由使他接觸到更多節目去轉換自己的頻道。

男孩們想要證明自己可以成為這個宇宙的主宰。蒐集資訊是讓他們的力量可以圍繞著一種主題的方式。如果那則資訊包含最高級——最大、最強、最快——那更好。極端是優點。最快的動物是什麼？印度豹。多快？每小時七十五英里。什麼動物可以最快殺死牠的獵物？真鱷龜（**alligator snapping turtle**）！牠的獵物會立刻死亡！

一些父母和兒子會自然的分享喜好；一些則會向另一方介紹新奇的領域。如果父母任一方對兒子的熱情不甚瞭解或無動於衷，他們可以嘗試切換頻道至不同的興趣或對兒子有興趣的主題進行研究。你可以簡單的google幾個事實並且說：「昨天我發現……」聆聽你兒子的反應，然後你就會知道吸引他的是哪個方面。所有主題和概念中，可能會使男孩們著迷的元素：

**最高級：**最大、最快、最高、最小、最重、最長、最大聲、最深、最老、最強壯。

**超能力：**魔術——你可以欺騙雙眼和哄騙群眾。

間諜——你有不同的身分；你可以扮裝。

密碼——你有特別的祕密知識。偵探、忍者、運動員、太空人。

**極端地帶：**太空、沙漠、海洋、叢林。火星和木星間的距離；太陽的體積等於多少個地球；馬里亞納海溝和住在那裡的奇怪生物；死亡谷，地球上最低且最熱的地方；亞馬遜河，地球上最長的河流，也是最長的蛇——森蚺（anaconda）的棲息地，牠們吃山羊！

**巨大生物：**恐龍、鯨魚、大烏賊、大象、灰熊、真猛瑪象（woolly mammoths）。

**食肉動物：**獵殺時間——獵殺的方法；牠們如何保存牠們的獵物？

**致命武士**（*Deadliest Warrior*）：二〇〇九至二〇一一年播放的電視影集，包含了男孩們喜愛猜測的主題。誰會贏，日本武士或維京人？海盜或蒙古人？和你的兒子一起看個幾集，你們將有許多可以討論的內容。

**昆蟲生死鬥**（*Monster Bug Wars*）：和致命武士類似，只是這次換成昆蟲！你可以在 YouTube 上找到。

**運輸方式：**大——十八輪大貨車、超長禮車、鐵達尼號；奇特——潛水艇、軟式飛船；未來——真的可以盤旋在空中的懸浮滑板、自動駕駛車、個人噴射背包。

**分數、比賽平均數、球員統計數據：**對於非運動型的父母而言，這是個困難的主題，但是如果你的兒子非常熱衷，那麼不妨嘗試一下，你可能會發現自己的內在狂熱。

如果你接受聆聽小男孩說話以及與他們交談的形式不同於成人間（或與女孩間）那種熟悉的一來一往，你就可以任由他密集的背誦事實、統計數據和世界紀錄。他的目的不是要吸引你或與你建立親密關係，只是想要與他最愛的人分享這令人回味無窮的發現。

## 尊重你兒子的幼稚，同時尊重他的學校

今日的男孩必須面對令人困惑的期待：運動場上做個戰士、午餐隊伍中做個紳士，而在課

堂上做個學者。身為父母的挑戰是接受這種高壓標準，同時不破壞男孩需要在其中成長茁壯的機構規範，特別是學校。

即使我們在神經科學上對於性別差異的理解有所增長，而且兒童發展專家（及父母）也在質疑經常開給年幼孩童的過動藥物處方，男孩在學校必須安靜地坐著，並且表現出「女孩」的標準仍然是事實，有時候甚至是夏令營都強調高階技巧的建立。身為父母的你該怎麼辦呢？除了在家自學，或是讓你兒子進入一所採取更懂男孩的教學策略的學校就讀以外——如果你家附近剛好有一所，你的兒子符合資格，而且你又負擔的起的話。

如果你感覺你的兒子很挫折，而且不符合學校的標準，甚至永遠不會符合——我諮詢過的家庭經常有的顧慮——容許並且同理他的掙扎，但是要小心使用帶有憐憫訊號的語氣和訊息。孩子們會將同情解釋為允許：「爸，你知道這不公平！我不記得功課不是我的錯。」

克制自己想與他合作對抗學校的衝動。當父母每次感到不公平和分數不夠好時就去挑戰老師，這種努力最後會事與願違；不但沒有賦予孩子權力，反而使他自覺沒有能力，導致冷漠、憤怒和痛苦。此外，責怪學校和老師會令有經驗的教師們憎惡。他們記得當父母和老師團結一致，而孩子們清楚無法挑撥離間時，處理事情是多麼的有效果。儘管現在的男孩們在許多學校內都處於劣勢，但是成人間的團結通常仍然對孩子們較好。它很一致，而且偶爾遭遇的不公平是瞭解這個世界運作方式的絕佳練習。父母與孩子一個鼻孔出氣去對抗這個系統，就像是教導他們可以凌駕規則，反而建立了一個危險且不實際的先例。

承認學校難題的正向方法帶有一點破壞性。它包括定期的幼稚慶典，同時微妙地把他在學校的日子，以及你這位成人一天當中困難且沉悶的部分做比較。例如：你可以帶他到自己動手洗車場，然後說：「我整個下午都花在一個冗長的會議上，實在是非常無聊。讓我們把車子沖刷乾淨吧！」

你正在向他展示你很享受這個把自己弄濕、弄髒的機會，趁機發洩鬱悶也玩得開心——而洗車是一個達到此目的的便利方式。你示範出的行為是平衡，它暗示著：沒錯，一部分的工作和學校日很困難也很無聊，但是當我們值勤時，我們就是好士兵；當我們下班時，我們都很喜歡使用這條可以噴水二十呎遠的巨型水管去洗車！一同洗車讓你的男孩明白你就像他一樣渴望生活中身體活動、非結構化、無學業的那一部分。而且你持續在尋找可以享受那部分生活的方式。

很少見的情況下，特定的學校或老師會對孩子造成真正的傷害。那就是你必須展現外交手腕和勇氣的時候，要求學校調整功課量或老師[8]。如果你的努力失敗，你可能需要將你的兒子轉學。不過對於絕大多數的家長來說，看著他們的兒子順利自小學畢業，通常不需要與老師作戰或轉學，只是需要耐心和對男孩發展的瞭解。

當我父親年幼時，他的大哥每天早上都會輕輕打他一巴掌，然後說：「這是提醒你今天要

8　作者註：在本書的第10章當中，你將會讀到關於處理不適任教師的更多資訊。

聽老師的話。」聽起來很嚴酷（我並不推薦這種方式！），不過這個例子表達出要男孩們安坐（自我控制的基礎課程）是多麼困難，以及提醒趁機利用機會學習的重要性。不過，我的父親住在布萊頓海灘，他可以跳進海中，在岩石周圍游泳，或是溜進海灘俱樂部，欣賞樂隊的現場演奏。沒有成人會追蹤他的一舉一動。今日的男孩們是囚犯，除非他們的父母確定他們不會遭遇危險和困難，所以這是另一個需要安排機會，讓你兒子能夠釋放狂野本性的理由。

## 電玩：時間小偷和一群兄弟

很久很久以前——其實大約是三十年前——孩子們只有一點功課，而且家門外就有一堆鄰居朋友。他們自己安排每日的活動，並且在三度空間中使用五感：騎腳踏車；爬樹；丟棒球、雪球或水球。現在往下看一下街道，沒有任何孩子。看看你的兒子，他正安全又溫暖地坐在自己的房間；手上握著控制器，他可以發射武器、設法通過戰爭區域、掐死敵人，並且對著螢幕大吼大叫，稍微滿足些許他天生的衝動。

科技變遷快速，許多問題仍未解決。我們是否過度關注電玩和社群媒體，就像一九五〇年代的父母在意電視一樣呢？還是我們沒有察覺到危險，就像同一個時代在香菸廣告中力勸人們「給喉嚨一個假期……吸一口新鮮的香菸吧！」的醫生群。每個家庭和每個孩子都不一樣，所以我們該如何決定適用於每個人的電玩守則呢？

這並不容易，但是過去二十年間，電玩已經受到廣泛的研究，結果指出設定一些限制是父母的責任。二〇一三年《精神疾病診斷準則手冊第五版》（*Diagnostic and Statistical Manual of Mental Disorders*，*DSM-5*）明訂網路遊戲障礙（Internet Gaming Disorder）為一種需要深入調查的狀況：「遊戲者會強迫性地玩，其他興趣皆被排除在外，而且他們持續和不斷重複的網路活動會造成臨床上的顯著損害或痛苦……當他們遠離電玩時，會經歷像是戒斷的症狀。」

你的孩子會變成網路遊戲成癮，以臨床觀點來看在生活的多個面向出現障礙的可能性很小。年齡八至十八歲的孩子之中，只有8％的遊戲者符合那個標準。對大部分的男孩而言，數位時代的友誼，包括透過聲音進行的網路遊戲，可以帶給他們「合作、溝通、說垃圾話的樂趣」以及「愉快連結」的感受。一份發表於《兒科》（*Pediatrics*）期刊的大型、具國家代表性的研究指出——年齡十至十五歲，每日從事電玩的時間少於一小時的兒童相較沒有玩的展現出更好的心理社會調適；然而，那些每日從事電玩超過三個小時的兒童卻呈現出相反的結果。

儘管如此，對許多父母和他們的兒子來說，每天在電玩時間上的爭吵是一個無休止衝突的來源。雖然那些男孩們沒有關在房裡數天，不吃飯、不洗澡，但是他們數小時的電玩時間符合了非臨床、大眾對於上癮的定義。

藍迪·庫爾曼博士（Randy Kulman, PhD，評估教育應用程式和影片的公司「Learning Works for Kids」的創辦人），他同意：「就心理調適方面來說，每天玩一小時似乎是最健康的時間長度。」為了使你的孩子遠離電玩，他們建議設定一致的常規。在遊戲時間結束前十分鐘給予孩子警告，並且使用孩子可以看到的視覺計時器。時間一到，舉行一個適當的遊戲後的儀式，像是吃點心或討論最近遊戲的進展。

你可以透過與你自己比較去讓孩子瞭解為什麼要限制的概念：「被許多有趣和誘人的東西環繞時，我們的渴望會勝過什麼是對我們好的判斷力。以巧克力蛋糕為例。如果家裡隨時都有巧克力蛋糕，我就會想一直吃，即使我知道它不健康。我的渴望會強過我的意志力。我不能讓你玩電玩遊戲超過對你來說是健康的時間，即使我明白你現在並不同意我的看法。」

當男孩們年紀漸長，他們最容易埋首於戰鬥、幻想世界或犯罪活動的遊戲中，在裡面成功意味著追捕人群、射擊或是征服他們。最近的研究發現並沒有顯示暴力電玩與現實生活中的暴力行為有其相關性，但是，適度以及對你孩子的瞭解將指引你一個方向。

還有另一個問題值得深思：當男孩們玩電玩時，他們會失去什麼？他們喪失了在多種環境中，與另一個孩子或成人面對面互動的機會。男孩們較女孩們更需要練習人與人之間的溝通、真實生活中的衝動控制、清楚表達想法和感覺、妥協以及讀懂人們的表情。社交上越是笨拙的男孩，就越容易因為沒有練習這些人際技巧而受到負面的影響。有一群電玩夥伴對一個小男孩的生活來說絕對是正向的，但是玩電玩需要受到限制，且非電玩的玩伴仍然是生活必要的一部分。

從事電玩活動，從健康到不健康的順序會像是這樣：

興趣→愉悅和獲得技巧→熱情和驕傲→全神貫注→著迷

你該如何辨識你的兒子是否沉迷呢？觀察他生活的全貌，以訂定他從事電玩活動的時間規則。除了與朋友玩電玩外，他是否也喜歡與朋友相處，例如：一起運動、看電影、在住家附近消磨時間？老師是否以充滿活力、願意參與學校一系列的活動來描述他？（注意：我不是在問他是否為一個領導者，或是外向或是受歡迎。儘管這些是美國人的理想，但卻不是情緒健康的必要條件。）他是否喜愛花時間在家族聚會和旅遊上呢？他是否喜愛與一個熟悉的人，可以是祖父母、叔叔（舅舅）、表（堂）兄弟姊妹、家族友人或朋友的父母交談，而且對方也喜歡與他聊天呢？他是否有其他熱衷的興趣（蒐集棒球卡或事實或故事），除了提供他特別的專長，也可用於與新朋友和熟人的對話上呢？如果針對以上大部分問題，你的回答為「是」，那麼你設定的遊戲時間很可能恰好正確。密切關注他的生活平衡，並根據需要進行調整。

你已經知道男孩們多麼喜愛用他們的知識、技巧、笑話和膽量讓父母們留下深刻的印象。你對兒子的熱情表達出的熱忱；你對他製造出的髒亂表現出的容忍都是友好銀行中值得信賴的資金來源。藉由展現出你的愛與尊重，你將贏得兒子的信任，這可以為你更遠大的目標鋪路——所有對於他的成長極其重要的語言、禮貌、行為和同理心的指導。除此之外，這裡有更多可以加入友好銀行的建議。

- 替他報名兒童烹飪班。裡面經常有許多男生。為什麼呢？火、切碎、燒烤、磨刀。這些小小廚師們可以學習如何使用這些通常會被限制的各種工具，以及如何製作一些餐點。
- 讓他完全負責一部分的後院工作（或是雜草叢生的旁院，男孩們總是喜歡在裡面尋寶）。
- 讓他可以在自己房間裡隨心所欲，只是不能允許他把食物放到腐敗；同時警告他不可以將任何個人物品——包括可能會絆倒他人的鞋子、喝過的飲料罐和使用過的盤子——放在家中的其他房間裡面。他必須遵守家裡其他空間的整潔標準，但是在自己的房間中，他想做什麼都可以。

- 如果他與別人共用房間，那麼在家中幫他找一個作為他私人領域的地方，他在那邊可以髒亂的一蹋糊塗，像是地下室、頂樓或車庫的角落。
- 帶他去看運動比賽，讓他可以盡情地大聲吼叫。或是到海上，或是乘坐最快的雲霄飛車。
- 讓他挑選在車上聽的有聲書。思索書中角色發生的事情，不需要有主題限制，進入他的世界最鮮為人知的地方。
- 允許他連續多天都穿相同的服裝去上學，即使包括斗篷和靴子，只要那件服飾是乾淨的就無所謂（磨損或褪色也沒關係）。
- 每個學期幫他請一天假，帶他外出或去探險（除非他因為生病或逃避考試已經時常請假）。他可以選擇哪一天和那一天要進行的活動。這不是他表現好的獎賞；這是單純的禮物。用於女孩子身上也是一個好主意。

雖然小男孩進入兒童期時，與女孩相比，擁有較少的字彙、較少說話，並且使用較簡單的句子，但是這並不代表他們不會與周圍的人們建立深層又主動的連結。父母只是需要嘗試以兒子的語言來說話（或者，就父親而言，請記住這一點），男孩們將會妥協，吸收更細微的單字，同時在此過程中，看見他們的世界充滿了細節以及新的意義層次。

那麼關於他們的姊妹呢？父母們不需要以「女孩」方式說話去與她們產生連結。女孩們在四歲左右就開始以「成人」方式說話。但是父母們仍然可以教導女兒們很多關於我們這個複雜文化的溝通模式，我們將在下一章節進行探討。

# 第4章 老闆、閨密、假扮的女祭司：與小女孩對話（三歲到十一歲的女孩）

四歲的米拉跑進幼兒園的遊戲區，但是她不是朝她的朋友們奔去，反而停下來走向她的老師。她睜大眼睛、左手臂插腰、右手撐在臉頰上，她稱讚地說：「蘇珊娜！那是一件新裙子嗎？」

「米拉，早安。對，我今天穿了新裙子。」

「你在哪裡買的？」

「我在Anthropologie[9]買的。」

「我好愛那間店！那邊的籃子裡面會放著閃閃發亮的門把。」

這段對話凸顯出一些值得注意的元素。不需要計畫或努力，米拉就成功地開啟一個話題。她的問題是由一瞬間辨識出的視覺線索（裙子特殊的設計、顏色或材質），加上儲存在米拉記憶中的大量資訊（她老師所有曾經穿過的工作服裝）所引發。她使用進階的字彙（閃閃發亮、門把、籃子）以及複雜的句子使這次的對話更生動，而且她表現出的姿勢傳遞出好奇、驚訝和

9 編註：美國一家女性服飾、家居飾品的專賣店。

喜悅的訊號。

米拉精熟的對話藝術可以成功地吸引一位成人聽眾，成功到即使多年以後，我仍然能夠記得我的女兒蘇珊娜與她幼小學生之間逐字逐句的對話。

小女孩能夠透過說成年人的語言去與其互動。她們的口才和解釋細微口語和非口語暗示的能力使她們在許多社交場合都如魚得水。大多數女孩在低年級時都可以輕易遵守班級的規範，一部分是因為她們聆聽和反應的能力；一部分是因為她們非常在乎取悅老師。但是這種在我們社會所重視的多種領域取得成功的特性，也造成父母對他們的女兒產生不切實際的期待。

有女兒的父母們經常掉入一個陷阱，就是將女兒老練的口語能力誤以為與情感上的成熟度相當，並且將她們的情緒崩潰解釋為退化或操弄。父母們會感到憤怒，因為她聽起來如此世故，但是行為又如此幼稚。更令人困惑的是，女孩們較以往更早進入青春期：美國兒科學會現在認為七或八歲也屬正常[10]。雖然要再隔幾年才會初經來潮，但是荷爾蒙使這些女孩們容易受到媒體上傳達出女性應該看起來或表現出什麼樣子的影響（誘人的！美麗的！撩人的！）女孩們在她們可以理解真正的意思前，就會反映出那些媒體訊息所傳遞的時髦話語和迷人態度。這種情況使父母擔憂，並且強化了他們認為女兒「從四歲變成四十歲」的印象。但事實上她們並沒有。

這位活潑的小小時尚達人不是用嘟嘴和無理取鬧的要求去假裝幼稚：她真的就只是個孩

10　作者註：當我告訴年幼兒童的父母，青春期開始的年紀不斷下修時，他們都感到驚慌。美國兒科學會曾經視為異常的「性早熟症」（定義為女生在八歲，男生在九歲出現第二性徵），現在已經被視為落於正常的年紀範圍內。

子。她掉入一個她或她的父母都看不見的陷阱中。受到荷爾蒙的驅使、文化壓力，以及她熟練的語言，她表現得像經驗豐富，但事實上她更像是一個精明的觀察者和敏捷的模仿者。父母對她的行為所表現出的挫折和沮喪會造成這個女孩的雙重憤怒：氣父母對她生氣，同時也氣自己，因為她想做父母的乖女孩。

然而，她卻沒有辦法。她不斷說話、爭論和懇求，因為說出那些話是如此自然，而她的感覺是如此強烈。她非常瞭解自己的偏好：不要那件洋裝！不要那種優格！不要那種洗髮精、那則故事、那雙襪子！不要那種蠟筆！要紫色，但不是那種紫色。

她有著狂熱的慾望：我告訴過你每個人都有彈跳床！一個美國女孩娃娃（American Girl doll）！比我更晚睡覺！有楔形鞋！你說過可能會買給我，對嗎？那是什麼時候呢，媽？你說過的！

如果你是一個女孩的父母，你終究會明白這些爭論——關於每天的不公平或衣服或她的房間或頭髮或朋友或食物——並不會在經過一次真誠、合乎邏輯的討論後就得到解決。你需要調整自己的步伐，因為要養育一個直率、通情達理的女兒，代表著每天都要以稍微不同的模式走過感覺起來幾乎相同的砂石地，而且持續好幾年。

心中記得孩子的年齡和發展階段再加上練習，你就可以調整你的訊息與傳遞方法，如此一來，你和你的女兒將能夠以較少摩擦，更多互相欣賞的方式去度過她兒童期的急流。你可以告訴自己把她的挑剔視為洞察力；她的誇張視為一種心靈的豐富。在女兒的雷達下工作，你可以指引她，在某種程度上也保護她的狂野個性和快速成長的認知與生理，同時教導她良好的舉止和家庭公民的責任。

## 一位母親的重擔

女兒和母親間的關係與女兒和她們爸爸間的關係有著顯著差異。在我們整理與小女孩交談的最佳方法前，我們先來探究這些差異在一個家庭中會產生什麼作用。

母親和女兒的大腦共享著同性別的特性：她們可以理解面部表情、聲音語氣、肢體語言，而且她們被設定為可以感覺和反應他人的感受和意見。（關於女性大腦發展的概要，請看第七十九頁；更詳細的表格，請參考附錄。）這些知覺和它們激發出來的擔憂在女性之間互動時會增加。當母親和女兒同時詳細檢查雙方的語氣、皺眉或嘆息時，這會導致情感靜止。她們可能會誤解對方的動機，因為，儘管她們相似，但是一個小女孩和成年女性擁有不同的觀點。或者她們會步入說話過度的歧途（心理學家稱為共同反芻）。這些動態是許多母親與女兒間激烈爭吵的根源。

加在女性間溝通的固有挑戰上是我們現代文化的特定壓力。今日的媽媽們與她們的孩子特別親近。即使必須出外工作，媽媽仍舊更常涉入孩子們細微的生活面向：組織、安排、確保孩子們準時抵達。也就代表她們與孩子的溝通包含著許多質疑和敦促。

母親們也相對處於一個新的壓力之下——做個好父母。「為人父母」（parenting）這個詞彙是從二十年前才開始變得普及；更早之前，常用的術語為「養育孩子」（child rearing）。從「你的孩子真可愛」到「你真是個好媽媽」——現在的聚光燈是聚焦在媽媽身上，而非孩子。母親們擔心自己做的每個選擇，然而，有那麼多的選擇必須決定。她們感覺自己似乎在各個角落都受到評斷：自己家族的鬼魂、她們的父母和姻親們、其他媽媽、學校、網路、媒體、社群媒體……隨著如此多的聲音重壓而下，要把事情做對感覺起來是不可能的任務。

## 那麼，爸爸呢？

今日的父親珍愛他們的孩子，而且一般來說比起他們爸爸那時候更加參與家庭生活。加上因為男人並沒有像女人一樣裝配有偵測社會暗示的設備，當他們與女兒互動時就不會出現情感靜止的情況。爸爸們不會因為一點小事就緊張不安（她上次洗頭是什麼時候？她剛剛在喃喃自語什麼？）因此，他們不會詢問或批評這些關於女兒的事情。所以父女間形成了一種更為輕鬆的關係。

父親們不會煩惱養兒育女的細微差別，或是擔心其他父母認為他「身為父親」的技巧如何。對女人來說，做一個好媽媽感覺像是她們身為人類價值的重要一部分。她們的焦慮會延伸出去以確保爸爸也做對了。無論是有兒子還是女兒的母親皆是如此，但是我的工作經驗顯現出一種清楚的模式：如果孩子是個男孩，媽媽對於父親教養孩子的方式會有較高的容忍度。媽媽尊重父親與兒子間的聯結，因為這種「只有我們男生」的關係是把事情做對的一部分。雖然爸爸的粗魯、戲弄和直言不諱對女兒來說與兒子同等必要，但是許多母親對爸爸與自己女兒相處的方式表現出排斥。

母親們屢次向我描述她們在孩子面前責備父親的情節，總是因為媽媽認為爸爸示範的行為榜樣不如人意。她們因為爸爸的個人習慣而與其爭論：他不完美的餐桌禮儀、喜歡「不好的」食物、把襪子留在客廳的地板上、偶爾說髒話。他為人父母的風格也會激怒媽媽，像是爸爸過於直率的批評、打鬧或對於女兒學業或運動表現的過高標準。

當我聽到這些擔心時，我會警告母親們，她們在孩子面前公開批評父親，就是告訴孩子他們脆弱的感情地位高於父親在家中的尊嚴與自由。然後我會問：

- 爸爸下指令時，孩子是否較少發牢騷和拖延，而且較願意合作？
- 他們會表現出喜愛爸爸的樣子嗎，例如當他回到家時，他們會展現出快樂的跡象？
- 他們喜歡和爸爸在一起嗎？
- 他們欣賞他的幽默感？冒險的精神？深奧的知識？世俗的智慧？玩耍的能力嗎？

如果媽媽回答：「是，但是——」我會說：「我知道這似乎不公平，不過對媽媽和爸爸來說，什麼行為是允許的，有著雙重標準。爸爸們的容忍度更大。」

不意外地，一些父親厭倦了被責備和從頭到腳的監控。他們喪失自信，所以他們放棄。這對一個小女孩而言是一個巨大的損失，並且將影響她會變成一個什麼樣的人。父親（或者如果沒有爸爸，另一個成熟且忠實的男性成人）在養育女孩上扮演著複雜且極其重要的角色。我在臨床上看到了被文獻所證實的現象：父親缺席、不關心、上癮或是工作狂的女孩們——爸爸沒有參與她的生活——更可能過早就有性生活。這並不是一個慈母會想刻意鼓勵的家庭經驗。

因為媽媽無意間在女孩和她們父親間設下的路障，加上媽媽負責監督日常的例行公事，所以女孩們和媽媽在一起的時間會多於爸爸。所有這些親近都會造成摩擦和爭執。同時，女兒與爸爸相處的時間不僅稀少，且都與生活中較愉悅的事件有關，例如：學騎腳踏車或週末開車前往足球比賽的場地。在這些生活的插曲中，女孩們不會像跟媽媽在一起時那樣有那麼多的爭論、發牢騷或抱怨。我並不是說爸爸都不幫孩子換上學的衣服或做晚餐；他們當然也有做這些事。但是大部分家庭都是母親在管理日常細節，而母親和女兒之間的溝通雖然更同步，但也更暴躁。由於這些原因，這一章大部分的內容我主要是對母親說話，不過父母雙方使用裡面的策略都會有相同的效果。

## 保持誠實、簡單與同僚模式

家有女孩的父母最基本的守則就是：對女兒實話實說。不像小男孩，女孩們會注意到結巴和沉默。她們不僅聽到文字，也可以輕易偵測出如推銷商品的言辭或半謊言。如果你用直接且誠實的方式去傳達訊息，你就創造了一個輕鬆的對話氣氛，伴隨著信任的基礎。致力於表現出同僚而非糾結的態度。糾結的定義為界線模糊：孩子的狀態是你的狀態；她的情緒是你的情緒；她的創造力、運動能力和內心生活都是你的。這種態度既過度涉入又不健康。同僚則是「我與你站在同一邊，但是與你是不同的兩個個體。」

所有小孩都對簡單、明確的指示有最好的反應：「去把書和午餐袋放好」、「請把洗碗機裡面的餐具全部拿出來」、「你可以去跟爸爸說該離開了嗎？」女孩們很可能立刻就聽到你說的話。她們可能會忽略你，但是更可能用「等一下！」來敷衍你。你的任何要求，如果不是她們當下想做的事情都會是爭論或拖延的一種邀請。

為了避免爭執，母親們經常會說像是：「你真的想穿那件去上學嗎？你覺得作業已經完成了嗎？」這些都屬於被動攻擊型的修辭問題，沒有女孩會回答：「噢，謝謝你，媽咪！我不敢相信我想穿這件洋裝去上學。我一定會冷到發抖！」媽媽試圖讓女兒認為這是她自己的想法，但是這樣說卻讓媽媽顯得軟弱，而且等同面對挑戰（「對，我想穿這件，我將會穿它去上學！」）。

如果你停止試圖保護孩子避開她行動的自然後果，像是感覺冷或得到一個壞成績，那麼類似的這些口語問題就可以省略。自然後果和其他的外力，如學校的服裝規定，可以幫你節省許多力氣，留下較少可以爭論的事情。但是你無法避免：與女兒交談，協商將成為一種長期的生活方式。接下來的聲音課程會有助於你們的辯論文明一點。

## 音量和音高

女兒：你為什麼大叫？

### 媽媽：我沒有大叫！

當孩子們沒有做出媽媽期待的反應時，許多媽媽會發現自己開始愈來愈大聲。她們都對自己這麼快就生氣感到驚訝，而且大聲通常也會升級為責罵。女孩們會與你用相同的音量對話，所以控制你自己甚至變得更加重要。一種有效的訣竅是「戒酒者匿名會」使用的首字母縮寫標誌：「HALT」（停止）[11]。當你聽到自己的聲音開始上揚，問問自己是否感到飢餓、憤怒、寂寞或疲倦。然後再問自己為什麼。通常你的寂寞或憤怒與你的孩子無關；她只是碰巧被波及。在這些時刻，坦率不僅僅是一個明智的策略，它也可以轉移對話的焦點。如果你說：「我今天真的被打敗了，所以先告訴你，我可能聽起來脾氣很壞，」許多女兒會接著問：「為什麼？怎麼了嗎？」如果你不介意和她分享發生了什麼事，那麼也就順便提供她一個培養同情心、哄你大笑、練習提振他人精神和安慰他人的機會。

### 語氣

女孩們對語氣中流露出的輕蔑、嘲弄或憤慨有著敏銳的感覺。可悲的是，有些成人默許這些態度，因為它們可以幫助生活好過一點。許多父母都沒有意識到自己的評論、鼻息聲和大笑聲中所顯示的憤怒或輕蔑。你的女兒可能似乎沒有在聽——她正唱著收音機撥放的歌曲——然而，母親和女兒之間的每個情感訊息都會被擴大。轉移你的焦點會有幫助。在請她安靜，聽你

11　譯註：HALT 分別是指飢餓（hungry）、憤怒（angry）、寂寞（lonely）、疲倦（tired）。

說話前，先試著和她一起唱歌幾分鐘。讓思緒離開腦中的時刻表，並且允許自己盡情享受一下女孩的世界。那裡將有趣許多，而你的語氣也會因此有所改善。

## 速度

說慢一點對男孩來說是種有效的方式，因為他們全神貫注在其他事情上面，而且也不像女孩們聽得那麼好。和女兒說話則需要說得夠快以維持她們的興趣，但是又不能說得和她們一樣快。任何年紀的女孩說話都很急迫且不需要換氣，而母親們會傾向用同樣的速度或者更快的速度回應。配對是女性間正常的溝通模式：一個女人說了一個故事，接著她的朋友會帶著同理心敘述另一個相似的故事，如此一來強化了她們之間的聯繫。她們也會配對彼此的興奮程度和語言模式。

喬治城大學的語言學教授黛博拉·坦寧（Deborah Tannen），著有多本在溝通上具有開創性的書籍，她描述女人間的語言模式具有特定的特徵，包括「談論麻煩」、「合作重疊」和「融洽談話」。有時候母女間交談的重疊和升級是正向且令人興奮的。

「媽！我們班要去博物館，而且會在那邊過夜！」

「哇，在博物館過夜！我敢打賭你會帶回來一些很棒的故事。」

但是其他時候，母親會發現自己顯得與女兒一樣焦慮崩潰。母親應該扮演的角色是女兒們的領導者，不是姊妹或朋友的關係，所以最好藉由維持較慢的說話速度去保有你的權威性。

## 暫停

當你為了轉換到一個新的觀點而暫停說話，同時給予孩子時間去吸收一個想法時，女兒可能會藉此空檔提出自己反駁的論點。這就表示「暫停」可能是一條單行道：你暫停了，但是她沒有。利用那段時間去認真聆聽她說的話，明白自己並不知道她在想什麼，無論你們兩人多麼親密。探索她的觀點不代表你同意。

## 肢體語言

儘管女兒們主要是能理解臉部表情和聲音語氣，但是她們也能察覺出父母頭部的傾斜或緊握方向盤的手等細微的生理徵象。當你對女兒選擇的運動、服裝和其他遊戲形式做出反應時，你要特別留意自己的肢體語言。翻白眼、嘆氣、轉身、困惑的聳肩或皺眉蹙額，這些動作都會讓孩子感到被輕視。

當小女孩嘗試不同身分時，不是所有人都想當建築師、獸醫或神力女超人。跋扈的警察、網紅和公主也可能占據舞台中央一陣子。父母沒有說出口的不贊成就像給這場自我表達的慶祝活動潑了一桶冷水，而且會導致這位年輕女孩懷疑自己的直覺和愛嬉戲的衝動。

# 躲避你女兒窺探的雙眼

有時候似乎無法逃避你的小女兒如雷射般的注視。一段典型的對話：

「媽，你為什麼生氣？」

「我沒有生氣。」

「好吧，你怎麼了？」

「**我沒事！**」

讓你的女兒看見母親有不同的情緒是很好的。否則，你就只是個可怕的殭屍媽媽。如果她做了某些事令你不愉快，你可以說：「我還不清楚，但是我現在很生氣，而且很快就會非常生氣，所以等我思考過，感覺也較平靜以後，我們再繼續討論。」

或者「沒錯，我很生氣。因為我們有過約定，而你沒有遵守。你要幫我釐清問題在哪裡，否則我們必須設定更嚴格的規則，我知道你不會希望這樣。」

當然，有些時候，母親的壞心情或提心吊膽與孩子毫無關係，但是她不想解釋（她也沒有必要）。女兒的探查會使媽媽感覺被逼到角落，所以她變得易怒。但是拒絕承認你在生氣或苦惱會使你的女兒感到迷惑，或是納悶自己是否做錯了什麼。反之，你可以承認她的觀察，同時維持你的隱私。當她問：「媽，你為什麼生氣？」你可以回答：

「工作團隊間的一些事情——與你無關，寶貝。」

「我和你爸爸的時間安排混在一起了。我們會想出辦法的，我們總是如此。」

「因為太多事情了。」

證實她察覺到的情緒，然後提供她一個籠統的解釋。你的女兒可能會知道事情不只是這樣，但是除非是家庭發生了嚴重的麻煩或有人生病，不然年齡三到十一歲的孩子並不會對你的問題特別感興趣，只要她們自己不是導致問題的原因。這並不是她們不關心你：是因為她們對於成人的生活壓力並沒有太多的概念。你的女兒（或兒子）不需要全部的事實；她只需要知道自己沒有在幻想，而且你和她分享著相同的現實。

## 認識且命名強烈的感覺

放學後，七歲的艾達衝過遊樂場。她是會帶著微笑，撲到父母懷裡給他們一個大大的擁抱？還是她會愁眉苦臉，跺著腳經過媽媽或爸爸的面前呢？不管是哪種情況，父母都準備好迎接孩子誇張的情緒爆炸，這可能是由於發生了有史以來最糟糕（或是最好！）的事情、某些必須立刻修正的事情、一個大到會影響她整個未來的決定！隨之而來的是嗚咽、瘋狂的解釋、懇求和吶喊。這種戲劇化令人精疲力竭，而一個父母如果想著「我是否可以注入一些生命力，同時你給自己一杯馬丁尼去冷靜一下呢？」也值得原諒。

年輕女孩的情緒可以激烈到讓人恐懼，導致父母以為：「這樣是否代表她得了憂鬱症還是躁鬱症呢？」如果女兒滔滔不絕地講述一場將是學校有史以來最棒的比賽，父母們會煩惱「當比賽結束，她是否會感到失落或難過呢？」他們有一股想要先抵達那裡的衝動，去預期孩子的反應，如此一來，他們才能保護孩子遠離強烈感覺。不過，其實她真正需要的是理解和命名那些感覺。

四歲以上的孩子，他們待在學校的時間更長，與一大群人相處在一起。那些環境會引發他們從未在公共場所體會到的情緒，像是難堪、渴望、背叛和妒忌。用「沒事的，之後會更好」去安慰一個困惑或煩躁的孩子可能在當下可以安撫她，但是不會幫助她更理解自己。更困難但有報酬的工作是保持冷靜，然後教導她去擴充自己的情緒字彙。

例如：一個一年級生可能會忌妒她的同學。克洛伊有最漂亮的頭髮（真是太不公平了！）、可以很快地爬上溜滑梯，而且寫字最工整。無法辨識出這些感覺是忌妒，或是瞭解自己的反應其實既常見又正常，她可能會聲稱自己「討厭學校」或稱呼自己「笨蛋」或聲稱她「討厭克洛伊」，那個人「卑鄙又愚笨」。又或者你的孩子可能會用疼痛（「我的喉嚨痛」）來替代她（或他）所經歷到的被自己歸類為是「不被注意」的感覺。我與學校護士的訪談結果證實了「疼痛」通常是一種新的「討厭」反應。即使是最年幼的孩子都知道，「疼痛」的感覺可以讓他們不用做任何事，就能輕鬆地獲得來自父母充分的注意力和同理心。

有一條道路可以小心謹慎地穿越孩子糾結的話語和感覺。當她帶著一個悲傷、不公平或憤怒的故事返家，與其挖掘背後的故事，不如先從不帶著憐憫或驚慌的聆聽開始。這時要巧妙的處理，因為如果你表現得過於關心，她會學到打悲情牌：每次我哭得很傷心，媽咪就會丟下手邊的事情，然後給我愛和注意力。所以你的目標是表現出超然的同情心，好像你是個帶著同理心的學校輔導老師，而不是她的父母。再次強調，建立同僚而非糾結的關係。當她看見你沒有驚慌或配對她心煩意亂的語氣和速度，她更可以在不需要太多的敦促下，就告訴你發生了什麼事。「克洛伊在銀組，我想坐在她旁邊，但是不行，因為海莉老師把我分到藍組，而且老師根本不在乎。」

現在，你可以和藹且好奇地問：「最令你感到難過的是什麼呢？」鼓勵她試著說出幾種假設。她最終會講出某些你感覺是問題的核心所在，例如：「我覺得海莉老師並不喜歡我，因為我在生氣。而且她一直以來都喜歡克洛伊，銀組也最接近老師的桌子。」她可能感覺忌妒，而焦慮是來自被忽略的感覺。

父母現在有幾個選擇。如果你曾有過相似的經驗，你可以說：「我記得我一年級的時候，我習慣坐在我的朋友——茱莉亞的後面，然後把她的紅髮編成辮子。我很羨慕——我希望我的頭髮是紅色的。結果呢，老師在我玩茱莉亞的馬尾時，將我們兩人分開！我真的感覺很丟臉，因為我必須在每個人面前移動我的座椅。」羨慕和丟臉現在對你女兒來說有了現實生活中的定義。而且你可以安撫她：「隔天老師請我負責監督那一週的班級秩序，所以我知道她沒有生我的氣。現在我長大了，我知道老師每天都有好幾百次那樣的時刻。我不認為你需要擔心。」你正在幫助你的孩子檢視過去（你的歷史）並且設想未來（她的老師明天可能會有什麼安排，就像你的老師一樣）。

這些個人軼事永遠都應該是真實發生過的，不要為了建立論點而捏造。如果你動不動就搬出編造的故事，你的孩子會發現這個花招並且不再信任你。所以你也可以採取另一種說法：「我聽完後覺得你因為不能坐在朋友身旁，所以感到難過，而且你也有點害怕老師。加上你覺得克洛伊可以坐在她的旁邊並不公平，所以你可能感覺有一點忌妒或羨慕。忌妒或羨慕是當某人擁有你想要的東西時的感覺。」此外你也可以加上：「你知道嗎，每個人在某些時候都會有那些感覺。」

這種時候需要巧妙處理。你正在介紹一種更高層級的情緒語言，但是你不希望你的女兒感覺羞愧或丟臉。這場對話的目標是幫助她向前邁進一步去瞭解情緒間的細微差別，從生氣、受傷或難過到羨慕、困窘或焦慮。

如果你需要請你女兒澄清使她心煩的事件，使用開放式問題，不要使用是不是或引導性問題。不問「你是不是非常生氣？」而是問「你感覺起來怎麼樣？你在那時候感覺如何？那麼現在呢？」透過這樣的提問，你將更可能得到誠實、詳細又顯露真情的答案。

我們想要保護孩子遠離痛苦，而像是羨慕、寂寞、困窘和焦慮等情緒可能是痛苦的。但是如果我們不去接觸它們，孩子們就無法熟悉情緒的起伏模式：我感覺到這樣。噢，這是因為……或者上一次發生這件事時，我透過……來幫助自己感覺好一點；自省能帶來自我認識，而這是良好判斷力的基礎。不讓孩子接觸到這些元素是有風險的，無論是生理、社會、學業或情緒。

## 陷入爭吵（但不總是故意的）

即使是有智慧、富有同情心的父母，有時候也會對他們的孩子大叫。你可以說大吼大叫也可以讓你的孩子接觸到情緒元素，但是最好不要太頻繁，而且如果你這麼做了，記得為了自己的發脾氣去跟孩子道歉。小女孩很快就會清楚什麼原因會引發父母的怒氣，但是許多時候，她們會不小心或是無法控制地觸動到你的開關。以下的問題是我諮詢的母親們經常遇到的狀況。

## 女兒侮辱母親

「媽咪，你好笨！我不愛你，我愛爹地。你是最卑鄙的媽咪，你是最壞的媽咪。」

對小女孩來說，侮辱她們的母親非常正常（但很少發生在父親身上）。針對四歲的女孩，你可以用對待兩歲幼兒的暴怒方式去處理，就是承認她的挫折，但對她所說的話不要信以為真。

針對年齡較大的孩子，你可以說：「我知道你很生氣，但是在這個家裡，我們不會互相辱罵，我們會解釋什麼事情導致我們生氣。」這裡給大家一個警告，除非是真有其事，否則不要說「在這個家裡，我們不……」。此外，如同以往孩子們的行為，將侮辱放入情境中解釋。如果你的女兒時常發脾氣和無禮，而那些態度在你的家中是常見的，考慮以下其中一個選擇：她因為某事惱怒，所以遷怒於他人（媽媽）；又或者你太習慣取悅她，所以她發展出以貶低的態度去對待你的習慣。沒有任何女性應該允許自己被這樣對待，你也不會希望養成她這種觀念。

## 女兒堅持有最終決定權

如果你是孩子時沒有最終決定權，而且與你的伴侶、母親或同事相處時，也沒有最終決定權，那麼對你的女兒，你會想握有最終決定權，這是非常吸引人的權力。不過就戰略上來說，讓她擁有它比較聰明，然後如果有必要，過些時候再重新討論，讓她保有面子。她只有非常小的力量或獨立性，而且她將會以大叫「我也會！」來得到它。讓事情順其自然，然後看她是否能實踐她的恐嚇。如果真是如此，你可以到時候再去處理。通常她只是需要尊嚴。如果你現在保護她的尊嚴，當她進入青少年時期時，你就擁有更多影響力，因為她知道你尊重她。這是友好銀行的長期投資。

## 女兒安排了可疑的計畫

當女兒對你進行遊說，要求從事危險或不在家庭計畫內的事情，媽媽可能會急於講道理或堅持規則。女兒的興高采烈會令一位疲憊的母親理智線斷裂：

「媽，你猜怎樣？我星期六晚上要跟席琳和諾拉去溜冰！」

「這個週末不行！你知道你的祖父母要來。」

「但是我跟諾拉的媽媽說可以！」

「這跟我們家有關！不要再說了！」

「不！這不公平！我無時無刻都看得到奶奶和爺爺！媽！媽！媽！」

你的反對只會增強她的攻擊。相反地，你可以按下「暫停」來結束這場對話：「我們已經和奶奶、爺爺安排好計畫了，所以我需要從諾拉的媽媽那裡得到更多相關的細節。」或者「今天是漫長的一天。我需要睡覺。我明天去接你放學時會告訴你我的決定。」

這對一個女孩來說是極佳的榜樣，如此一來，當她進入中學後，她不會因為同儕的壓力而覺得需要立即回應。她學到要先深思，並且知道該怎麼說來替自己爭取多一點時間。永遠信守承諾並且記得回覆她。你可以重新討論並且妥協或使用一種較平靜的拒絕語言。你要準備好接受她的挫折，盡量不要去配對它，最好能夠提出一個替代計畫。此外，在那當下也有可能發生你太快說不行的情況。

## 女兒詢問媽媽的誠實意見

小女孩經常在尋求你的意見時加上「要誠實！」，但是在你給予意見後，又指責你批評她們。我們假設你是十歲戴芬的媽媽，她問你：「你會不會覺得我的大腿很粗？要誠實喔！我覺得它們真的很粗，所以我不要再穿短褲了。」你該如何誠實地告訴戴芬呢，她的身體每週都在變化，而且無論你說了什麼負面的回應都可能會傷害到她，加上這個問題很快就會被戴芬遺忘？除非戴芬真的嚴重過胖，否則你可以說：「我是你的媽媽，所以我一定會有偏見，而且我覺得你很漂亮，你的大腿也剛剛好。」

戴芬可能會回應：「媽！我是認真的！我的大腿有沒有很粗？」

「對我來說不會，戴芬。它們看起來是一雙十歲小朋友的完美大腿。但是你應該穿你覺得舒服的衣服，所以如果你不想穿短褲，那也沒關係。」

「你快把我搞瘋了！」

戴芬可能會惱火並且心想：「我不能相信媽媽的意見，她承認自己太愛我，以致於無法看出我的大腿很粗。」太好了！讓別人去批評她的大腿。作為她母親的好處之一就是你沒有必要使她對自己的感覺不好，即使她引誘你這麼做。當涉及她的外表時，「媽媽的偏見」是你今天、十年以後，還有終其她一生都可以打的安全牌。如果她尋求你關於一種不討喜的服飾或妝容的誠實意見（不適合她的身型或臉蛋），你可以回應：「我覺得沒有任何人適合那種風格。」很少有女兒真的會想得到來自母親的真實批評。她只是在尋找接受和贊同。

當你的女兒詢問你關於一位新朋友的誠實意見時，保留你的判斷也是最佳的策略。除非你不信任女兒，否則讓她自己學習判斷誰值得信任且善良、誰愛找麻煩，還有誰很善變。根據知己知彼的精神，你可以安排一個遊戲日。「凱特琳？我真的不認識她，所以我沒有任何意見。你想不想邀請她來家裡玩呢？」

## 關於她的體重，不要說任何話

所有最近關於友好告知「有改善空間」的研究結果顯示——絕對不要評論女孩的體重。當女孩們脫離兒童期，進入青春期這段充滿比較和改變的時期時，父母的批判性評論會放大女孩懷疑自己的天性（我早上起床，身材看起來會怎麼樣？）。

當父母們對孩子的體重做出負面的評論，孩子更可能帶著關於自己的負面感覺進入成年期。如果你認為你的女兒沉溺於過度、無節制的「安慰性飲食」，請去尋求專業的意見。否則在這個高度緊張的議題上就繼續維持媽媽的身分。向你的女兒示範健康的習慣、評論她各個方面的強項，並且開始教導她媒體素養。你可以上medialiteracynow.org的網站取得父母資源的完整清單，包括如何跟學齡前的女孩談論關於針對兒童的廣告和娛樂表演中所隱藏的身體形象訊息。對於較年長的學齡兒童，你可以自製課程：利用廣播媒體追蹤兩支相同運動的比賽隊伍（一隊女的，一隊男的）。記錄播報員評論關於女性運動員的婚姻狀態和外表的頻率，並且與男性運動員比較；注意他們是用名字、姓氏還是名字加姓氏去提到那些運動員。結果將會使你的女兒接觸到身體強壯且有成就的女性令人信服的形象，同時提高她對於媒體是如何描繪女性身體的認識。

## 文化治療：大聲地談論你自己

當你六歲的女兒正模仿最新流行音樂的扭屁股動作；當商店充滿著短而暴露的裙子和短上衣；當每次排隊結帳都會迫使你孩子這位閱讀初學者看到「五分鐘平腹」、「縮小你的大腿內側」以及「看起來更瘦」等雜誌封面，你似乎無法抵抗一股會讓你女兒討厭自己身體的浪潮——可能不是今天、也不是明天，但是很快就會出現在她生命的某個時刻。

媒體不斷散播著完美身體形象的概念，而一位母親可以大大地幫助女兒對此免疫。這個訣竅很簡單卻需要一種令人卻步的習慣改變：你必須經常在你女兒面前正向地談論自己的外表。避免自我厭惡、愁眉苦臉的看著鏡子，並且嘀咕著（「噢，天啊，到底發生了什麼事？這件洋裝以前是合身的！」）你腦海中想什麼都可以，只是你女兒在你旁邊時千萬不要大聲說出來或對著自己鏡中的影像皺眉蹙額。

你可能會以為恭維自己是在自拍文化中你絕對不應該表現出的行為，這個文化裡面的女孩和一些成年女性似乎無法停止對著她們的手機鏡頭噘嘴。但是乏味的漂亮打扮和展現出一個女人可以透過許多方式去欣賞自己的身體健康完全不一樣。當你換衣服或看著自己的影像時，你可以說：

「噢，太棒了！我從沒發現這件新毛衣與我的眼睛如此相襯。」

「我之前不太確定自己有瀏海會怎麼樣，但是我喜歡這種改變，很有趣。」

「想要看看我的新靴子嗎？當我穿著它們配上風衣時，我覺得自己好像是祕密探員。」

「這支新的口紅顏色很適合春天。」

「珍阿姨的香水使我回想起去年在海邊的時光，所以我噴了一些。你也想要抹一點嗎？」

注意以上的評論皆沒有提到身材或體重。身為女人的喜悅和感覺有吸引力（不是過於性感的方式）是任何母親都可以傳遞給女兒的觀念。重要的是你的孩子看見你從除了外表以外的其他面向得到快樂或滿足。想想當你和你的伴侶盛裝打扮，準備出席一場宴會或約會時，你的孩子是多麼興奮。你對他們來說富有魅力！這會使得長大充滿奇特和吸引力，是某件值得期待而不是恐懼的事物。日常生活也一樣：你喜歡你在他人面前的樣子嗎？或至少，你保持中立嗎？還是你明顯地表現出沮喪，總是感嘆你的缺點呢？你的女兒會學習她所看到的態度。此外，如果你是男孩的母親，要知道他們也不喜歡看你批評自己，這會令他們感到苦惱。

幾乎每位母親都有過這個經驗──照著梳妝鏡，然後把孩子抱到身旁，兩個人臉貼著臉。這是個動人的時刻，看著自己鬆弛的臉頰旁邊那張豐滿的臉頰。只有你可以停止時間，並且保存她的完美！而接下來最棒的事情是向她展示一個成年女性尊重和欣賞自己時會看起來如何，以維持她渴望的心靈。

你可能感覺自己沒有吸引力，你可能因為自己乾癟的乳房和鬆弛的大腿而充滿了懷疑和感覺被背叛，但是你仍要表現得好像很滿意自己。現在讓我們回到自拍這個議題：請你的孩子幫你拍照，然後記得不要抱怨：「等一下，我看起來好糟。」你不可以這樣說，至少不要對她們說。她們是透過玫瑰色的眼鏡去看你，除非你堅持要糟蹋她們看到的景色。

## 服裝、髮型和食物：權力的嚴酷考驗

有一句話總結了我對於花費無數小時與女兒爭論她服裝、髮型和食物選擇的哲學：「隨她吧」。如果你允許你的女兒可以自己決定大多數這些事情，你在友好銀行的帳戶會變得非常富有，而且家庭生活的其他各個面向也將會如魚得水。

「隨她吧」不僅是一種簡單的方式，也是一個小女孩心靈和社會成長的最佳營養。心理學家認為從四歲到青春期的這段期間，所有孩子都需要進行大量的探索。對男孩們來說，探索是關於冒險和蒐集所有我們上一章曾經談過的資訊。女孩們也需要自由與冒險，而它們會在她們進入複雜的假想世界期間綻放發展。不過在很大程度上，她們是經由服裝、髮型和食物的選擇去探索和表達自己。與幾乎不會在意自己的頭髮或上衣，除非它們令自己發癢的小男孩相比，你的女兒似乎像是個令人難以忍受的女主角。再次重申，試著將她的挑剔看作識別力。她正透過決定自己不是誰來定義自己。

雖然是違背直覺的，不過授予你女兒合理的權力去決定她的衣服、頭髮和食物會讓你在其他重要事物上有更多的影響力，而非更少，這些事情包括像是有禮貌的對待祖父母、對家庭有幫助、對你分配給她的家務負責任，以及在你要求她做事情時不拖延。

「隨她吧」並不是意味讓她發號施令，或是你必須急於提供任何你女兒期望的商品（一定要有的小可愛或鞋子）或服務（一定要剪的頭髮）。你不是她的神仙教母。當你挑選戰場時，請考慮以下提到的重點。

## 服裝和髮型

與小女孩之間服裝和髮型的爭論，會反映出母親的價值觀和神經質。有些媽媽對女兒想要穿的「膚淺、具性別歧視」的塑膠高跟鞋感到冒犯。有些總是拿著一件毛衣追在女兒身後，試圖保護她不要著涼。其他則對孩子差勁的品味感到驚恐。一位母親描述她那小學生的女兒想穿得像個「過時的老阿姨」！呆板小襯衫上的扣子一定要扣到最上面，配上格子裙和胸針。她才八歲，但是卻走遍二手商店尋找這些東西！「當我早上把她帶到學校門口時，我感到尷尬。我該如何讓她停止這種古怪的習慣呢？」

我的建議是：「你不用給予自己額外的工作，其他女孩會幫你處理好這件事。」事實證明，學校的女孩被她女兒不拘一格的服裝風格所娛樂，而她女兒本身則在幾個月後就厭倦了。許多事情不需要你的擔心或防範。你只需要讚美她的風格，並且欣賞一個八歲女孩穿得像是個一九六〇年代圖書館員的奇觀。

許多母親對於她們女兒衣著的驚慌與校內的社會階層有關，不僅擔心女孩（她是否會被排擠？）也擔心她們自己（其他媽媽會怎麼想？）。隨著社會機構，像是宗教場所、民間組織和成人運動聯盟變成人們生活的一小部分，孩子的學校這個小型社會就顯得非常重要。父母的社交生活圍繞著學校的募款活動、季節性活動、運動比賽和校外教學打轉是常見的現象。這會使一位母親感覺無法躲藏和脆弱，但是大多數的其他母親都太過擔心自己為人父母的名譽，而不會花時間去注意你的小小圖書館員。

另一位曾為了女兒喜歡像奧羅拉公主[12]的服裝感到驚懼的母親，她在六個月後回來找我並說：「她只想穿橄欖綠和黑色的衣服。她現在正穿著蝙蝠俠的披風。她想把頭髮剪得非常短，而我很害怕這會是永遠的。」這只是兒童期——它是個短暫的世界，你不會想因為自己的驚慌不安或要求解釋（「為什麼你想剪掉這頭美麗的頭髮」）而錯過。不論女孩或男孩，頭髮是個

12 譯註：迪士尼卡通《睡美人》裡面的公主名字。

人人格或性別認同的一種表達方式。無論如何，頭髮會長回來，而且那是她的頭髮，不是你的。

為女兒男孩子氣的髮型感到哀痛的母親們，可能以前必須花費數小時在梳理、編髮和設計那頭頭髮上。那可能是她們所珍愛的儀式，不過頭髮也經常是個戰場。有些孩子的頭皮較敏感，所以每晚的梳頭儀式對她們而言是一種折磨，即使你的動作很輕柔。如果髮型是精神緊張的來源，那麼提供你女兒工具和產品讓她自己動手，像是寬齒梳和防打結噴霧，並且教她如何使用。然後讓她自己整理，無論結果多麼地不完美或毛燥。

當我寫到這裡時，爸爸整理女兒的頭髮已經變成了一種流行趨勢。這是讓父親和女兒親近的好方法，同時也可給媽媽喘口氣。有許多提供給爸爸和女兒的課程，出現在商業廣告中的國家美式足球聯盟（NFL）球員也負責整理他們女兒的頭髮；YouTube上有數百支相關影片，包括一些只有爸爸會發明出的特色花招：使用吸塵器軟管綁出完美的馬尾巴。

## 食物，沮喪的食物

食物比起頭髮和服裝更為複雜，而且會引發父母更多的焦慮。幸好，這種不安可以透過從長遠的角度去考慮事情的態度，以及在雜貨店中執行一些限制來減少。你的孩子只能吃你買的食物，如果它們大部分都對孩子好，那麼你可以消除90％的食物戰爭。

一段令人抓狂的經典晚餐對話會類似以下：

「晚餐吃什麼？」

「鮭魚。」

「我討厭鮭魚。」

「真新奇，上星期你很愛。我把它沾滿麵包粉用烤的，然後我們搭配大蒜醬，記得嗎？」

「不要，好噁心，我討厭那道菜。」

接受這無關於鮭魚或你的鮭魚的可能性，或者甚至不一定與權力有關，除非你把它變成權力的鬥爭。這是關於發展。孩子們的味覺較成人們靈敏許多（尤其是苦味，而且女孩比起男孩更是如此）。她們體會到更多的滿足和嫌惡。這解釋了孩子們對奇多玉米棒的敬愛，以及許多你女兒不斷轉變的喜好，與她衷心且誠實地拒絕一道上星期還願意接受的食物的原因。

如何處理這種拒絕呢?用一種友善但冷漠的語氣說：「今晚的菜單是鮭魚、烤馬鈴薯、花椰菜和蘋果甘藍沙拉。你可以吃這道晚餐吸引你的任何部分。然後這個週末，如果你願意，你可以給我一些你覺得每個人都會喜歡的餐點建議。」

今天的父母對孩子們高度發展的味蕾感到驕傲，而且渴望取悅孩子（「那我幫你做個鮭魚肉餅如何？」）。但是他們同時也激動（「布蘭妮，你知道自己上星期很愛這道食物」）、擔心（她一定要吃些蛋白質）和沮喪（如果我無法讓她吃一塊魚肉，將來我怎麼可能說服她不要吸毒呢？）。這些拒絕之下可能藏有更深的痛苦：我無法控制生活中任何一件該死的事情，甚至是這個可惡孩子的晚餐。

父母們對食物過於緊張的原因是我們的文化把它認為是一種膨脹的道德範圍，可以代替宗教的地位作為善與惡的仲裁者。健康的食物相當於正直；甜甜圈相當於失敗。當女人們宣布她們這星期過得「很棒」或「很糟」，每個人都明白她們談的與食物有關，而不是做了什麼好事。當我們在女兒身上看見自己的反射時，我們在她們身上施予了相同的烹飪道德守則。

這種執著有個被創造出來的名稱：健康飲食症，字義上為「固著於正確飲食。」它尚未被收錄於精神疾病診斷與統計手冊，但是卻真實的描述出一種如此普遍的狀況，一所學校的護士告訴我，三年級的教師們將用於節日裝飾的薑餅人改為用紙袋和發光飾品去製作。

至於飲食在小女孩身上造成的實際影響呢，我詢問了擔心的父母們：小兒科醫生擔心嗎？她有成長嗎？她在從事喜愛的活動時，是否充滿能量呢？她有因為生病而缺席多天上學日數嗎？如果沒有以上任何一則警訊，請記得窄化的食物喜好只會是你女兒生命中的短期特寫。所以如果她只喜歡起司通心粉——只要你不要大驚小怪或將其變成權力議題，可能下星期她就不喜歡了。如同學齡前的幼兒，其可愛的口吃會在一年內消失不見一樣，她的挑剔也會隨著味蕾的成熟而退去。

你對食物的嘮叨勸戒對於你孩子的影響，遠比你存放在家中的食物和你的飲食態度來得少。如果你可以降低焦慮和權力控制的比重，每天的晚餐，無論是在餐桌或廚房吧檯上享用，都是極佳的家庭交談機會。當然，拒絕吃晚餐的孩子稍後很有可能會溜進廚房，試著取得一碗早餐穀片；或是開始抱怨她很餓。你可以用一種真誠且中立（非受傷的、虛偽的或諷刺的）的語氣告訴她：「我尊重你不吃晚餐的決定，而你必須尊重這個家的規矩，不可以吃穀片當點心。

如果你肚子餓，可以吃一片水果。」

## 好了，別再說同樣的事情！當女孩們干擾他人或令人厭倦

記得你十歲那年的家族旅行，你是如何感覺夏天會永遠持續下去嗎？與現在相比，一次感恩節之後似乎沒幾天又是下一次的感恩節。隨著我們年紀變大，我們對時間的感受會加速。對你女兒來說，時間的流逝是一趟悠閒的魔毯之旅；對你而言，卻像是開賽車。這種感受上的不協調會導致這樣的差異：

女兒：我必須說的事，是全新的、重要的，而且充滿細節！坐下來聽我告訴你每一件事情。

母親：我必須告訴你的事，是普通的、不新穎的，而且必要的。在我花六十秒下載的同時和我走一走。

儘管時間被剝奪的父母們可能給予女兒太少的注意力，但是許多健談的女孩們在不斷重複說著無趣的話，或滔滔不絕時並不會發現這一點也是個事實。父母們可以提供她們一些關於何時說話和如何聆聽的實用訣竅和回饋。灌輸對話禮節的好時機是當你單獨與孩子在一起或家人團聚的時刻。

### 針對一個太長的故事打暗號

肢體語言可以做為最初的警報：保持不動，穩穩地注視她，不要對她的話給予太多回應。

她可能會接收到這個暗示。如果沒有，你可以溫和地說：

「我知道了。」

「好，你已經說過了，而且我也明白。」

「好了，所以接下來發生什麼事呢？」

「所以你是說……」（總結故事，然後詢問不同的資訊或將此次的聊天引導至另一個方向）

這種溫柔推動對話向前的策略需要規律執行，才能幫助孩子發展出講故事的本領和口語交換的感覺。怎樣是說太多話？你如何判斷其他人已經感到厭倦？你不斷重複說過的話嗎？

一位女性告訴我，她是家裡六個小孩的老么，而且在孩童時期有太多話的問題。她的爸爸總是確保晚餐時，自己坐在她的旁邊，當她說太久時，他會輕輕地捏她。如果這樣沒有用，他會在餐桌下踢她，沒有人會看到。這似乎是一種沒有啟發性或帶有羞辱的教養範例，但是不會造成傷害——她很驕傲地告訴我這個故事，利用它作為她父親愛孩子的例子。

小學老師有一種創意的技巧，可以讓說溜答案或不知道何時該停止說話的學生安靜下來。老師會給予學生一個祕密暗號，像是碰觸她自己的鼻子或耳朵。父母親也可以這樣嘗試。

## 控制干擾

解決這個問題需要雙管齊下。第一部分是跟孩子解釋她可以記得的簡單規則：如果某人還在說話，你要等到她暫停後才能開始說你的事情。如果是成年人在說話，而且他們沒有暫停，稍等一下後，你可以像在學校一樣舉起手並些微搖晃（不過保持手肘彎曲，不要伸直）。不可以說：「嘿！嘿！」可以說：「我可以說一下話嗎？」

第二部分是當一個孩子打斷你說話時，你該如何回應。如果你正在講電話或參與在一個對話中，你可以使用無口語的回應，藉由溫和地注視孩子的眼睛、將食指放在嘴唇上，做出「噓」的手勢，然後舉起手，打出「再一下子」的暗號。這將告知她你明白她想發言，以及你想完成對話的意圖。如果可能，用你的手指比出她需要等待的時間（例如兩分鐘、五分鐘、十分鐘）。當你預設的時間到時，把注意力移回她的身上。信守這種手勢傳達出來的資訊是友好銀行中的健康存款，表現出你是一個會信守承諾的人。

如果你沒有在與某人說話，而是專注於一項工作時，向你女兒具體解釋你正在做什麼，為什麼現在不是一個好的暫停時間，然後告訴你的孩子你何時將停止並且聽她說話。例如：「我正在寫一封電子郵件給老闆，我不希望遺漏任何事情或犯錯，所以我需要專心。我應該十分鐘內就會完成，我想要那時候再聽你的故事。」

而不是這樣說：「給我一分鐘……我正在傳簡訊給蘇珊……我說只要一分鐘……」

當你的工作完成，請保持承諾，如果你的孩子已經離開房間，記得去找她。

## 教她如何聆聽

由於愛自誇的長時間獨白而容易干擾他人，或是在交朋友的方面遇到困難的孩子，可以和父母進行一種聆聽遊戲。由佩吉．波斯特（Peggy Post）和辛蒂．波斯特．聖尼（Cindy Post Senning）所發明，她們是書籍 *The Gift of Good Manners* 的作者，提供了一個對某些孩子來說不是自然就會的技巧練習：

用多種語氣講述一個句子或詢問一個問題，強調句子中的不同部分，然後讓孩子去猜每一個句子中的真正含意是什麼。詢問孩子「我們**今天**要去買東西」（強調時間）、「我們今天要去**買東西**」（強調活動）和「**我們**今天要去買東西」（強調參與者）之間有什麼不同？根據聲音的語氣，相同的句子可以聽起來像是敘述一件事實、一個問題或一個命令。

進行這個活動時，一併加入肢體姿勢和臉部表情。帶著微笑說：「我們今天要去買東西」表示一種正面的態度；帶著皺眉則表示相反。一些孩子對於語氣和強調的言語非常敏感，但是大多數孩子都需要解釋、範例和大量的練習才能瞭解充滿複雜性的日常對話。

對父母來說實用且慷慨的建議是記住你的孩子是這個世界、這個文化和習慣的新住民。搭配上一些耐心的指引，她可能就可以學習到要敏感且優雅溝通所需具備的全部技能。

## 父親與女兒

十歲大的女孩：「爸，你知道螞蟻從來不用睡覺嗎？」

父親：「真的嗎？你從哪裡聽到的？」

女孩：「我不記得了！」

**爸爸開懷大笑，與女兒擊掌。**

父親教導的溝通技巧與母親教的不一樣。媽媽示範如何聆聽出情感的細微差異，以及提供安慰和指引；爸爸使女兒堅強，教導她們如何禁得起玩笑話，並且與她們談論非個人和社會領域（這兩個領域深深吸引女性和女孩）的事情。

隨著孩子長大，爸爸的貢獻其價值也日益明顯。父親較母親更常使用孩子不熟悉的字彙，但是因為是搭配情境使用，加上孩子感謝爸爸花時間與自己相處，所以孩子會有動機去理解他說的話是什麼意思，並且維持對話的進行。當父親和女兒談論關於商業或運動，或車窗外發生的事情時，女孩們學到像是交通阻塞和同事等詞彙的意義；灌籃的定義；敘述共享公路旅行時所需用到的詞語（旅行休息站、氣流、積雨雲帶）。當然母親也具有龐大和迷人的知識寶庫，她們也有同事和觀看運動比賽。不過因為爸爸與女兒之間的對話較不常被女兒的日常時刻表和活動所劫持，所以他們的對話主題傾向囊括不同的領域。

接觸到較廣泛的單字只是父親對於女兒溝通能力上的一小部分貢獻。愈來愈習慣他對話的節奏和風格，並且學習理解他的非口語暗示和有趣的嘲弄才是她的基礎。和父親談話、遊戲以及安靜地待在父親身邊讓女孩練習未來會面對的情況：和團隊、工作、友誼、愛情中遇到的男性以及與自己的兒子相處上創造出和諧或平等的關係。

當媽媽保護女兒的弱點時，爸爸會看見她的強項並且致力於賦予更多。父親透過挑戰女兒並寄予高期待，去強化她的堅持和驕傲。爸爸教導女兒如何面對較大的危險，包括生理上的危險。他們通常是促使女兒在運動場上獲得更多機會，或是在冰冷的湖中，要求她們往前跳入自己懷抱的那個人。女兒們需要這種鍛鍊以準備好面對競爭的世界。

爸爸也會教導女兒何時值得打破規矩、何時不值得的潛規則。母親一般來說都偏好自己的孩子，尤其是女兒可以謹慎一點。這就要回到神經化學和大腦結構方面了。女孩們是遵守規定和受人喜愛的；她們通常較男孩們更猶豫超出那條界線。父親可以讓女孩練習大聲說話、挑戰一個想法、拒絕從事違背她們天性或價值觀的事情。一位女孩可能會使爸爸難受，令他生氣，導致會責備或處罰她，而她將會存活下來。媽媽會在爸爸責罵女兒的時候得到警示，並且希望保護女兒避開這隻妖怪。但是這隻她認識且喜愛的妖怪可以教導她如何面對未來人生中會遇到的傲慢或險惡的角色。

今日的父親對他們的女兒懷有野心。他們可能無法列舉出三年級最好的老師，但是他們希望養育出可以獨立和具競爭力的年輕女性，而且他們本能地知道，發展膽量和恢復力對他們女孩的生存至關重要。

## 父親的真誠

當我還是個小女孩時，我的父親總是會歡迎我的一位朋友，即使她前一天才來過家裡，他總是說：「是雪莉·卡博立嗎？我有說你今天可以來嗎？」雪莉總是咯咯笑地回應：「我是來跟溫蒂玩的！」我的爸爸是個天生的孩子王，當我現在分析他歡迎我朋友時所使用的口語元素，就可以清楚地顯示出為何那些能令客人感到舒適、不拘束。

首先，他知道雪莉的全名，就像他知道我全部朋友的姓名一樣。那是一種尊重的表示。其次，他用充滿趣味性的方式提醒我們他是這座城堡的國王，而且時刻都注意這個地方，這讓我們感到安全。最後，他裝出的硬漢式揶揄顯示出他知道我們能承受一些玩笑。直到今天，當我打電話給我爸爸時，他仍會用一種懷疑但快樂的語氣詢問：「是溫蒂．莫傑爾博士嗎？」對於這個遊戲，我永遠不覺得厭煩，當然對他的頑皮和得意也是。（有一次，他以為是我姊姊打的電話，所以我聽到了不同的版本：「是甜心珍嗎？」我將在另一本書中介紹這種家庭動力學。）

根據我與父母和兒童合作的經驗，我收集了幾種類似的技巧，提供父親用來滋養他們與女兒之間的緊密聯繫。

### 記住她親密朋友的姓名

除了姓名，也可記住一些外表上可供辨識的特徵。如果你記得她菜市場名的朋友姓氏（或姓氏的字首），將會得到額外的加分──「那是艾拉．M還是艾拉．B？」

### 不過度承諾，表現可以超乎期待

除非你很確定你能夠出席一個活動，否則不要說你會出現。此外，如果有任何可能你無法出席，不要說你會「盡量出現」。反之，你應該說你無法出席，並且告訴她原因；如果可以，突然出現，給她一個驚喜。你的女兒將非常興奮和高興。

## 帶著她跑腿和旅行

前往雜貨店或五金行的短程旅行是父女間理想的「邊說邊做」的機會，因為他們可能沒有像父子間有那麼多共同的活動。最高的目標是帶著她去公路旅行。沒有任何事——即使是最時髦的四星級度假村——其價值也無法與公路旅行抗衡。就只是：一個爸爸和他的女兒行駛在高速公路上、爭奪音樂的控制權、在可疑的小餐館吃飯、放空地看著窗外的風景以及沉浸在無意義或真誠的對話之中。絕對不要使用耳機。擁有這麼多的時間，而其中一部分可以花在令人感到舒服的沉默上是一種奢侈。目的地可以是地標、歷史古蹟或你少年時代的居住地和常去的地方。另一個點子：她讀過的書裡面的場所。在我女兒讀完頑童歷險記後，我先生開車載著她順著密西西比河旅行。

## 讚美她的特質

讚美她的毅力、勇氣、熱情、好奇心——而非她生理外表上的特徵。

對女兒來說，一位父親不加批評的目光是一種祝福，特別是因為母親們通常對女孩的個人打扮都具有最敏銳的觀察力。一位父親愈少評論她女兒的外表，她在他的面前就愈感到自在。他可以注意並為她其他有價值的特質歡呼。當然，如果她穿著一件新的派對洋裝，或那是個特別的一天，又或者她穿著戲服或其他的創意服飾，你充滿熱情的欣賞將增強該場合的精神：「這裡有哪些少見的小美女啊？」除此之外，爸爸最好盡可能不要評論他們女兒的外表。

## 給爸爸的一句警告

留心二手訊息的威力。

我們假設你已經克服了她不是兒子的失望（或你鬆了一口氣！）。而且你從來沒有批評她的外表，因為你知道流行文化傳遞出無建設性的訊息，導致女性相信她們的價值根基於她們的外表。加上你的女兒在你眼中總是美麗的，所以不批評她的外表是件容易的事。此外，你深信她有無限的潛能。不過仍要保持警戒：你女兒無意間聽到的與你直接對她說的訊息具有同等威力。

一位父親會因為習慣性地在女兒的聽力範圍內，批評她的母親或評論女性家族成員以及公眾常見的女性外表，而暗中破壞女性充權（female empowerment）的努力結果。當我寫到這裡時，我想過阻止自己，改為爸爸們發聲：「拜託！偶爾嘲諷一個衣著邋遢的當地女性政客並不會毀了我女兒未來與男性間的關係。」但是我不會打退堂鼓，因為監控自己不要被「無意聽見」只是另一層意識的提升，而且是父親言語的力量容易被忽略的一個面向。

## 女孩世界的友好

當你不再與女兒爭論後，通往迷人之處的大門就會敞開！少女時代是混亂的輝煌。對女兒的友好與完全的接受有很大的關係——只要與她們同行，並且確定她們知道你喜歡而且也贊同。

年輕女孩對於成年人認為普通或不可理解的物品和人物充滿了熱情。她們愈來愈小就開始使用帶著「噢，我的天啊」的句子。一位母親敘述她九歲的女兒蘿絲被分配到一個大型的科學計畫：

我下班後愉悅地回到家，看見攤在餐桌上的許多書籍、貼在牆上的地圖，以及一長串的手寫清單。我告訴蘿絲：「哇，看起來棒極了！我可以看出你在火山項目上有了很大的進展。」她說：「這不是我的火山項目。這是我們蜜月旅行的路線。」蘿絲著迷於一個男孩樂團的主唱。「看見地圖了嗎，媽？首先，我們會飛去茂宜島。看到這張清單了嗎？這是我們的計畫。當我們抵達飯店後，我們先整理行李，然後我們會直接到酒吧裡喝點香檳並且觀賞夕陽。」

火山……夏威夷……蜜月旅行！真是合理的聯想。在引導她重回科學計畫前，先與她一起做個短暫的度假之旅白日夢，以獲得一些友好銀行的存款吧。

對於男孩，你是一位人類學家，拜訪一個陌生的國度，學習它的儀式和深奧的事實。對於女孩，你是一位社會學家。為了填充友好金庫，你只需要聆聽她描述自己的世界。小女孩們是分析社會結構的專家。你需要的只是展現出耐心和沉迷，以及大量的寬容，即使是聆聽她說的八卦、傻事和她獨特的三年級宇宙的微小細節。

女孩們會擁護各式各樣的錯誤刻板模式和假設，但是小心不要想迅速捕捉可以教育的時刻。欣賞她敘述裡面包含的戲劇性。你不是在尋找需要修理或改善的東西：你只是觀察，偶爾要求她澄清你以成人觀點看來過於微妙或困惑的問題。

做你女兒最熱情的聽眾，並且讓她控制自己的頭髮、衣服和食物將使友好銀行充滿雄厚的資金。這裡有幾種愛護她的其他方式。

## 提供一些地方讓她自由地漫遊

女孩需要自由遊玩的原因幾乎與男孩相同，其中有一個是特定於她們性別的理由：這是她們學習存在風險和危險之間界線的方式，對父母而言很難教導，因為他們甚至不會考慮到這是與女兒相關的問題。

我強烈鼓勵在暑假時將孩子送出家門幾個星期，無論是到一個親戚家或參加營隊。你必須衡量你女兒是否已經準備好了，根據她對在朋友家過夜的渴望、校外教學時她的適應性，以及她對於沒有父母這趟冒險的整體熱情來決定。嘗試讓她參與一個課程，在那裡每天會有部分無結構的時間。在學校放學或在計畫好的家庭度假之後緊接著安排「學習」營隊無法提供她找到自己方向所需的放鬆和懶散時光。

值得開心的消息是有些日間營隊變得更有彈性，孩子可以隨機參與某幾天的活動，不需要註冊一個特定的方案。它們提供一個地方讓孩子可以從事具創造性、混亂和非結構的活動。這種自由的類型可能會使你感覺你正在剝奪女兒建立必要技能的機會，或是讓你感覺自己疏忽了。如果是這樣，尋找另一個與你價值觀相同的父母，如此一來你將會感到安心。

## 讓她指導你們科技應用（尤其是教爸爸）

利用科技建立親密關係對父母和女兒是一件好事。是的，它代表更多螢幕時間，所以應該要制定一些限制。但是如果父女間很難找到彼此都喜愛的活動，那麼一起觀看一部電影或電視節目、玩電動遊戲或笨拙地組裝機器人皆可能解決這個問題。如果你的女兒對建構交通工具和真實的機器人沒有興趣，也有可以讓她組裝娃娃屋、小兔子、各式各樣的樂高創作、時鐘以及更多的工具組，這些全部都包括可設計的部分。

## 與她一起散步或健行

將你的手機留在家中或車上，然後告訴她你沒有帶著手機。走在戶外，尤其是公園或其他野外或樹木繁茂的地區，可以打開對話的閘門並且建立起只有在不被打擾的共處時光裡才能發展出的互相尊重。這樣的活動讓孩子知道：你值得我的一心一意。

身處戶外還有其他的優點。愈多的感覺和身體活動參與其中，這個經驗就愈可能深印在你孩子的腦海裡——潮濕土壤的氣味、苔癬的質地、小花、蘑菇，以及幾乎要把你的夾克吹走的風。健行則提供她可以描述的冒險經歷，並且將存入她快樂家庭回憶的寶庫。當你們走在一條小徑或天然步道上時，讓你的女兒決定要走哪一條岔路。即使是走在住家附近的區域，你也可以問：「接下來走哪條路呢？由你來帶路。」

## 種植和照料花園

你所需要是幾平方英尺的菜園或一塊花圃。花的球莖看起來如此單調，像是蔬菜的根部，但是種植它們、澆水、等待，然後一朵鬱金香或洋牡丹就會慢慢顯現。照料一個花園可能會成為你孩子習得「延宕滿足」的首次經驗，這是多大的報酬啊！觀看你女兒向一位朋友介紹她的花朵，或從藤蔓上摘下第一顆美味的聖女小番茄請朋友吃時的表情。

## 一起烘焙

對兒子和女兒來說，這都是一個富有價值的流行趨勢，但是你的女兒更可能具有足夠的精細動作和閱讀技巧去遵從食譜的步驟。（如同前一章提到的，年紀夠大、足以負責控制火候和菜刀的男孩都很愛烹飪。）

從烘焙中可以學到許多事情：獨特的藝術詞語——過濾、油脂、變成棕色、揉捏。判斷鬆餅是否需要翻面或餅乾是否已經呈現金黃色所需的敏銳視覺。更不用說在成品上塗滿糖霜和裝飾的樂趣。

## 和她手牽手，在還可以這麼做的時候

那是一個炎熱的夏天，在一條擁擠的街道上。一個小女孩因為她昂首闊步展現出的自信而吸引了我的目光。她穿著黑色靴子、萊姆綠的裙子和黑色長袖運動衫。我感覺她的母親並沒有與她爭論這身衣著。（今天會很熱。黑色衣服會……靴子會……）。這個孩子顯然熱愛這雙靴子，每天都穿著它們，而她的媽媽選擇讓她自己決定。她們不是手牽手，而是各自握著一支鉛筆的一端，毫無疑問一定是女兒的主意。

那位女孩說：「我永遠、永遠、永遠都不想要去那邊，永遠。」她不是哀叫，而是堅定表達出自己的喜好，如同她神氣的步伐一般。**我不喜歡那裡。**

母親（以平靜、實事求是、友善的方式）說：「你不喜歡農夫市集。我們只需要買幾樣食物，然後我們就會離開。」

我輕易就能猜想出為什麼她不喜歡那裡。她必須在一群成年人的膝蓋高度閃避和走動；她太接近地面，所以會看到所有攤販的陳列品，而且她和媽媽很可能必須放棄有趣的鉛筆連接，改回平凡的牽手。但是最令我印象深刻的是母親的反應。她只是讓女兒知曉自己明白她的觀點，但是沒有試圖透過用完成這趟任務後，目前或未來的好處去改變她的心意（「我們下午要做水蜜桃派喔！」）或是賄賂她；或是說農夫市集沒那麼糟糕。

我看見非常多的母親天生就精通與女兒對話的藝術。更多的母親只是差了一些，需要的只是減少焦慮的程度和提高容忍度和好奇心。有一次，在我穿越一條滿是灰塵的健行步道時，我看見一個穿著粉色芭蕾舞裙的小女孩。我時常想起她，她蹲在步道旁邊，把蒐集到的石頭放在裙子上，而她的母親站在她身旁，在這個小女孩興奮呼喊：「這些全部都有條紋！」的時候，沒有給予任何評論，只是聆聽和點頭。那是一位值得最高榮譽獎的母親。

那是一個平凡的時刻，她們可能都不會記得。但是我會，因為我知道很快地那個女孩就會跑在步道前面。現在牽著她的手、將你的步調放慢一點，在她還年幼時，學習如何與她交談，相信你將會在不久的未來獲得她的信任與友誼。

# 第5章 棘手的話題：與年幼的孩子談論性、死亡和金錢

「媽媽，這條魚在這裡做什麼？這條魚有兩條黑色條紋，只有一隻眼睛周圍有圓圈。戈爾迪在哪裡？媽媽，戈爾迪死了嗎？她死了！而且你撒謊！但是你總是說不能撒謊。」

「為什麼那裡被稱為『私處』？像私立學校嗎？」

「我們有錢嗎？查克里他們家有錢嗎？誰家比較有錢？我們有兩隻狗，但是他們的後院有一座溜滑梯。」

現代似乎還像是在使用那過時的轉盤電話的年代，孩子提出性、死亡和金錢等嚴肅問題時，經常被忽略或換來古怪的制式化回應。寶寶是送子鳥送來的。告知性感受和活動的細微差異或誠實資訊被認為是有風險的：知道就會導致實行，這會導致麻煩。如果一個親戚死了，孩子們可能會被告知他或她去了很遠的地方旅行或者上帝想要另一個天使。金錢則落於特殊的類別。討論它是種禁忌，至於理由則永遠是用討論金錢「不禮貌」來一筆帶過。

這些禁區剝奪了孩子們的必要知識、父母傳遞他們價值觀的機會和參與有關生命中最豐富

最激動人心的對話。如今，父母們對這些話題沒那麼敏感，但也不一定樂於交談。前幾代人對性、死亡和金錢採取迴避、不干涉主義的態度，今日的父母則不這麼做。他們意識到，放任和忽視既剝奪又危險，但是他們害怕自己說錯話，然後孩子又重複給其他人聽到，反而引起學校或其他父母的憤慨，而使自己陷入困境。

父母們也害怕，如果他們讓孩子表達自己內心深層的感情或接觸到刺激、強烈或悲傷的想法，孩子們會受到驚嚇。然而事實恰好相反。一旦孩子們與父母談論這些難以理解的事物，他們就不用再獨自面對床底下的怪物。

孩子們總是喜歡感官上的樂趣（啊，我的腳趾間充滿著濕軟溫暖的泥巴！拉自己的小雞雞，它像是一個我從來不需要去尋找的玩具，太有趣了！）。他們對身體系統著迷（當嬰兒在媽媽的肚子裡成長時，他們如何進食呢？他們會在那裡大便嗎？）。他們被生與死的循環吸引（戈爾迪？爺爺？里奧的媽媽？）。他們堅定而好奇，所以如果父母們沒有準備就緒和沉著處理這些話題，那麼孩子們就會依賴於較不準確的資訊來源。

他們最終會透過網路色情影片的粗糙鏡頭，或是具科學嚇唬戰術的性別課程認識到性。死亡將是經由超級英雄電影和電玩遊戲來揭示，它們教導殺死你的對手既酷又有趣。他們將學會從我們的消費文化中獲取商品和服務，同時對錢的實際運作方式卻一無所知。除了所有這些，還有從一開始就在同儕之間交換的普遍錯誤信息。

每位家長的對話技巧都需要包含一種能舒服談論不自在話題的方法。有些很好的書籍能幫助你減輕一些吃重的工作，但最終你的孩子會向你尋求理論和實踐上的答案。所有關於充滿情感問題的討論，輕觸將帶你進入深處。保持開放的心胸、仔細聆聽，並讓孩子的問題來指引你。

## 孩子們瞭解多少？

一旦孩子們會說話，他們會問些讓你感到措手不及的問題，而你將探索那些真實卻又不令人擔憂的答案。隨著孩子年齡的增長，你將瞭解他們是如何處理資訊以及對你獨一無二的兒子或女兒來說最佳的方式。孩子在四到十一歲之間會經歷巨大的認知變化，你的答案也將隨其發展而進化。但是——這非常重要——你的答案不一定必須是完美的。

現今父母焦慮如此普遍的部分原因與我稱之為「進階先修育兒」（AP parenting）的概念有關，即每個決定都必須正確，我們不可能告訴孩子說「你知道嗎，我一直在想我昨天告訴你的事情，現在我有一個更好的答案」或者「我仔細想過後，那不是我真正的感覺。」這種有彈性的方式是孩子們與朋友相處時可以使用的極佳典範：你可以改變自己的想法。對於一個知覺和理解力幾乎每週都在變化的小人兒來說，這也是唯一切實可行的方法。

即使父母們清楚一般認知發展的里程碑，孩子掌握資訊的能力永遠不是必然的。要考量許多變項：孩子的年齡和性別；他對事物的科學、殘酷、藝術、精神或常識方面的興趣深度；他的注意力廣度；最初引發問題的原因為何；他是否真的想知道他問的問題的答案。孩子們有時會提出複雜的疑問，而這些疑問與他們實際上的煩惱幾乎沒有關聯。如果你抱著輕鬆、好奇和沉著的態度去面對這些問題，你的孩子最終將釐清問題的核心。例如，他是否會因為從某人的午餐盒裡偷一袋洋芋片而被逮捕。

## 孩子的認知發展階段

許多父母都清楚基本的嬰兒認知發展。例如，物體恆存的概念。一個新生兒會茫然地盯著你跟她玩躲貓貓遊戲。幾個月後，她會對此感到驚訝和高興。當她長到八到十二個月大時，那種興奮感會消失；因為她已經知道，即使她看不到物體，物體也依然存在。

其他發展里程碑則並非如此明顯。健康教育者黛博拉．羅夫曼（Deborah Roffman），同時也是一位有著非凡智慧的作者[13]。她詩意地描述了一種從嬰兒到幼兒時期開始逐漸顯現的認知成就：「我不屬於整個宇宙，不屬於我的父母。人類是開始和結束的物體；我們是存在於空間的獨立個體。」具備這種理解自然會帶來抗議：「吼吼吼！我不想要你把我和保姆單獨留在這個房間！」但這種認知也帶來自由：「如果我躲在衣櫃裡不動，或者躲在賣場的圓形衣架中央，就沒有人能看到我了。哇！」

到五歲大時，大多數孩子都理解時間的開始和結束。他們最能理解過去，因為他們曾經歷過。而未來仍然是一個抽象概念：非常快、很快、明天、很長一段時間——這些文字要提供安

13　作者註：請參考「推薦閱讀」中提到的她的書籍著作，以及其他我經常向父母建議關於會引起緊張或禁止話題的書籍。

慰給一個熱切期待或擔心未知未來的孩子並沒有什麼效果。到六歲大時，孩子們就能更深入地理解距離。有些人會對隨著時間運動和運輸的移動概念著迷。

評估孩子的反應時要將這些有關空間、時間和距離的發展里程碑謹記在心，特別是針對不尋常或創傷性事件。無論你獨特的孩子對這些概念的理解是什麼，它們都與你的不同，因此你不能認為孩子聽到的就是你的意思。這也是另一個說：「我一直在思考關於我們之前談過的問題，我有了一些不同的想法。讓我們再來好好談談吧。」會有所幫助的原因。

## 不是只談一次，而是要多次

一旦父母決心要談論一個困難的話題，他們有時會試圖一次解釋完整個故事，包括所有精確的機制。不過這是徒勞無功，因為孩子無法長時間維持專注力，而且接受新概念和語言的能力有限。他們無法一口氣吸收那麼多。無論孩子的年齡多大，如果你一次下載了所有資訊，他或她將無法記住這些資訊。即使是最聰明的學生也會忘記一個令人困惑、尷尬或「令人噁心」的話題的細節。這是在處理任何複雜話題時一定要記住的基本概念。沒有針對主題談一次這樣的事。只有第一次的談話，然後是更多的談話。

更好的方式是耐心地回答孩子所提出的問題，如有必要，愈時常愈好。有時候你會忙於另一項活動或因為你們兩人之間的差異而感到心神不寧（畢竟你從未問過你父母或任何成年人這個問題）。你可能會害怕說錯話，不確定該如何最佳的回應。切記一個永遠合適的說法：「那是一個**很好的**問題！（孩子們對加強語氣的聲明反應良好。）我需要一點時間思考最好的答案，我會再回答你。」之後真的要給他答案，以免你的孩子斷定某些話題是被禁止的。「讓我思考一下」，這樣的說法也可以讓你避免衝動地使用開玩笑、嘲弄或緊張的方式回答，同時讓你承認自己的不安，然後使自己平靜下來。

當討論敏感話題時，你們像是在一條緩慢的道路上旅行。如果你們的談話方式不是拘謹、冗長或說教，那麼這場對話會更有效。如果你以歡迎的態度迎接她的疑問並提供明確而簡短的答案，你的孩子將視你為一個值得信賴的資源。此外，你可以隨時問孩子：

「你想知道些什麼？」

「告訴我你已經知道的事情，這樣我就知道要從哪裡開始。」

這是你能糾正錯誤觀念的時候。

「聽到這個我並不感到驚訝，很多人都這麼認為，但實際上……」）

「真有趣。嗯……你是怎麼知道的？」

「你還有對其他什麼感到好奇嗎？」

「你覺得我的回答有道理嗎？」

## 這是你的功課

關於性教育和其他刺激性話題，不要認為學校會提供更多基本解釋之外的知識。大多數性別教育課程都著重於疾病和預防懷孕。課程往往傾向是「兩種保護的形式——一個用於避免疾病，一個用於避免懷孕」或「禁慾是唯一可靠的途徑」。教師被勸阻不要去探究許多可能引起爭議的話題，因為擔心這樣做會使部分家長驚慌不安，並且給學校帶來麻煩。親密關係與愛：所有生命寶貴而有限的本質；金錢、階級流動和成功之間的關係——這些值得深思的問題在大多數課堂上都被忽略。

在某一方面看來，這樣很好。它讓你有機會教育你的孩子一些吸引人的主題、傳遞你的價值觀，以跟上時代的變化。但就像所有在家自學孩童的父母親一樣，你必須做好準備。這意味著需要完成一份人格量表。哪些你童年時期的痛苦經歷可能會導致你對孩子的正常行為和問題，或是他天真但與年齡相符的信念過度保護或偏執呢？為了在不斷變化的世界中養育一個有智慧的孩子，你需要學習什麼？

回答孩子問題的同時，可以讓你瞭解到孩子對事情的理解程度，你不必等待孩子詢問再來開啟討論。引人深思的事情無處不在。開車或乘坐公共汽車時，廣告牌向你的孩子傳遞出有關身體形象、性行為、飲酒、疾病和無家可歸的信息。如果你抓到你的孩子盯著其中一項，你可以問：「你在想什麼？」

觀看電視、電影或影片和廣告為你提供了教導媒體素養的機會：許多廣告商將利益擺放在人們的福利之前。如果資訊是透過網際網路傳達給你的孩子，你可以解釋創建網路內容的人們其動機是為了吸引觀眾的注意力，即使這些資訊並不公平、善良或真實。

沿著大多數城市的人行道行走將會挑戰你去討論你所看到的人群，包括老人、坐輪椅的人和在公開場合爭執的家庭。關於這些人或現象，你可能無法回答孩子提出的最棘手問題，但你對這些對話可以抱持著開放的態度。

在現實世界中，你必須教導的另一項技能是公共禮儀。每個孩子都曾大聲說出一些像是：「那位女士為什麼那麼胖？」或「為什麼你的皮膚是棕色的，而你媽媽的是白色呢？」不要使孩子為所說的話感到羞愧，你可以讓她知道我們在家與我們在公共場合所說的話之間存在差異。當孩子們還很小的時候，你可以透過簡單的解釋來幫助他們理解什麼時候不該發表評論：「除非你喜歡，否則談論別人的外表或行為是沒有禮貌的表現。」

當你的孩子較大時，你可以加入一些情境範例。「我們不應該讓他人感到尷尬、難堪或傷害他們的感情。例如，薩爾叔叔或許總是說他想減肥，但提醒他已經吃了兩份熱狗仍然是不禮貌的行為。」

可以透過同意一個暗號來為孩子的無意失言做好準備，如拉一邊的耳垂意味著「現在停止說話。我之後會說明」。你不想使她難堪，不過你的確想要提高她的意識。良好的禮儀與保護他人的尊嚴有關，這是一個抽象的概念。教學上需要花一些時間。

## 購買書籍：棘手話題的第一站

你的孩子會丟出什麼樣的棘手問題給你呢？像是：

「諾亞跟我說，他已經和史嘉蕾睡過了。」

「為什麼艾迪可以在這裡睡覺，但是你總是拒絕我在她家過夜？這不公平。她家真的很好玩，她父母人很好，而且她哥哥的朋友們非常聰明，因為他們已經七年級了。」

「奧古斯說傑克森的父親可能要入獄。他說他父親已經試圖自殺了。」

「露西的媽媽已經沒有頭髮，或者是任何眉毛或睫毛了。她披著頭巾，但是你可以看得出來。」

「在學校的開放日之前，馬克爺爺將會從醫院回家，對嗎？他必須來看我的畫。那艘船看起來真的在海洋中很遠的地方。是馬克爺爺教我如何畫地平線的。」

簡單的答案像是「去人家家裡過夜最好是所有孩子的年齡都相同」，或「我們不確定馬克爺爺什麼時候會回家」。當你開啟一小扇窗，你好奇的孩子會一直企圖推開它直到你提供更多的資訊。雖然本章提供了一些常見議題的指引和解決複雜問題的基本技巧，但是當你遇到任何敏感或不尋常的主題時，可以利用許多優秀的兒童書籍來幫助你。這些書適合各個年齡層，並且涵蓋廣泛的政治和文化觀點。

去書店購買這些書而不是上圖書館借閱。你會想要把書放在手邊很長一段時間，因為你不知道對話時機何時會出現，下一次出現又是何時。不要線上購物，因為你無法評估書的具體屬性：太長了！看起來像是一本寶寶繪本。印得太小。或者，哦、對了，真有趣。我想打開這本書並開始閱讀！

檢視書籍的設計、插圖、涵義以及內容。你的女兒喜歡測驗嗎？那麼挑選一本練習簿。你的兒子認為幽默可以使尷尬的話題變得更具吸引力和趣味性嗎？尋找一本包含巧妙卡通插圖或是以輕快風格撰寫的書籍。你將會認識到哪些書可以激發孩子的興趣，哪些會因為沉悶、囉嗦或枯燥而被排斥。

## 什麼是性？什麼是性感？還有寶寶從哪裡來？

以下是孩子可能會開始向你詢問性的時機：

- 如果你曾經問過你的父母性方面的問題，你的孩子會在年紀比你更小的時候就問到這個問題，因為孩子們接觸到更多與性相關的媒體和廣告、廣告牌上的誘人圖像，以及廣告牌上嚴厲卻神祕的健康警告。
- 當媽媽懷孕時，他們會好奇這是怎麼發生的；何時會結束，然後她能夠再次像從前那樣的爬行、跳躍和遊玩；或是他們新的小弟弟或妹妹何時以及如何從她的身體出來。
- 當他們想要得到查克在學校告訴他們的可疑資訊的內幕（「是真的嗎，媽？」）。
- 當他們小學四或五年級，正在學習植物和動物的繁殖，就是開始好奇人類版本的時候。

性如此令孩子感到困惑的原因之一是這個字本身有多種意義，除非他們住在與世隔絕的環境，否則他們從很小的年紀開始就會不時聽到。柯瑞．希爾佛伯格（Cory Silverberg）和費歐娜．史密斯（Fiona Smyth）合著的 *Sex Is a Funny Word* 裡面解釋：「有些文字總是表示相同的意思，例如陽光（sunshine）或蠟筆（crayons）。其他文字則具有許多不同的涵義，例如玩（play）……性是一個像是玩的字。」這兩位作者賦予性三個定義，總結如下：

1. 性是一個我們用來描述身體的文字，如：男性或女性。
2. 性是人們一起做的某件事，會令他們身體裡面感覺舒服。它也會讓彼此間感覺親密。成年人稱之為「性行為」。
3. 性行為是成年人製造寶寶的方法。另一個同義字為生殖。

孩子經常會問：「性感是什麼？」一時之間你可能會從那不是什麼開始進行指導：「這個嘛，它不是表示妝畫得很濃！」另一個選擇是擴展孩子的觀點。你可以說：「這取決於每個人。性感是類似於美妙或有趣的字彙——幾乎每個人的定義都不同。性感可以表示一個人認為某人特別或令他人興奮，或者他們讓自己體內感覺舒服。人們可能認為某人性感的原因是由於那個人的髮型、眼睛或彼此可以分享對方的幽默感。」

關於生殖的具體細節在回答上是更加困難。儘管你自己的父母使用嬰兒語去稱呼身體的部位，不過在與你的孩子談論性時，你最好使用真正的生理字彙。如此一來，當在學校或與其他孩子討論到關於可接受和不可接受的身體部位碰觸時，她將做好準備。如果你很難開口說出陰道或陰莖，你可以利用去國外旅行前練習幾句當地語言的那種練習方式。

你將進入之前被禁止的領土，父母和老師們只有不斷提及保持那些特定身體部位的乾淨和私密。「關門！沖水！洗手！不要在公共場合談論它。」將這些完全相同的身體部位提拔為神奇、光榮故事中的主角，賦予孩子們一個基本且令人驚奇的印象。當面臨這個問題時，如有必要採取以下的解釋以符合孩子的年紀和理解程度。

## 寶寶從哪裡來？

我們的身體是會製造細胞的神奇工廠。當你手指受傷時，你的身體首先會在細胞外結痂，然後新的皮膚會自底下的細胞中形成。所有細胞都有著特定的重要任務。當男孩開始長成男人，他們的身體會製造成千上萬個精子細胞。這些微小的細胞擁有尾巴，就像蝌蚪一樣，可以幫助它們快速的游泳；女孩們出生時帶著約一百萬顆稱為卵子的細胞。當女孩開始長成女人，這些卵細胞會長大，每個月在她的身體內會有一顆成熟。

當一個男人和一個女人卿卿我我、親吻並緊緊擁抱在一起時，男人的陰莖會進入女人的陰道中，而大量的精細胞會自他的陰莖射出，然後游向卵子。當一隻精細胞抵達卵子所在的地方，它們會結合並且開始製造即將變成一個寶寶的所有不同種類的細胞。[14]

## 寶寶怎麼從媽媽的身體出來？媽媽的肚子怎麼裝得下呢？

最初，這一大群的細胞只有一顆罌粟種子大。但是他會在媽媽體內稱為子宮的地方長成西瓜大小。在子宮裡面，寶寶漂浮於一個充滿溫水的特殊囊中，以保護他免受撞擊或聽到巨大的

14　作者註：有關於寶寶怎麼來的其他方式，請參考「推薦閱讀」那部份的書單。

聲音。

當寶寶變得愈來愈大，子宮也會像個氣球一樣延展。寶寶要在子宮中住上九個月，差不多與一學年一樣長的時間，才能長大到可以自己呼吸和吸奶。當寶寶準備出生時，會透過一段稱為產道，往下延伸到媽媽子宮頸的管狀器官離開子宮。產道具備特殊肌肉可以像個氣球似的延展再延展，這樣寶寶的大頭可以恰好冒出媽媽的陰道。

### 寶寶怎麼進食？他會在裡面大便嗎？

寶寶和母親之間由一條囊內的繩子聯繫在一起。那條繩子稱為臍帶。它負責提供寶寶營養，使他成長；媽媽呼吸的空氣和吃進去的食物都會沿著臍帶運送給寶寶。媽媽吃披薩，寶寶也吃披薩。當寶寶消化完食物後，他不需要的東西——他的廢物，像是你的尿尿和便便——會經由這條臍帶流出去。寶寶出生時，臍帶也會一起出來。醫生、助產士或爸爸會剪斷這條聯繫著寶寶和媽媽的繩子，而那個傷口會癒合。你的肚臍就是臍帶被剪掉的地方。

## 後續問題和保留你的隱私

當你談到陰莖進入陰道那部分時，大部分孩子的反應都是無法置信：「噢，好噁心！你和爸爸這麼做嗎？！噁心、噁心、噁心、噁心、噁心！」然後一或兩個星期後……「你和爸爸做超過兩次嗎？」不過每個孩子的反應會不同。一開始，許多孩子會反感、有些會著迷、有些覺得無聊、有些會興奮地分享這則新聞。通常你被邀請進入一段更深入的對話前，已經經過了數個月或數年。

關於性的問題，有兩個特別有幫助的回應。其中一個是「我仔細思考後，又有了更多的想法。」例如：針對年紀大一點的孩子，你可能想要擴充答案，包括什麼是同性伴侶、單親或無法受孕的人們，如何擁有一個孩子。

另一個有用的回應是：「那不是我想與他人分享的事情，」或者「我希望保持隱私。」這是一種向孩子建立（且示範）界線的一種方式，無論其年紀多大，包括早熟的前青少年期女孩，她們可能會問關於「你第一次的性行為」，接著詢問像是你當時的年紀、你與伴侶的關係、環境或你是否愉快等細節。當認真的父母親問我他們是否應該完整回覆這類型的私人問題，我會反問他們會覺得自己有義務回答孩子他們上一次發生性行為的問題嗎？你的孩子沒有權利知曉任何你不希望分享的個人性生活資訊。

## 青春期和之後

到了十或十一歲的年紀，大多數的孩子都會尋求更多關於性的詳細事實。對於現在的孩子而言，較前幾代的孩子更早進入青春期是正常的現象，所以他們必須意識到即將發生的身體、情緒和生理感覺的變化。有些徵象很明確：當女孩們的乳房開始發育、長出幾根陰毛時，她們需要開始攜帶衛生棉以備不時之需。這個消息可能會令一個年輕女孩震驚，所以如果媽媽（或其他年紀較大的女性）可以當面解釋和示範如何使用衛生棉是較理想的作法。

當他們經歷青春期時，青少年們會想要瞭解關於性行為的多樣化及其特性的實用資訊。不過很少青少年願意聆聽自己的父母們解釋這些疑惑。即使你想盡辦法讓他們坐下來五分鐘，聽你敘述如何使用保險套，但是他們的困窘可能會令他們無法認真聆聽。所以最好是遞給你孩子一本關於性的最新且實用的書籍，然後說：「這本書解釋了關於身體的變化、性是什麼，還有它的功用為何。這本書應該可以回答你的疑問，但是如果你仍然好奇某些事情，你可以問我；如果你覺得不好意思，可以寫一張紙條給我，我會回覆你。」你的孩子現在有了值得信賴的參考資料，無論他或她何時需要答案，而且也有父母可以澄清或擴充他們的想法和觀念。

## 愛如何戰勝色情作品

有任何方式可以完全隔絕你的孩子接觸到色情作品嗎？沒有。即使你不使用電力公司的供電或搬到北韓。對於這個回答我深感遺憾，但是它千真萬確。即使是年幼的孩童，只有經過父母小心選擇的玩伴，都可能接觸到這些影像，因為某人較年長的手足使用 Wi-Fi 或電腦，又或者為了一份家庭作業搜尋網路資源，結果發現 whitehouse.com 並不是 whitehouse.gov，而是連結到了你可以觀看寫實性愛影片的網站。

意外或故意接觸色情作品，不代表你的孩子就會認定性正如同色情作品所描繪的：「女人！她們身上除了頭髮以外，沒有任何其他的毛髮，而且你可以對她們為所欲為，做你的男人、女人或野獸！任何時間都可以，而且她們非常愛！」那意味著關於性，除了提供發人省思的書籍和針對技術問題採取開放性政策之外，你會希望提供一些關於自尊、溫柔和愛的指引，同時強調它們正向的影響。即使是關於性別認同和接納一個人性取向的最新書籍，通常也都不會闡述愉悅、親密和連結——有關為什麼成年人想要從事的性行為次數，超過製造兩個孩子所需次數的兩倍以上。

傳遞尊重和忠誠等價值觀的一種方式為藉由你對待你的孩子和其他家庭成員的方法，展現愛、承諾、溫暖、同情、耐心、開玩笑和同理的榜樣。你正使用一種無性暗示的方法去建立身體碰觸和如何用口語表達愛的基礎：當你的孩子年紀漸長，他或她處在一段愛的關係中時，這些是會被他們認為正常且熟悉的情感。

另一種分享這些價值觀的方法為透過家族的歷史故事。重述你和孩子的生父或生母（假設你們沒有離婚，而且仍相處良好）如何相愛的故事。你如何知道自己戀愛了？你們第一次約會的地點？你怎麼知道對方喜歡你？如果感覺分享自己的故事太過尷尬，你可以講述孩子祖父母相遇和相愛或是早已去世的親戚的故事。他們是一起移民過來的嗎？那段旅程是如何呢？他們是以這個國家新住民的身分相遇的嗎？誰介紹他們認識？可能這是一段非常快樂的媒妁之言，這又可以開啟另一條有趣的討論途徑。

你也可以由一首歌、詩詞、繪畫、電影或書籍出發。你們可以一起聆聽或閱讀愛情和心碎的故事、聰明和愚笨的選擇、渴望、愉悅，進而理解羅曼史可以如何豐富一個人的生命。從最近代的動畫卡通到一些傳統的故事中，皆包括了許多機會可以探索除了外觀的美麗之外，還有什麼特質可以使一個人被愛。勇氣、忠誠、仁慈、幽默的靈魂、某種犧牲，以及對他人的同情心，所有這些幾乎都是故事情節的一部分。

訃聞是一個讓人驚訝的愛的故事的來源，同時具有真實性的優點——隨著孩子漸長，變得更加重要的元素。在向去世的人們致敬時，你經常會發現關於他們所愛的人在他們生命中的動人回憶。孩子學校的老師可能會描述其他歷史上的真實愛情故事。兒童圖書館中的傳記文學是另外一種潛在的資源——向圖書館員詢問關於伴侶一同冒險、取得重大發現、創造出一個藝術體或為了社會正義而奮鬥的書籍或電影。你正在教導你的孩子各種基調和不同階段的愛的語言：愛不僅僅是受到吸引時的首次臉紅，還有同情、分享熱情和互相尊重的浪漫。

## 當家中的某人生病

有尷尬的話題，也有痛苦的對話。向你的孩子解釋一位父母、手足或摯愛親戚的病情是你可能面對的最大挑戰。如同所有棘手的話題一樣，它需要不只一次的交談。不過第一次要傳達這個消息時尤其困難。

毫無疑問地，你必須盡早告訴你的孩子到底發生了什麼事。他們會查覺到你情緒的變化；他們會聽到醫生打來的電話、注意到你的低聲交談和無聲關起的房門。如果你不誠實地告訴他們，他們的想像力可能會用比現實更加駭人的情節去填補這個空白，而且可能還會自責：「媽媽總是說我讓她發狂，現在她真的生病了！」

孩子會從一件事如何影響自己本身的觀點去體會每件事情，包括所愛之人的生病。「在我身上會發生什麼事呢？」這個想法是所有傳入資料的過濾器。因此，當第一次（以及往後的對話）解釋一種疾病時，一定要確定有描述到這種狀況會如何影響孩子的日常慣例。什麼會改變；什麼會維持不變？向孩子保證他們大部分的生活絕對會保持相同。

貝西．布朗．布勞恩（Betsy Brown Braun），一位作家與兒童發展專家，她建議父母事先計畫好要告訴孩子的故事，保持愈簡易愈好，並且使用孩子一定能夠瞭解的單字。因為病情可能轉變快速，所以給予孩子太多的細節並不合理。以小孩子可以理解的具體方式，同時使用簡單的字彙去告知。例如：

「媽媽在呼吸上有困難，所以醫生要幫她的肺部照幾張特殊的相片，檢查是什麼導致這個問題。她會住在醫院幾天。等我們找出可以治療的方法後，我們會告訴你。同時，這個星期，卡門的媽媽會接你放學。你星期二仍然會去舞蹈課，然後我每天晚上都會在家陪你吃晚餐，並且聊聊你那天過得如何。」

有些疾病需要動手術，恢復時間可以預期；有些則會變成家庭生活持續存在的一部分。癌症是一張王牌。病患通常需要經歷好幾回合必須向孩子解釋的治療，而且無法保證預後。在所有情況下，父母本身的憂慮都將顯露。處理這種恐懼的一個方法是承認它，透過告訴自己：「它很可怕，但我們也懷抱希望。這兩方面都是真實的，而且同時存在。」

在父母其中一方生病的這段期間，盡可能試著維持孩子原本的例行公事。在一個處於健康危機的家庭中，小小的表示可以帶來穩定的力量。一位媽媽的丈夫接受完心臟手術後，住在醫院療養，她每天都會把女兒的熊寶寶放在女兒的枕頭上，並且讓它的手掌每天都握著不同的玩具。不論孩子感覺其餘的家庭生活是多麼的不尋常，那張床永遠都會鋪好，而熊寶寶永遠坐在那裡等待小女孩回家。這就像是她媽媽傳達出的無聲訊息：你可以依賴我。當你在學校時，你仍在我的心裡。

不要假設你的孩子感覺遲鈍，如果她對於危機的反應不像成人那樣：例如她沒有哭泣或看起來悲傷，似乎忘了這件事，或是想要和朋友去外面玩。這些反應就像壞行為一樣都是正常的。

當某人生病，父母和家人焦慮和憂鬱的主要原因是來自於失去控制，對兒童來說也是如此。父母可以透過賦予孩子控制的感覺以提振她的精神，例如：幫助照顧生病的父母、幫忙處理家務，或是從事更多生活自理的工作。父母親很容易會想「噢，我可憐的孩子。我必須提供她雙倍的寵愛。」但是這樣一來只會榨乾你自己的資源，並且剝奪孩子感覺自己是家庭必要的一部分的機會。你可以考慮讓她幫忙管理醫療用品、唸書給生病的父母聽，或負責一些新的家務。你可以說：

「最近我需要處理非常多的決定。我必須準備好與醫生討論，無論她何時打來，同時要待在醫院。你可以幫我照顧藍鈴——帶牠散步、餵牠，並且在牠的狗糧快吃完的時候讓我知道。」

你也可以請求其他成人的協助。我們的文化有時候會認為生病和「虛弱」是一種羞恥。經驗豐富的照顧者會知道這是愚蠢的觀點。當你讓孩子明白面對一個危機時，尋求朋友和家庭成員的支持是很自然的作法，你是在示範一種健康的態度。

## 家庭中有人死亡

失去一個大家庭的心愛成員，例如一位阿姨或祖父母，對一個孩子來說會造成深刻且持續的影響；失去一位父母或手足是一場悲劇，必然會影響孩子的觀點和情緒發展。孩子們也比父母所想得更具恢復力這一點也是事實。他們會從重大的失去中生存下來，而他們的改變可能也不會導致更糟的情況。成熟、同情、耐心和其他有價值的特質通常是這些悲傷事件的副產物。它不一定會撥雲見日，而且你不希望這種事發生在任何孩子身上。不過經歷一次死亡可以帶來更有意義的生活。

在過去，為了保護孩子，我們習慣使用婉轉的說法，但是今日我們知道當孩子聽到類似「神把你的姊姊帶到祂的身邊去了，因為祂非常愛她」這種話時，他們會感到害怕且困惑（心想：這是個什麼壞心眼的神？）誠實、具體、直接解釋的效果最好。你可以嘗試利用「非常」這個字去強調一件事情的極端和不平常：「發生了一件非常難過的事情。蘿拉阿姨去世了。她之前已經病得非常、非常嚴重，現在我們無法再看到她了。但是我們將記得我們如此愛她的原因。我們一定會很想念她。」

所有的「非常」可以用來幫助孩子區辨一般的生病和意外，以及導致死亡的特殊事例。這種差別可以減輕孩子對於另一次即將發生的死亡和失去的恐懼。向你的孩子保證他或她，以及其他家庭成員都很健康。列舉出健康的家人可以撫慰你的孩子：「我最近才做了健康檢查，我非常健康。爸爸和你的哥哥也一樣。爺爺和奶奶也很健康。」

允許孩子參加追悼會或葬禮可以幫助他們瞭解和接受已發生的事情。六歲及以上的孩子通常已經成熟到不會打斷喪禮的程序，所以如果他們想去，鼓勵他們參與（他們可能會數度改變心意，如果他們決定不要參加，尊重他們的意願）。想像通常比起現實更令人感到恐懼，而且他們許多的疑問將可以藉由他們看見或聽到的事情得到答案。此外，與我們一樣，透過聆聽悼詞，他們也有機會知曉關於已故親人有趣、驚奇或動人的事蹟。

## 孩子如何處理悲傷

發展出依附理論（attachment theory）的約翰．鮑比（John Bowlby），他描述了兒童面對悲傷的三個階段。首先，孩子會拒絕相信，並且期待看見、找出或挽回已故的人；接下來孩子會體會到情感上的痛苦、絕望以及一種混亂的感受；而在第三個階段，孩子能夠在失去已故親友的情況下，重新組織自己的生活。根據孩子的年齡、認知程度和本身氣質，這些階段的經驗將有所區別。

一般說來，三到五歲的孩子並不理解死亡就是終點，而是將其視為一種可逆的狀態。他們可能會在家中的每個房間、在人群中或在駛過的車輛中搜尋已故的親友。

年齡五到九歲的孩子知道死亡是「永遠的」，此外，他們可能會堅持那個人會復活這種不切實際的希望，並且拒絕接受他們的家庭真的有人死亡這件事。大量的疑問和病態的幻想都是正常的現象。這個年紀的孩子可能會經歷哀傷、恐懼、渴望、困惑和罪惡感。為了保護自己不被這些感覺擊垮，他們可能會忽視、否認或將這些感覺深埋在心底。伴隨意識到死亡的真實性的同時，他們也會擔心如果與自己親近的某人會死，他們也會死，而這種想法令他們極度害怕。

納悶自己是否該為所愛之人的死亡負責，以及擔心自己的死亡率對孩子來說再正常不過。一個悲傷的孩子似乎不受家庭中有人死亡的影響也是正常的表現。漠不關心的反應，像是在追悼會之後立刻和朋友一起踢足球，並不一定代表這個孩子否定親友的死亡。孩子們是活在當下，所以一顆球、一個大晴天和一位朋友的情境之下，他們如果忘記爸爸去世，同時獲得幾分鐘的開心時光也值得我們的原諒。對成人來說，這令人不安，但是對兒童來說一點都不奇怪。

## 你應該與孩子分享你的悲傷嗎？

關於悲傷的一般常識為不要在孩子面前隱藏你的感覺。藉由公開你的悲痛，你向孩子顯示他不需要戴上假面具。確實，孩子不應該感覺自己必須隱瞞情緒以保護他們的父母或基於任何其他原因。他們經驗到的悲傷可能包括被遺棄的憤怒、對死亡感到內疚、對死者的理想化，以及生理症狀（「我無法呼吸！」「我的骨頭痛得跟爺爺一樣！」）。他們也可能感到羞愧（我不希望和朋友不一樣，他們的爸爸還活著）。在他們身旁的成年人很像乘坐在情感的雲霄飛車上，特別是在死亡剛發生之後的那段期間。在初期的那段日子裡，一個愛的氛圍與容忍孩子和其他成人不尋常的情感表現，可能是悲傷的父母可以提供的最佳禮物。

隨著時間的推移，「不要隱藏你的感覺」可能被誤解為「永遠不要隱藏你的感覺」。一個相當常見的狀況，如果父母對於去世那個人的情感比起單純的悲傷更為複雜呢？如果她或他感覺到憤怒、內疚、迷惘或被拋棄呢？當父母正在經歷哀悼過程時，一個幼小的孩子可以容許感受到的程度應該是多少呢？對孩子而言，目睹一個父母經常因為每天的小挫折或失望而哭泣、了無生氣或不再處理家務是件非常痛苦的事。

為了孩子，一定要規定自己像個成年人。當家裡遭逢死亡這種悲劇事件時，你不能整天穿著睡衣，或讓家中一片混亂。如果你無法好好地運作家庭，為了你也為了孩子好，你應該尋求諮商師的協助。這時，家庭悲傷團體可以提供真正的幫助；如有必要，裡面的工作人員會指引一位心痛發狂的家長額外的心理支持。此外，當你找到慈悲且考慮周到的方式和孩子分享（不要過度分享）你的感覺後，時間將會是一種緩慢但可靠的良藥。

有些方法可以讓你和你的孩子共同處理悲傷。一個是透過能反映出已逝親友曾經活著的行為去保存對他們的回憶。你可以說：「我們今天去海灘回憶蘿拉阿姨吧！我們喜歡在沙灘上和她一起野餐，這將會是她的榮幸。」或「我們要持續栽種爸爸的花園。我們去園藝店買些新的蕃茄植物，然後再買一些肥料，這樣我們可以滋養他深愛的花朵。」

另一個讓你的家庭去表達多麼喜愛和懷念那個人的方法，是鼓勵你的孩子協助你製作一個神龕，例如：在書架或壁爐架上放置幾張相片、一瓶花和小裝飾物，以提醒你的孩子記得那位親友。

讓你的孩子知道，任何時候當她想要聊聊自己的感覺時，你都願意聆聽。你可以說：「任何時候，只要你想說，我們都可以談。但是我要事先告訴你，有些天我會比任何人都還要感到哀傷——我敢說你可以從我的聲音聽出來——我永遠不會知道什麼時候會這樣。你可能也有一樣的感覺。我無法預測何時悲傷會向我襲來，但是那不代表我們不能談話。」

當你和你的孩子適應了新生活的輪廓後：

- 隨時可以聆聽孩子。你沒有必要立刻給予答案。
- 預期孩子會一再、不斷重複相同的陳述或問題。
- 保證你孩子的安全和健康，以及她其餘家人的強健。
- 留心孩子去尋求極端的反應，同時謹記退化、冷漠和憤怒都是正常的表現。
- 如果其他孩子將喪親的孩子視為「死亡專家」，提醒他不必回答他們的每個問題。

最後也是最重要的一點，允許一個哀傷的孩子再次感到快樂。許多成人和孩子害怕當他們重新開始大笑和回復日常節奏就是代表對死去之人不忠誠。感覺起來似乎是你忘記了此人，這種感覺像是又再次失去了他們一樣。這是一個可預期的悲傷階段。向你的孩子（和你自己）保證離開的那個人會希望你們快樂。藉由表現出在你的家庭旅程遭遇到這條令人痛苦的道路前那個從前的你一樣，熱情地參與生活，為孩子設立一個典範。

## 當寵物死亡

孩子頭一次的失去經歷可能不是一個人，而是一條魚、一隻狗或貓。孩子們面對寵物死亡的悲傷是深刻的，因此會引發父母的苦惱。

五歲女孩莉莉的母親：莉莉的寵物金魚——戈爾迪，今天早上死了。我們才剛養了五天！我知道莉莉一定會非常、非常難過，所以我在她回家前去寵物店買了一隻新的魚代替。

我：用來騙她嗎？莉莉太聰明了，她會知道的。而且想想看如果她發現了你的花招，你在她心中的榜樣會是什麼。此外，你失去了一次談論死亡的機會。

莉莉的母親：但是我擔心她會自責。戈爾迪住在她的衣櫃上，而且只有她能夠餵牠。

我：當莉莉今天回家後，你可以跟她解釋有些動物擁有短暫但快樂的一生。告訴她：「你是戈爾迪的好媽媽。我買了一條新的魚給你，或許你也能提供這隻小魚一個快樂的家。」

結束一隻生病寵物的生命需要更多的考量，因為市面上已經出現了給動物的重症醫療介入。化療、骨髓移植，以及其他極端措施對寵物來說可能非常痛苦，而且許多獸醫對於這類治療的倫理抱持著巨大的懷疑。每個家庭對於能夠或願意負擔的醫療介入都有其限制；他們如何定義一隻動物的生命品質也有差異。你的孩子不應該參與這些成人的決定。如果醫生可能會建議安樂死或嘗試你無法負擔或無法保證可以改善寵物生活品質的治療，這種情況下，他也不應該與你一同到獸醫那裡。

繪本是哀悼一隻寵物和鼓勵孩子與你對話的絕佳管道。如果書中的主角與你的孩子相同性別，那很好，但非必要。針對女孩，克蘿妮・迪馬斯（Corinne Demas）的 *Saying Goodbye to Lulu* 是很好的選擇。針對男孩，迪恩・迪索夫——萊恩（DyAnne DiSalvo-Ryan）的 *A Dog Like Jack*，以及茱蒂絲・維奧斯特（Judith Viorst）關於一個男孩和他的貓咪的經典創作 *The Tenth Good Thing about Barney*。瑪喬麗・布萊・帕克（Marjorie Blain Parker）的 *Jasper's Day*，細膩地描述出讓寵物安樂死的決定。

寵物死亡後，你可以提供孩子機會去製作一本剪貼簿或一個擺放寵物生前最愛的玩具和一張相片的小小紀念碑。如果寵物被火化，牠的骨灰罈可以放在神龕上，只要你和你的孩子都感覺自在。

我女兒四歲時，一位朋友帶她去了一趟昆蟲展。當時，她帶了一隻母的墨西哥棕毛塔蘭圖拉蛛（Mexican brown-haired tarantula）回家。當這隻蜘蛛第一次脫殼，從完好如初的舊殼爬出時，我們都感到困惑和震驚。她複製了自己嗎？十六年後，當她死掉時，我們將她的軀體，以及之前八次脫下的舊殼收藏保存在一個盒子中，放在家中一個顯眼的架子上。那看起來有一部分像是恐怖片，但有一部分則代表著生命中愛的紀念。

## 兒童和金錢

作為一種物種，人類具有狩獵和採集的本能。我們是烏鴉，會被閃亮的物品吸引並將其帶回巢中。所以當孩子們要求東西被成人拒絕時，他們會乞求、嗚咽或抓狂是再自然不過的天性。他們蒐集的慾望被廣告商所利用，廣告商在吸引小型渴望與成人弱點上面絕頂聰明。「我想要那個！」是兒童時期會不斷出現的句子，而父母內心關於是否要答應這個問題也不斷地在天人交戰。

對父母而言沒有足夠的金錢，尤其是與同儕相比，通常是恐懼和羞愧的來源。他們擔心自己保護孩子的能力，不僅是關於有形的資產上面，像是住在學區好的安全區域，也關於孩子未來可選擇的社交範圍、可被接受的外表與融入理想的團體。這些似乎都依賴金錢，而且它們以孩子要求的玩具、衣服、鞋子、外套、帳篷、運動裝備、電動遊戲、電子產品等形式斷斷續續地干擾家庭生活的結構。

和每個年齡階段的孩子談論金錢在許多方面都有其困難性。對你的孩子說「不」很困難。當他們的幸福大多似乎取決於你提供物品和服務的能力時，誠實地面對什麼東西自己負擔的起很困難，對孩子坦承這一點也很困難。如果你把自己與朋友、鄰居、親戚和孩子學校的父母相比會造成自己的痛苦。反之，如果你很富有，如何創造一個花費的架構以保持你的孩子腳踏實地和心懷感激也是件困難的事。鑒於這些複雜的情緒，大多數的家長會傳遞關於金錢的混亂訊息給他們的孩子。

當然安全的社區、優良的醫療照顧、擁有大量資源的學校、針對特殊需要的家教和認真的體育教練皆有益於孩子。它們是基礎，作為抵禦不確定未來的盾牌。然而，要確保你的孩子生命有目的、精明和愉快，他們需要發展出社會察覺和成熟的情感：克制的能力、瞭解財富的廣大定義，以及認知到幫助他人是一種責任也是一種獎賞。該從何處開始培養你孩子的這些特質呢？與他們談論金錢！第一步呢？教導孩子他們想要與需要的差異是什麼，並且提醒你自己什麼應該給予孩子，什麼是一種優待。

## 預算：雨天、晴天和施捨

家庭預算的概念為你所有關於金錢的討論提供了一個基礎。（即使你沒有一份真正的家庭預算表，它也適用。）以下是可以教給你孩子的詞彙。

**預算：**當人們工作，他們會得到薪水。預算是我們將金錢區分為不同的類別，像是食物、家中的瓦斯費和水費，以及服裝和玩具的花費。一元硬幣是錢。一張信用卡也是一種錢。

**壞天氣：**我們會存下部分賺的錢，以備不時之需。我們稱為「為壞天氣存錢」。壞天氣可能是例如車子故障，我們必須修理它；你突然牙齒痛，我們需要去看牙醫。

**好天氣：**我們也會存下一些錢，用來執行有趣的事情像家庭度假、生日派對、節日慶祝和驚喜禮物——例如：假使我們看到某樣我們知道一個我們喜歡的人會喜愛的東西。

**慈善：**我們會將部分賺的錢捐給稱做食物銀行或庇護所的地方——它們提供餐點給沒有足夠金錢去買食物或是家裡沒有廚房可以煮飯的人們。有時候是因為淹水，使他們失去了自己的房子；有時候是因為他們無法找到一份工作。我們也會捐錢給一些組織，它們努力在實踐我們所認同的理念，例如：每個人都應該被平等對待的想法。

這些名詞除去了物質世界中孩童不斷接觸到的神祕因素。取代了以往說：「我們無法負擔。」（那可以負擔什麼？），現在有了一個情境。你的孩子可能會厭倦聽到你說：「那不在預算裡面，」但是至少他們知道你有一份詳細的計畫，此外，你可以提醒他們那份預算包括假期、禮物和慶祝。

激勵孩子討取東西的超能力是他們的能量。疲倦、虛弱的成年人說不行、不行、不行，然後認輸說「好吧、好吧」。在行為心理學中這就稱為「間歇性增強」（intermittent reinforcement），而且是孩子們下次再度嘗試讓你認輸的強大鼓勵。這也是讓賭博者黏在吃角子老虎機上的相同心理動因。所以盡你最大的努力，避免答應一個你之前總是拒絕孩子的要求。如果你感到內疚，只要記得你的孩子在拒絕你上面從來不會有問題。

大多數家長都喜愛用一些小禮物給予孩子驚喜，這是一種充滿愛的表示。我的建議是保持這些驚喜的價值在於小而真誠，非價格昂貴。避免持續對孩子要求的物品說不行、不行、不行，然後卻用它來做為一個驚喜，免得這個禮物也變成一種間歇性增強。

## 比家庭預算更廣大的概念

隨著孩子愈來愈大，他們會更加努力地去說服你他們需要特定的物品。他們使用老練但通常顯而易見又空洞的論點，例如：

「你不明白我大多數時間有多麼不快樂。這款電動遊戲（或刺青或身上穿洞）會使我更受歡迎。」

「我在學校真的很害羞，但是如果我背上這個背包，我會感覺自己可以跟任何人交朋友。」

「這些運動鞋是很棒的投資！它們是限量版——珍藏品！它們未來會值很多錢。」

「每個人都有，只有我沒有。」

「每個人都有」是一句古老的陳腔濫調，但是仍然驚人地有效。它偶爾的確是事實——每個人都有那樣物品，你的孩子會感覺如果自己沒有就像是低人一等。所以你可以選擇：買一雙七十美金的運動鞋，他三個月之後就穿不下了；或是繳付十次的診療費用（你或他的！）有時候買那雙鞋子或許是合理的決定。

這種情況有好的一面。當一個孩子年紀大到會說：「我需要這個，因為其他每個人都有，」他同時也大到足以掌握關於預算的更複雜定義。你可以向他解釋家中事物和金錢運作的方式，他可以做出什麼貢獻，所以他不是為了「賺取」那雙特定鞋子的花費，而是那些貢獻是身為家庭公民的每日義務。

更廣義的預算是由努力、時間和金錢的投入及開支所構成。你的孩子無法支付貸款或開車，但是他們可以藉由自己執行通常是父母幫他們做好的事情為家庭做出貢獻。人們所想到關於家務的復古意義並不適用於大部分今天的孩子身上。他們不用送報紙，也很少需要幫鄰居的草坪除草。但是父母幫他們的孩子和青少年做了許多家務，因為這樣更簡單，父母們工作了一天已經疲倦了，他們想要回到3C產品的懷抱，或是他們把孩子完成學校作業──即使孩子拖拖拉拉──看得比把餐桌清理乾淨更加重要。然而簡易的自我照顧和家中整潔的維持在教導孩子們時間、能量和財源之間的連結扮演了重大的角色。

隨著孩子長大，他們會持續要求更多物品和服務。到那時候，他們可以被期待執行更複雜的家務（像是將車停入車庫或載祖父母去看醫生），以及承擔更多自己的責任（像是記得和完成學校任務，並且出席志工活動）。他們不會總是接受服務的那一方；相反地，他們將是有能力為家庭做出貢獻的家庭成員，同時也可以從中獲益。

## 經驗勝過物品

教導孩子金錢和價值的差異永遠不嫌早。一種方法是說：「在我們家，我們通常比較喜歡享受經驗而非物品。」你可以解釋許多消費品只能提供有限、預先決定好的滿足感，不像經驗可以用不同方式並隨著時間傳遞。計畫和期待某事件、去經歷它、之後講述關於它的故事，並且品味回憶是一種快樂。

「我們去黃石公園的時候看見一隻超大的棕熊，牠一個人在樹林中，但是牠完全沒有看到我們！」

「媽媽在恐怖片之夜讓我挑選兩片恐怖電影。我們隔天睡到下午才起床。」

「沙灘上有好多孩子在放風箏，然後我們比賽看誰的風箏飛得最高。一個風箏和另一個纏在一起，然後它們都墜落了！」

針對年齡較大的小學生，父母可以藉由提醒他某次的家族旅遊去解釋這個概念，然後詢問他記得什麼，還有他是否有告訴朋友這件事。父母也可以分享她的回憶，然後雙方可以比較。何時使用的有用提示：最好不要在拒絕某樣孩子想要買的東西時，將其作為一種策略。反之，應將其放在解釋家庭如何考慮金錢使用的情境中，例如：為什麼你決定在夏天的預算中安排一趟家族旅行，而不是購買一輛全新卻非必要的車子。

## 更棘手的真相：告知就是保護

我稍早曾說過，沒有只談一次這種事；只有第一次談話，然後更多談話。那是事實。但是，如果不提及為了保護他們的孩子免受醜陋、持續和真實社會力量的影響，父母必定要與孩子討論的一些主體，那麼這章關於棘手話題的探討就不算完整。父母必須向孩子解釋如何對周遭的成人，甚至親人保持警覺，他們雖然看起來友善，但是可能會傷害他們。有色人種的父母必須教育孩子在警察周圍時該如何表現，為了使可能的衝突最小化。同性戀或跨性別青年的父母必須幫助他們準備好被嘲弄或欺負的可能性。無身分證明的父母必須解釋他們不穩定的情況，還有對他們的孩子來說這代表什麼意義。

這些談話與其他關於安全的討論不同，例如警告孩子防備陌生人。被一個陌生人綁架不太常發生，然而，種族主義和性別歧視，以及由它們延伸出的殘酷行為卻是司空見慣的事。對孩子而言，這些情況的不公平使他們既困惑又憤慨，察覺到它的存在代表天真無邪的結束。父母通常制止孩子發表一些評論與意見，像關於膚色，因此造成孩子感到羞恥和混亂。將他們的評論當作一種需要更多交談的暗示。如果父母驚慌失措，在不知不覺間教導孩子以為自己的觀察或問題是種禁忌時，麻煩就由此而生。

即使是幼小的孩童也能夠發現人類對於不熟悉的外貌或怪癖充滿好奇。相信兒童是色盲是個天真的想法。孩子們注意到的首件事情之一就是對比。他們著迷於各式各樣的差別：膚色、腔調、髮型。這些外在差異意味著什麼呢？由你帶領、示範對多文化展現出興趣和關聯，加上坦率的談話，就是灌輸孩子反對歧視的有效公式。

## 同意的概念

面對被一個同儕或成人討厭的碰觸或打擾時，我們希望孩子可以馬上採取行動，即使這麼做通常會被認為是無理或不客氣。大部分的性騷擾和攻擊通常都不是陌生人所為，而是認識的成年人或同儕，可能是男女朋友、貌似正常的熟人、父母或繼父母一方。要讓孩子明白如何保護自己，需要在孩子年紀還非常小時，透過示範界線以及提供他們練習說「不」的機會，從教導同意的概念開始。

這其實始於父母自己。你如何展現出對你孩子界線的尊重？當他或她求你不要繼續搔癢時，你會停止嗎？當孩子正在說話或沉浸於工作時（遊戲就是孩子的工作），你會毫不在意地打斷嗎？幫她洗臉、刷牙或梳頭髮，卻沒有事先問她是否想要自己動手，或是給予簡單的預告呢？同意的第一塊基石就是這些父母對孩子表現出的行為。

當你的孩子是個幼兒時，你可以教她關於雙向同意的概念。它表示每個人都有不被碰觸或打擾的權利，只要他們不想。隨著孩子的理解和經驗的成長，關於煩人的行為和騷擾之間差異的談話可以提供他們保護自己，同時實行控制自己衝動的技能。你可以說：

「有時候你信任或應該要尊敬的人——父母、老師、你的教練、一位親戚、我們家的友人、新同學或公共場所的陌生人——在你不想時會想要碰觸你。如果你拒絕，他們可能會告訴你『你是傻瓜』。你可能會感覺糟糕或困惑。在這些情況下，有時候你的肚子或心臟會有奇怪的感覺。當你的頭腦感到困惑時，它們會知道什麼才是對的。那就稱為一種『直覺』。聽從你的直覺並且說：『不，不要這樣。』然後立刻告訴我或爸爸。

「任何一個告訴你要保守祕密，不讓父母知道的成年人，都是一個狡猾的人。不要相信他們或按照他們的指令做事。你永遠都可以跟我們說。」

與你的孩子一同想出幾句符合年齡、可以保護他或她的界線，同時尊重他人的句子：

「奶奶，今天我想要送你一個飛吻，然後跟你擊掌，而不是親你的臉頰。」

「爸爸，明天早上開始不要用搔癢叫我起床。我知道你覺得很有趣，但卻令我感到困擾。」

「我現在不想說話。」

「請不要不敲門就進來我房間。」

「你不可以沒經過我的允許就拿我的東西。不要再說：『我不知道你會介意。』」
「潔思阿姨，請不要沒有先問過我就幫我拍照或錄影。」

## 電話響起

有一天，學校或一位家長會打電話告訴你，你的孩子展現或被展現、碰觸或被碰觸、介紹或解釋一個被打電話者認為是禁忌的身體部位或主題。來電者會使用「不適當」這個字。此時，一股強勁的腎上腺素會注入你的血液，同時你的內心會想：我搞砸了嗎？

要求孩子保守祕密並不公平，所以你必須假設你的孩子會把你們之間關於性或任何棘手話題的談話告訴她的朋友，而且你將必須面對它的附帶結果。你只要記住一位老師或母親是在非情境下聽到孩子說的話，而且你的訊息在轉傳的過程中可能會有遺漏。當艾娃的媽媽質問你：「艾娃說你跟克莉絲汀談過避孕的方法。」你可以回應：「對，我說過。我們那時候剛好在看一個電視節目，其中一個來賓談到避孕藥。我的原則是只要克莉絲汀問我一個問題，我會盡量給予她基本、誠實的答案。」艾娃的媽媽可能不贊同，但是她感覺舒服與否不是你的責任。你的優先順序是對你的孩子抱持開放且歡迎問問題的態度。

## 有史以來最棒的故事

小孩子是天生的記者。他們想知道每件事，並對許多主題都有強烈的感覺。較大的孩子對身分、正義和社區會有興趣。你的任務是聆聽和澄清孩子想要瞭解的目標；釐清你本身的信念或挖掘新的資訊，並將你的答案翻譯成四歲、七歲或十一歲孩子可以理解的話。這些主題的對話強化了孩子的性格和自信。無論這次的交談只持續幾分鐘，或真誠卻尷尬的促膝長談，每經歷一次棘手的對話都會使下一次變得更容易。一句接一句，你將會更深入瞭解你的孩子，而當你這麼做時，你也正在建立信任和關係。兩者皆是孩子進入青少年時期時，你必須擁有的要素。

# 第6章　偽裝的守護靈：青少年

「他雀躍、他跳舞、他有青春的眼睛、他寫詩、他能說假日的俏皮話、他能聞到四月和五月。」——莎士比亞《溫莎的風流婦人》（*The Merry Wives of Windsor*）

小學生會消失，比大多數父母預期的還要快，並且比他們期待的要快得多；取而代之的是前青少年期的到來。她通常沒有笑容，特別是對你。當你試圖分享一個明智的計劃來解決她自我創造出的戲劇性事件時，她逃到她的房間並砰的一聲關上身後的門。你如何能夠以一種不會引發她憤怒回應的方式敲門呢？

然後是你青少年的兒子。他原本就已經在自己房裡。嚴格來說，他可以接近，但此時你也對此躊躇不決。他在房間裡做什麼？找出來是你的責任嗎？除非是關係到食物或接送，否則很難見到他。當他拖著腳走進廚房找食物吃時，你可能會得到一個點頭示意或溫柔但憐憫的笑容。抑或什麼也沒有。

這是現在的你所期待的嗎？

本章，關於與變幻莫測的青少年溝通，我將提供安慰和建議；之後的兩章，我將分別聚焦在青少年男孩和女孩。以下主旨適用於父母任一方：你這幾年的任務將是避免作出簡單的判決，並接受（甚至是感到同情）青少年容易被激怒、擔憂、受傷和對你的大量指控：「是你！一切都是你的錯！」

你將會有許多挑戰。其中首先是：與你無助、恐慌和甜蜜小學時光的懷舊情緒搏鬥。你需要為孩子們打氣加油，而不是試圖管理或利用他們的成功。承認他們的勝利而不是督促他們去做更多。不要和你的朋友們談論它。忍受不被喜歡和感覺不再被愛。即使在這繁忙的時期，也要賺取自己的社會資本，如此能得到孩子的敬佩。並且始終維持足以讓你們彼此交談和聆聽的情感溫度。

沒有其他的人生階段，父母和孩子之間的談話會更加困難。就算是嬰兒也更善於聆聽父母試圖溝通的內容以及聽他們的訊息。與青少年交談完全沒有與成年人所定義的對話有相似之處。小小的對話成功都是一種勝利。即使你嚴格遵守我在這些章節中提出的每一條建議，你仍然像是坐在失速的列車中，這絕對是正常的。如果它一點也沒出錯，那一定是哪裡出了問題。

## 噢，你將要去的地方

所有來找我的青少年的父母親，都在尋找一條能回到更快樂日子的路線圖，以及期盼能繞過混合著悲傷和恐怖這條正常途徑。他們遭受失去心愛之人（我的寶貝！我的兄弟！我的小美人！）和失去控制（「你想睡在莫莉家？誰是莫莉？抱歉，但我們不認識她的父母。」）的心碎。他們的夜晚充滿了腦內劇場（色情簡訊！性！開車時發訊息而結束生命！）。伴隨所有這些擔心而來的是更多的失去：即使你可以預想車上貼著一張特大號貼紙，上面傳播著家庭的成就，這個孩子仍正在前往她所屬的地方。他現在很嚇人，但是他將會離你而去。

你從嬰兒時期開始養育的小精靈或小仙女已經不再可愛和令人想擁抱，但青少年可以給予你其他的禮物。他們對某些樂隊、時尚、食物和目標的瘋狂熱愛；他們卓越或令人尷尬的幽默感；他們的創造力；他們對自己最好的朋友和隊友的熱愛——這一切都可以激勵那些養育他們的成年人。

我有時會告訴父母：「你的青少年是偽裝的守護靈。」如果他們看起來充滿疑惑。我會解釋在傳統文化中，守護靈的任務是幫助人們從一個意識程度進化到下一個，它們開啟我們可能從未實現過的潛力。你的青少年是唯一有能力讓你幾乎精疲力竭，但也會讓你謙恭、更加自我覺察和擁有一些真實智慧的人。經歷孩子青春期這段充滿危險的人生大事，你不會得到正式的表彰。不過如果你夠幸運，有一天你會得到一個充滿愛和通情達理的年輕男人或女人的陪伴。

與青少年交談將仰賴你到目前為止所培養出的原則和策略，但新的雙人舞需要精熟你還不熟悉的步驟。從對孩子迷人之處的陶醉，漸漸發展成對青少年熱情且變化萬千世界的欣賞。把尊重孩子的界線和個性的學習，漸漸轉變成為一種可以用更少的恐懼和更多的平靜與青少年分離的能力。一如既往，你必須提醒自己，今日只是一張快照，並不是你孩子人生的史詩電影。青少年所說的話並非針對個人、永久或具可預測性，所以請放輕鬆並欣賞這場表演。這場表演短暫且座位有限。

## 一段長期過渡的現代壓力

對於青少年及其父母來說，分離的心理歷程一直是一條崎嶇不平的道路，但今日的爸爸媽媽們卻面臨著額外的壓力。在我所看到的父母中，額外的壓力包括擔憂科技和社群媒體對孩子的影響，以及對孩子的未來感到憂慮，尤其是他們是否能夠過好生活以及建立一個充滿愛和穩定互助網的能力。這些壓力導致一些父母更加依戀著他們的青少年。一位母親描述那感覺就像是她有一隻幻肢，當她的女兒離家前往大學時就會產生明顯的疼痛。

父母的焦慮在申請大學的準備過程中找到了一個宣洩出口。自九年級前到高中之間的時光，為了提高孩子學業成就所做的努力勝過了父母與子女的溝通與交流，使得那些年成為了人質。相對不那麼明顯的是，大學錄取的競賽也為父母拒絕放手（經常是無意識的）提供了藉口。

讓我們簡潔地拆解每個元素，如果你意識到這可能是會影響你與青少年談話的力量，就像是安裝了自動暫停按鈕一樣。在你講話之前，你可以多花個幾秒做出選擇。

## 正常的青少年時期分離

在所有時代，青少年的發展職責是與他或她的父母分離、嘗試不同的身分，並加入一個部落。幾乎每個文化都有圍繞著這段時期的儀式。它們通常發生在青春期，當男孩被拉離該團體的女性並與男性並排；而女性已經準備好接受婚姻和生育。在過去，青少年的生理、情感和認知成熟度為他們提供了與他們生活需求相匹配的資源。男孩們獲得了打獵和保護族群所需的體力和勇氣；女孩們發展出荷爾蒙和情感能力的正確平衡以與配偶連結、生育和照顧她們的小孩。部落或社群受益於這些成熟青年的新特質。

分離是正常發展的一個階段，但時間上並沒有與我們現代延長版的青春期相符。在西方文化中，與通往成年期相關的儀式包含——男孩和女孩的猶太成人禮、拉美成人禮、堅信禮、十六歲生日成年禮——這些皆是一種宗教或社交的場合，不必然代表孩子要在責任或期待上發生改變的信號。真正的分離是如考取駕駛執照、找到工作、高中畢業、就讀大學和從軍等事件。即使許多青少年考取駕照的年齡已經從十六歲上升到十八歲，但是他們還是會被鼓勵由父母開車接送，或者是搭乘計程車，而不是自己開車。

無論父母的願望或文化的要求為何，正常分離的發展將始於孩子進入青春期，以今天來看，相當於九到十一歲之間。最初的特徵是從對父母的忠誠轉變為對同儕群體的前青少年期。一群緊密的朋友是依賴爸媽和更成熟的個體身分之間的橋梁。青春期早期使女孩和男孩處於交配的模式，為這段過渡時期增添了更多的緊張。

分離的另一個信號是青少年樂於冒險。青少年不是未察覺風險；他們是喜歡它並主動尋找機會去挑戰極限。研究人員推測，冒險的吸引力有助於青少年與父母分離。這實際上有利於現代家庭：如果孩子們在父母和青少年法律的保護傘下冒險，他們的名譽或福利只會有輕微損害（希望如此），這樣當他們離開家時，就已經擁有了一些世俗的經驗。

當青少年與父母親處在分離階段時，相關的陳舊但合理的抱怨是男孩們退縮了，而女孩們則需要與母親奮戰以扒出一條自由之路。這一切都很正常。

## 數位時代額外增加了分離的難度

隨著孩子們成為青少年，科技帶來的福與禍產生了巨大的變化。在前青少年晚期，許多人可以自由地探索網路世界。這使他們暴露於社群媒體、色情和可疑的娛樂消遣，卻也為創造力和學習提供了無限的機會。在青少年的行程安排充滿學校和課外活動的時候，網際網路可能是他們唯一能在沒有父母監督的情況下自由漫遊的地方。擔憂的父母喜歡讓青少年安全地待在他們的臥室裡，那邊他們只會承擔虛擬而非現實世界中的風險。但這剝奪了青少年獲得街頭智慧、犯錯、面對後果和在下次能重新調整他們行為的機會。自我控制能夠保護你的大學新鮮人免受校園生活混戰的影響。

父母可能會堅持虛擬世界的犯錯已具足夠的「教育意義」，但絕大多數這樣的錯誤（她給男朋友傳了一張她的胸部照片！）比父母所擔心的長期不良影響來得更少。電腦上的冒險無法替代青少年透過與人們、城市街道、公園、天氣、公共運輸以及立體世界的其他事物進行互動而獲得的體驗。

手機是青少年正常分離的另一個障礙。這些攜帶裝置讓父母可以追踪他們青少年的行動、監視並持續干涉他們的生活。而追蹤的作用是雙向運行的：一位三個孩子的父親抱怨說，原本為了監視而安裝在女兒手機上的「friend finder」應用程式，反而被孩子們用來監視自己。「他們知道我是在商店還是在工作；他們知道我是否正在回家的路上。他們追捕我並傳簡訊給我和要求我買東西。我完全無所遁形。」

## 大學的構成要素

如果父母可以經由手機全面入侵青少年的生活，為什麼這些孩子不反抗呢，如同人類歷史悠久的傳統一樣？他們有，只是不公開。他們太害怕公然造反了，因為一直以來他們都被灌輸一個迷思，除非進入好的大學，否則他們注定失敗。當一位來自北卡羅來納州的青少年說：「我的父母認為如果沒進入北卡羅來納大學教堂山分校的話，就成了遊民。」他並不是在開玩笑。孩子們被告知大學錄取的道路過於複雜和令人擔憂，他們無法獨自面對，而在大多數情況下，這的確是真實的現象。

大學準備和申請的雙重挑戰緩解了父母許多的分離問題。父母和青少年共同分享著一個崇高的目標：戰勝青少年的學業、社交和體育方面的困難，並且擠入頂級大學的窄門。父母和孩子投入大量心力在網站和申請表上；與家教和專家會面；拜訪大學校園。父母有四到六年的時間緊密參與孩子的生活，但強迫團隊合作也阻礙或扭曲了青少年正常的分離過程。

既然與父母分離是青少年的主要目標，因此當你問自己：「接近我的青少年的最好方法是什麼？我們在爭吵什麼？我們應該要談什麼？」這些問題時，阻礙孩子與你分離的現代因素必須時刻謹記在你的心裡。

## 與青少年交談的基本要點

貫穿整個青少年時期，你的目標不是做你孩子的朋友。你不能表現得很酷，因為當他們要與你分離時，他們不能認為你很酷。你的角色是要表現出一個爽朗、不諳時髦的權威形象，你可以藉由維持開放的風氣、熱情但不裝腔作勢的好奇去鼓勵孩子與你對話。邀請你疲倦、小心翼翼的青少年談話，不是仰賴你的魅力，而是讓自己可以被他的迷人之處所吸引。假裝你的兒子是來自哈薩克的交換學生，或是你的女兒是從遙遠國家前來家裡拜訪的姪女。學習他們遙遠文化令人著迷的習俗。在你做出任何假設、評斷或嘗試糾正前先聆聽直到你瞭解。

關鍵因素是克制。你平靜的語氣，平坦的節奏和放鬆的臉部表情會帶來信任，所以會招來坦率和表達。學習聆聽你自己的聲音——上升的音高比起大吼大叫更為常見，而且無論你使用的文字多麼經過深思熟慮，緊張或生氣的聲音傳遞給青少年的訊號是你缺乏說服力。這會馬上打開爭論和反抗的大門。

青少年感知環境的方式與成年人不同。他們大腦的迴路正在進化；研究使用功能性大腦影像，顯示青少年對於帶有情緒的狀況和影像的反應較孩童或成人更強烈。他們對於憤怒和厭惡的臉部表情尤其敏感。他們的荷爾蒙系統正在變化，而這一點已並被證實會影響到他們對壓力的反應。由於這些原因，你的青少年可能會將有點惱火的語氣認為是吼叫或命令；將轉動眼球或聳肩視為輕蔑或憤怒。這些全部都與青少年正在發展的大腦和身體有關，而且可能你完全沒有那個意思。然而，孩子們不總是錯的：青少年可以敏銳的察覺出情緒的弦外之音。當你的臉部表情、姿勢或語氣與你說的話不相符時，他們相信非語言的表達勝過你說出口的話。

保持和平的最佳方式為控制你表達時的姿態。參考總是表現出令人安心的非口語溝通專家：酒保、美髮師、飯店的門房。當你的情緒基本上充滿著焦慮時，這種表演挑戰可能難以實行，但這是必要的技巧。如果你希望青少年率直地與你談話，你必須在他們激動的生活中，扮演安全和平靜的港灣。

一旦你的孩子進入青春期，你溝通的方式就會開始轉變。前青少年期是一個組合包：毫不掩飾的自戀者，同時也殘酷的自我批評，並且因為自己的存在而感到困窘。他們保持酷酷的外表以隱藏他們的熱情、羞恥和謙卑。一位甜美的十三歲女孩，當她與媽媽在街上散步時，她喜歡牽著媽媽的手，但是只要看見任何其他的青少年——即使她不認識——她都會立刻低語「放手！」這是她媽媽在父母／青少年溝通課堂上要學習的第一課：不要以為是針對自己。

牢記這些基本的原則：

- 承認並接受你的青少年孩子的生氣、擔心或難過，不要試圖修正它。你可以說：「那聽起來很困難」或「你感到失望」或「你想要怎麼辦呢？」而不是「我今晚會打給教練！」

- 對你自己科技產品的鈴聲短暫失聰。與你的青少年交談時，不要理會你的電話和簡訊鈴聲。認清你和你的孩子都渴望從困惑或尷尬的對話中得到救贖。
- 保持你的規則清單簡單卻精實。
- 考慮將你的青少年提出的建議做為替代辦法。
- 如果他們用嗤之以鼻或猛烈抨擊你們之間的對話，然後轉身離開做為溝通的結束，不要跟隨。
- 讓他們擁有最後的發言權，即使你會因為相同的行為而被你的爸爸禁足。
- 如果你表現出抓狂的情緒，它會暗示你的青少年不用容忍挫折。

## 我們想要什麼？自由！我們何時想要？現在！

驅動大部分與青少年之間對話的引擎是他們對自由的渴望以及你想保護他們的本能。幽默和輕觸將促進這趟航行。關於規則和義務，你的態度務必和藹、一致：「沒錯，這是規定。我知道你的朋友沒有。」如果你保持一致，他們不會測試你的底線。這意味著關於一些像是準時接送他們的事情，你不僅要遵守承諾，還要持續可以被預期（即使他們無法被預測）。

不要試圖用邏輯、證據或勸說去贏過青少年的論點。即使他們瞭解你的觀點，但是這並不值得他們喪失權力，所以他們必須堅持：「這樣完全不公平。你正在毀了我的人生。我朋友的父母，沒有任何一個人（以下自行填空）！」還有不要過度解釋。青少年男孩的注意力廣度有限，而女孩會惱羞成怒，或把你的解釋當成可利用的爭論素材。相反地，以實事求是和公正的方式去述說自由度的提升如何根基於負責任的證據之上：

「這個學期，如果你的確有準時回家，我們會考慮在春假期間將你的門禁時間延後。」

「我們試試看這樣做。我們會檢核你從現在開始一個月後的成績。如果老師沒有提及缺乏準備或逾期或忘了交作業，我會停止嘮叨你關於期限和作業的事情。我甚至不會提到回家功課，除非你提起。但是如果你想討論策略，隨時可以找我。可以嗎？」

許多青少年違反規則的原因是為了不要在同儕面前丟臉，所以你可以提供自己做為藉口：「媽媽和我不介意成為壞人。告訴你的朋友：『我媽如果聞到我身上有菸味，她會殺了我』或『我爸爸會罰我禁足六個月。』」

你也可以隨口建議其他為了做出負責任的行為的正當理由。即使青少年們好像沒有在聽，但是他們其實有。如果你讓他們穿戴監聽器，你就可以聽見你曾說過的話。例如：他們可能會告訴朋友：「我這一季要參加籃球比賽，這就是為什麼我現在不喝酒精飲料。」運動練習是個巧妙迴避任何情況的方便理由；還有團體活動的彩排，像是戲劇、樂團或辯論隊，以及工作的承諾，例如當保姆等也都是很好的藉口。針對年紀較輕的青少年，你可以用角色扮演去練習這些對話。此外，你可以總是對一個簡訊密碼做出反應——例如，簡訊傳來「Q」——表示非緊急情況，但是需要你立刻回家。到時再解釋。

## 需要避免的幾個陷阱

某些父母的舉動會使青少年怨恨或產生事與願違的效果，導致更多衝突。只要可能，請避開這些行為。

### 不要在他們的朋友面前斥責他們

當你必須立刻表達出自己的不滿時（如：他們在其他人面前對你表現出無法讓人接受的無禮行為），告訴他們：「你和我之後要談一談這件事。」如果他們持續刺激你，嚴厲地說：「討論結束。」

### 不要為了贏回親密而過度分享你的生活，或是八卦你或他們的朋友

處理他們本身的情緒和社交生活已經夠困難了。

### 不要拿他們與自己的手足或朋友做比較

克制自己，不要說出類似這樣的話：「羅夢娜在回家前，特地來找我，為了在我們家住一晚跟我道謝。但是你在我進家門時，連看都不看我一眼。」

## 不要批評他們的朋友或愛戀對象

當你孩子還小時，對付他可疑好友的方法用在青少年身上會更有效：與你的敵人保持緊密關係。與其直接點出你女兒的男朋友什麼地方不好，邀請他來家裡吃晚餐。回報則是看到她自己獲得新的觀點，讓你可以放心地說：「噢，真的嗎？對，我瞭解你的意思。他太常自誇了。」

## 不要在提供物品或服務後才發牢騷

無論是幫他們洗衣服、做他們深夜的司機或代訂外帶披薩，要做就要心甘情願，否則不要幫他們做。避免使自己成為一位殉道者。學習對孩子說不，同時不感覺內疚。

## 不要保證會保守祕密，不對父母另一方透露

如果青少年說：「媽，我要告訴你一件大事。你要保證不告訴爸爸，」你可以回應：「我永遠不會做那種保證，但是我希望你相信我的判斷力。」父母間的忠誠度（無論是否離婚）對青少年的心理平和非常重要。青少年最終可能仍舊會對你傾訴祕密。

## 如果他們晚歸十分鐘，不要說任何話

青少年可以宣示他們獨立自主的方式很少。如果他們只比規定的時間晚回來一點，友善地說「嗨」去歡迎他們，不要帶著潛在的憤怒語氣或上揚的眉毛。

## 聆聽青少年的藝術

當你真的、真的非常想說話時，聆聽任何人說話都需要練習折磨人的保持安靜和專注。大多數家庭的忙亂時間表，替聆聽青少年說話增添了額外的障礙。無論你正在等待八卦消息或試著擷取幾條富資訊性的句子都需要花些時間，所以將其納入你的策略。聆聽時不要為自己辯護、糾正錯誤的認知或道歉。聆聽直到你理解孩子的觀點，不要急於決定是否正確。記住，聆聽不表示同意。

你和你的孩子在野心、經驗或街頭智慧上都不相等。你希望維持親密；他們想要獨立。當你聆聽時，將青少年的虛假和操弄視為他們笨拙的分離踏腳石。遏制任何想揭發（和羞辱）他們顯而易見的藉口或膚淺的反射性道歉的衝動。當他們試圖裝傻時，父母很容易出現防禦心，但是你要保持沉默，讓他們說完自己想說的話（「媽、爸，如果我知道你們會生氣。我絕對不會……」）。如同他們多希望你是個傻瓜一樣，他們知道你不是。不過他們的工作就是試圖擺脫這些事物。所以不要對他們說的話照單全收，也不要針對他們敘述方面的瑕疵反擊回去。

透過提出證據去強調你是一位認真聆聽者的名譽。記得他們的朋友或對手的名字，並且談到他們曾經告訴過你的特殊情況（「這提醒我那次你和賽巴斯汀走完整個金門公園」）。如果某次對話提供你機會，你可以提到他們曾與你分享過的信念，例如：關於不公平的行為與因果輪迴。不要使用這些信念做為青少年的雙重標準或你的智商高他一等的證據，而是你之前有聆聽並且認為他或她說過的話重要到足以記住的證明——而那就是你再次專注聆聽的表現。

你沒有必要在一段對話中，聆聽完馬上做出回應。你可以先保留自己的意見。這樣做有其困難度，因為青少年們很堅持，而且他們的社交生活是流動的。他們現在就想要答案！暫停這個討論，你可能不只得罪你的孩子，還有可能觸怒一大群憤怒的青少年以及他們規則更寬鬆的父母們。但是這些都不要緊。如果你需要時間去衡量，就花時間吧。你可以提醒自己——你是在做一個良好的榜樣——以強化自己的信心。當你的孩子在同儕的壓力下，被同儕要求「快點拿起來……做啊……抓住那個東西，」她可能會憶起你的延宕反應，並且說：「我需要一些時間仔細思考。」

最後，與聆聽同樣關鍵的是那件事不總是恰當的。有時候，你只能說不行。「沒有人可以去 Lollapalooza 音樂節。沒有人。我們也沒有辦法去。」

## 上了年紀的吼叫者（那就是你）

我發現自己與父母談論羞恥和內疚感覺的頻率遠比跟青少年討論時來得更多。原因是什麼呢？因為他們對自己的孩子吼叫。大多時候，我會說一些類似「還有什麼新的問題嗎？你是今天第三位坐在這張沙發上，表達出相同懺悔的家長」這樣的話。

為什麼父母會因為青少年令自己生氣而抓狂，然後懷恨在心，姑且相信他們，可是下一次甚至更加地生氣呢？為什麼父母因為如此而感覺自己糟透了，不過卻無法停止呢？相較於年幼的孩子，父母對待青少年時，更容易失去冷靜，因為他們替孩子感到害怕，同時也害怕孩子。

當信任和連結的繩索感覺如此纖細，你就很難督促自己進一步面對青少年孩子的惡行、切斷他的資金或自由，或是說出任何可能會令他生你的氣的事情。媽媽不想成為那種失去控制的尖叫者。爸爸不想成為不尊重女性或霸凌一個男孩的人。不過，因為你是父母，不是一位兒童心理學家或危機諮商師，你將無可避免地喪失你的冷靜。

令你感到恐懼的是，它可能感覺很棒！生氣感覺比起難過、絕望或無能為力更能振奮人心。正當的憤怒會掩蓋所有的悲傷（關於你的孩子長大，而你變老），使你感覺較不痛苦。當這種情況發生時，試著在那天結束前，對孩子道歉。不要為自己辯解，你可以說：「我很抱歉那樣說話。因為我太在乎而且想要（保護你的安全、說服你離開困境或任何其他具體的問題），所以我脫口說出一些違心之論。在我仔細思考過後，我最後說出的那些話既不正確也不公平。」

偶爾發脾氣不是讓你迴避糾正青少年孩子這個任務的理由。我告訴父母：「這是你的職責。你的孩子超級聰明但又愚蠢，他們會做些狡猾和危險的事情，需要你去矯正和引導他們。你成長的家裡面沒有人是外交大師，所以你需要邊做邊學。」可能有些人是由善於表達、說話溫柔、公平和直率的父母所養育，但是我還沒遇過任何這樣的孩子。因此無論你是否保持冷靜，請堅持下去。

## 簡訊：陷阱或珍寶

簡訊使青少年有一個安全的管道去打招呼、分享感覺、詢問尷尬的問題或承認過錯。相較於面對面對話，距離造就了更真誠且有趣的溝通，可以用來傳遞開心的消息。

「瑪蒂奧的家人希望我這個暑假，再次跟他們一起去猶他州玩！」

「誰被選為牛仔競技盛會的代表？誰獲得了美金一千元的大學獎學金？？？我！我和凱蒂！我們成功了，媽！」

針對喜悅簡訊的最好反應是什麼？一系列單純豎起大拇指或五彩紙屑或閃亮星星的表情符號就可以輕易取代「哪裡」和「何時」的問題。其他可以等到時間更充裕的時候當面聊聊，同時包括擁抱和歡呼以及蒐集必要的細節。

然而——我在諮商室這個神聖的空間裡面，看見一種趨勢的上升——對父母而言，每一則簡訊皆代表一次可能的求救訊號。為了以防萬一，勢必要一瞥簡訊的內容。父母變得像介於911救難人員和任務兔子（Task Rabbit）[15]之間的身分。只有一小部分的青少年，其傳遞的簡訊真的非常緊急，但是要判斷哪些人需要父母立即的協助是件挑戰，因為（即使伴隨表情符號）你無法聽見孩子的語氣。你無法看見他們的臉部表情。你無法分辨他們是被食物噎住或只是拋出一

15 譯註：Task Rabbit 是一個任務發布和認領形式的社群網站。

個心情上的顧慮，使自己可以安心地繼續他們一天的生活。所以除非他們的簡訊內容文情並茂，否則它缺乏了當下的情境。

一個年輕人要成為一位有自信且口齒清晰的溝通者最可靠的方式為談話，特別是與成年人交談。傳簡訊給父母使得避免這種互動變得過於簡單。我一位客戶的兒子，他是開車的新手，發現自己要加油時，不知道該如何打開油箱。他第一時間不是選擇詢問周圍的他人，而是發送訊息給媽媽，她當時正在與我會談。她很自然地回撥電話給他，並且告訴他該怎麼做。

我所認識最具生產力和自信的青少年及成人在開車、開會或進行一項需要專心的作業時都會關機或忽略手機的簡訊鈴聲。如果你認為青少年獨立性的提高需要長期的累積，我鼓勵你在回覆一則看似擔心或疑惑的簡訊前，先等待個幾分鐘或半個小時，即使當下你有空。這段空檔將給予你的青少年從飆升的焦慮中回復的機會，或是激勵他去尋找必要的協助或資訊。（而且記住他們回應你的簡訊時間可以拖到十五分鐘以上或已讀不回，但卻完全不會感到愧疚。）

對大多數的家長來說，一項更艱難的行為調整是減少自己發送簡訊。我建議父母在傳送簡訊給孩子前先暫停，並且問問自己：「這可以等嗎？媽媽或爸爸打擾她，對她的獨立、隱私、社交和學業生活會造成什麼影響呢？」沒錯，這個忠告很有效。你只是需要一點資訊，而且你知道現在是她的午餐時間。但是你不知道她此刻在做什麼。她正在與人調情嗎？她正在安慰一位父母親剛離婚的朋友嗎？她正在與老師談話嗎？她是否正在思考、釐清某些事情，或是享受你打算要干擾的白日夢時光呢？

與其提供父母一套關於簡訊的嚴格規範，我建議他們以家庭的公民權去看待它。當孩子們發送一則簡訊給你，他們可能打擾到你，反之亦然。所以家人可以討論一天之中哪些狀況適合發送簡訊。最基本的標準是「這件事可以等到我們面對面再說嗎？」如果確實不行，盡量保持訊息的簡短和真實：「你何時需要我去接你？」包含愈少情緒愈好。

這些準則不適用於青少年發送的簡訊是想溝通過於內心的想法或難以當面述說的問題。在這些情況下，家長們可以立即謹慎地回應，同時仍然保持回應的簡短（部分原因是由於沒有任何數位溝通的隱私值得信賴）。訊息內容可以包含感謝孩子的告知，並且計畫之後的當面對話：「謝謝你告訴我。今晚聊一聊嗎？愛你。」如此一來可以避免我經常看見的情況，瘋狂地來回傳送訊息，青少年懇求或甜言蜜語；父母疲倦不堪和投降。

關於簡訊的最後一個注意事項：不要將自己逼至絕境。簡訊是「你可以不代表你應該」這個原則的最佳範例。瘋狂地發送訊息會使自己衝動地反應，而沒有經過深思（關於這個請求、指責或資訊讓你感覺如何）及調查（證實或駁斥你直覺的事實）。

## 遺失的對話：追求大學的副作用

一位十五歲的女孩告訴我：「和我媽之間的對話都像是名人的專訪或警方的審問。」青少年需要生理和情感上的空間。他們需要非結構化、成人禁止的時間去探索自己多彩多姿的內心世界以及外在世界。今日的青少年也需要學習如何清楚表達自己心裡的想法。從正式的研究和雇主的非正式回饋，有一個現象變得日益明顯，這個世代比起當面溝通，使用簡訊或網路溝通表現更佳。學習從容不迫和自信的談話是一種技巧，絕對能讓你的孩子未來處於優勢。不過如果你們所有交談的內容都與學校有關，那麼這些對話將充滿緊張和壓迫感。青少年們將保留自己真正在意的事情，關閉了與一位樂意的成年人一同深入研究自己複雜想法和感覺的機會。

我在諮商以及參觀各級公私立學校時會談的家庭之中，某些顯現出的模式與家長執著於學業表現和大學申請直接相關。考試準備、測驗分數、哪一所學校、多少人——不間斷地追求這些東西替雙方深入、真誠、愉快的對話創造了摩擦和劫持的機會。它劇烈降低了父母與孩子之間對話的品質。

我的青少年患者對這種壓力的反應是變得像個小小精神分析者一樣，他們能夠仔細分析父母親的每一個皺眉和嘆氣。不過若詢問關於他們自己的事情，他們就會轉換為有禮貌的工作面談模式，既正式又防衛。像是撲克牌玩家避免被看透般，他們不敢顯露出自己可能的熱情或短暫的興趣，唯恐他們的父母會察覺到這些然後加以利用（「你應該用那個長處去達成一些事情！」）。我想起一位十五歲的男孩，他的媽媽載他來跟我會面。媽媽離開諮商室後，他仍然習慣靠近我，小聲地說：「你知道嗎？我正在寫一齣劇本。」

許多青少年因為他們的父母需要如此多的情感關心而失去了自我。有些人（通常是男孩）會罷工、拒絕學習或交還作業。這是工會組織者所謂的「惡意順從」：他們有出席，但是卻不工作。其他人則是永遠保持戒備，並且受到父母對地位和安全感需求的控制，他們不快樂的過度工作，甚至是表演過火（競爭性的運動與／或瘋狂的社交活動）直到他們的身體和精神都遭到破壞。我希望這些現象只是微妙的異常值，但卻是我在執業過程中觀察到正迅速變成一種常態的趨勢。

在忙於申請大學之際，父母犧牲了觀察孩子逐步發展的機會。他們可能會認為自己瞭解他們的兒子或女兒，因為他們為了進階先修課程和社區服務的點數一起進行腦力激盪，但其實他們低估了他們的守護靈。在父母的偵測雷達之外，青少年們舉辦後院音樂會、拍照、創作網路節目、利用他們在房子周邊種植的啤酒花製成啤酒。他們可以從網路上學到任何東西，所以他們追隨自己的興趣，並且發展出複雜的技巧和社群。安全感足夠的父母可以欣賞這場遊行，不會加以評斷或過度參與其中，並且認同自我表達不是浪費時間。帶著同情心與孩子分離是鼓勵青少年探索自我的絕佳方式。

「父母們在許多錯誤發生前就試圖修正它們。讓我們享受失敗，這樣我們才能進步！請讓我失敗一次」一位十二歲男孩的真實感嘆。另一位說：「我才剛要開始暖身以找出我可以做什麼」；一位十四歲的女孩當她講述這段對話時，反應出了其他許多人的挫折：「我跟我媽說：『我討厭我的朋友們抱怨分數只有B。他們覺得自己的生活完蛋了，』然後我媽說：『為什麼你不會學學人家呢？』」

## 馴服大學的主題

陷入大學競賽的家庭不會看見它如何令他們的孩子感到恥辱和恐懼（如果他們沒有順利進入「正確的」學校），以及對所有時間皆花在考試準備上的憤慨，因為考試強調的謀略和記憶力凌駕於智力深度之上。本著減少不必要的痛苦和保護學生的高中生涯免於被未來願景所劫持的精神，父母應該帶頭保持大學競賽的理智和實際。

因為你們社區中的同儕很可能都會感染這種病毒，所以你可以透過閱讀關於發展過熱的資格競賽所付出的財經、心靈和道德的代價去取得不同的觀點。例如：耶魯大學教授威廉・德雷西維茲（William Deresiewicz）所著的《優秀的綿羊：耶魯教授給二十歲自己的一封信，如何打破教育體制的限制，活出自己的人生》（*Excellent Sheep: The Miseducation of the American Elite and the Way to a Meaningful Life*），以及法蘭克・布魯尼（Frank Bruni）的《不讀名校，人生更好：求學態度、選擇專業，對孩子的未來人生真正重要的事》（*Where You Go Is Not Who You'll Be: An Antidote to the College Admissions Mania*）。

為了準備關於選擇大學的對話，睜開雙眼看清楚你面前的孩子。思考以下列出的問題，這些並不在一般「準備與高中的大學顧問會面」的備忘錄中。

- 你的孩子五歲、六歲或七歲時喜歡做什麼呢？
- 在哪種類型的環境下，他似乎看起來放鬆又精神煥發？

- 你的孩子是否奮力爭取特定類型的學校以與他的手足競爭或做出區別？為了取悅你？為了惹你生氣？
- 他有對任何研究領域表現出興趣，但還未涉略過嗎？他曾經畫過哪部分的國家或世界呢？

當你與自己或孩子聊過幾次這些問題後，提供他一本可以幫助他調查自己興趣或愛好的書籍。它不一定要與大學有關；它可以是一本關於特定的州或城市或研究領域的書。網路上有如此多的大學資訊，而印刷書籍可以作為一種令人耳目一新的方式，讓人只專注於探究自己喜愛的那一面。它也象徵你支持他的個人熱情勝過學校的排名。如果他最後選擇了一些不在他願望清單上的學校，允許他去追求（如果經濟負擔得起）但是請他注意申請費用。

參觀學校時，永遠先等待你孩子的反應，再提出你的意見。留意她對校園展現出的直覺反應。我的小女兒有一次經驗：她描述我們參觀的一所學校裡面的學生好像「太開心」，而另一所的學生「太難過」。當我們參觀了她未來的母校半個小時後，她說：「媽，這裡是我的家。」

提醒你的青少年，申請上每個學校都涉及運氣或內部遊戲的元素（如：父母的地位、影響力或財力）。關於轉學率的統計數字可以減輕一位青少年的沮喪或擔憂——三分之一的大學生在畢業前會轉學進入另一所學校。你的孩子最終可能不一定會喜愛他就讀的大學，但是如果他不喜歡，他總是可以轉學。

對學生而言，決定申請哪些大學、等待消息和被接受或拒絕就像在公眾場合裸體約會，然後被甩了一樣。這尤其困難，因為成功與否似乎許多是依靠他們的決定，然而，他們太年輕，無法真正瞭解自己。你的成年人觀點和明事理的程度是他們身處在這場颶風時的靠山。

最後也是最重要的一點：讓餐桌成為大學禁止的空間。你已經建立了用餐時間不准使用手機的家庭規則；現在再加入關於大學的規定，然後看看你們之間的對話會如何拓展到更多樣且有趣的領域。如此一來，也可以限制較年的幼手足感受到連帶擔憂，他們只需要經歷自己申請大學時的煩惱就夠了。

## 缺少的環節可能是睡眠

緊接著大學申請狂熱而來的是缺乏睡眠，對於父母和青少年間的關係具有最被忽略的不利影響。父母們時常將青少年睡眠被剝奪所產生的結果誤認為是情緒障礙、注意力缺失或記憶損傷。當一個青少年的性情或生產力發生巨變，或是每次的對話都會轉變成一次爭吵時，恐慌的家長們就會出現在我的辦公室。我最先會詢問的其中一個問題就是關於睡眠。青少年平均需要九或十個小時的夜間睡眠。目前兒童與青少年的研究顯示，不良的睡眠習慣與焦慮、憂鬱、衝動行為的增加和學業表現的退步有關。

一晚只需要閉上雙眼幾個小時已經變成一種時間管理的策略和青少年之間的榮譽獎章。訪談學生睡眠的時數，讓我想起海軍的海豹突擊隊或陸軍突擊隊。一位學生清醒地說：「我睡十個小時」，但是其他人則報告：「我睡六個小時」、「我睡四個小時」、「我從來都沒有睡飽，永遠都是這樣！」

對於成人，睡眠可以藉由讓身體有效地處理碳水化合物去預防體重過度增加；強化免疫和心血管系統；並且保護自己免受憂鬱和易怒的困擾。全部都會帶來好的且值得的結果。對於青少年，他們的生理仍然在發展，而且持續在建造維持終身的神經路徑，睡眠可以帶來最大的益處。一個例子：睡眠期間，海馬迴（大腦的記憶中心）的電子訊號會反轉它們的方向，往回走去「編輯」那天輸入的非必要資訊，然後調整突觸，這樣它們隔天可以吸收新資訊吸收得更好。這對於仍然在成長，並且負荷大量學習工作的青少年而言非常重要。睡眠也可以促進運動表現時的反應時間。它的的確確更新了青少年的心理、身體和精神狀態。

成人的研究顯示當一般通常睡七到八小時的人們，將睡眠時間減少為五或六小時後，他們最終會相信自己適應了較少的睡眠時數。但是賓州大學（University of Pennsylvania）的睡眠研究者——菲利浦．耶爾曼（Philip Gehrman）指出「如果你檢視他們實際心智警醒度和表現測驗的結果，他們持續每況愈下。所以關於睡眠剝奪，我們常忘了提及我們會受到怎樣的損害。」

判斷青少年休息夠不夠的一種方法是透過他們感冒的頻率，因為睡眠被剝奪的人們更容易罹患疾病。如果你的青少年睡得很少，而且時常生病，你們應該討論哪些活動可以減少。他們可能會堅持，因為他們不清楚自己已經受損的多麼嚴重。經由嘗試錯誤，找出一個方式做些調整。如同成人一般，有些青少年是雲雀；有些是貓頭鷹，所以在與孩子一起設計睡眠時間表時要將這點列入考慮。

## 使一個不安的青少年平靜下來——並且知道何時需要認真處理問題

一般青少年的內心經常充斥著黑暗的情緒——羞恥、憤怒、絕望、無助。在這些時刻，你可能會設法盡量減少她失敗的感覺，並且提醒她過去曾經感受過的喜悅，同時保證她會再次感覺快樂。不過這不會有任何幫助，因為她思考的能力已經凍結。她無法擺脫難以忍受的現在，而去想像一個模糊的未來幸福輪廓又太抽象。

潔米・羅威（Jaime Lowe）在紐約時報上發表了一篇文章〈如何與一位絕望的陌生人交談〉（*How to Talk to a Stranger in Despair*），她訪問了危機談判專家瑪麗・鄧尼根（Mary Dunnigan）警官關於勸說意圖自殺的人離開高處的技巧。加入一些調整後，這些策略驚人地適用於與青少年溝通，幫助他們通過情緒的混亂期。關鍵在於保持對話的進行，即使你的孩子正做出可怕的威脅、滿腦子都是扭曲和不合理的假設或企圖製造大災難。試試看這些策略：

- 專注聆聽，不要打斷。
- 不要批評。
- 不要試圖用常理與她爭論她的恐懼。
- 不要在此時此刻試圖解決問題。
- 重複簡單、撫慰的短句，像是「我正在聽」、「唉呦！」、「那聽起來很不容易」。
- 說：「我們花個一分鐘，因為我想要確定自己是否瞭解。我想你是在說你的美術史老師偏心。還有更多嗎？」

- 溫和且嘗試提供更長遠的觀點。「他的課只上到春假之前，而且你永遠不需要再選他的課，對嗎？」
- 試著將青少年的注意力轉移到一個現在馬上可以處理的小問題或輕微不適上面。她餓了嗎？覺得全身髒兮兮嗎？沖個熱水澡會有幫助嗎？（鄧尼根警官說：「你必須讓他們感到寒冷和飢餓，這樣他們才不會一直想著自己內心的絕望。」）

偶爾（頻率不高）一個青少年會陷入嚴重的絕望或憂鬱。明白何時該擔心青少年比起年幼的孩子更加棘手，因為青少年是如此隱密。不過有一些跡象可以讓你知道是時候尋求專業人員的協助。

**他們較以往更常躲在自己的房間裡面嗎？**

所有青少年都喜歡待在自己的房間，但是如果你注意到時間急遽的上升，你可能需要更加注意他們的生活中有什麼事情正在發生。

**他們是否著迷於大量社群媒體或遊戲，他們大部分只是做個觀察者嗎？**

研究顯示這個行為傳達出較高憂鬱和焦慮的風險，因為青少年正在進行社交比較，卻又不使用這些網站與人交流。為了釐清這個問題，你需要謹慎地詢問他們的上網習慣，因為任何對他們來說重要的網站或應用程式都可能被你在無意間封鎖。仔細聆聽他們在網路上發現了什麼、遇見了誰還有他們在做什麼。這聽起來像是一個活躍的社群網站，令人感到興奮和符合孩子的興趣；還是你的孩子像是個被動的消費者？這一點可能無法明顯辨別。例如：男孩們喜歡從事一件令父母感到困惑的事為觀看他人打電動的影片。那是被動的，但是也很有趣，同時他正在學習新的遊戲策略。你可以總是用一種真誠、好奇的語氣詢問「你喜歡看……的原因是什麼呢？」

## 他們有參與課堂嗎？

有些學生總是較其他同學更願意發言和參與課程。要清楚孩子的行為是否改變或似乎心思在其他地方，需與她的一位或多位老師商談。

## 他們的成績有出現退步嗎？

孩子的成績顯著較以往退步可能是情緒苦惱的跡象，但是也可能代表學生的工作量過重。因為父母們如此在意孩子是否選擇了最進階的課程，所以孩子選修一門本身發展尚未準備好的課程是常見的情況。他們因而感到不知所措，同時又羞愧和害怕，因為他們也被父母洗腦了。這種壓力、羞愧和害怕可以導致憂鬱。

**他們退出了朋友圈嗎？**

國、高中學生轉換朋友圈是正常的，需要注意的是過度孤立。

**他們在年幼的手足或表（堂）兄弟姊妹和其他家庭成員身邊時的行為表現如何？**

你孩子仍然會表現出甜美的一面嗎，還是他或她變得冷漠、難以親近？

**有任何他們可能傷害自己的徵象嗎？**

女孩比男孩更容易發生這個問題。如果他們割傷自己，他們會在氣象預報說穿著輕薄服裝時，仍然穿著長袖、長褲或長裙。

**他們正在減重或執行極端飲食嗎？**

你將會發現體重減輕的證據，但是青少年會否認導致這個結果的原因。罹患飲食疾患的青少年總是告訴他們的父母：「我已經吃過了。」

**祖父母怎麼說？**

如果你的孩子與祖父母很親近，問問他們這張清單上的問題。可能他們有注意到（或你的孩子有向他們自首）某些你遺漏的跡象。

為了確定你的青少年是否能從心理師的諮商那邊受益，觀察他在多種環境下的行為，並且盡你可能取得與多觀察者的回饋愈好，但是不要過度打擾孩子的世界。如果不同面向的資訊形成令人不安的模式，你需要與一位青少年專家預約會面。首次會面你不必帶著你的兒子或女兒一起。只需要告訴治療師：「這是我們看到的。我們應該要擔心嗎？你想要與我孩子見面嗎？」

## 青少年希望他們的父母知道什麼

要演講或授課前，我經常會利用部分的下午去訪談一小群當地的國、高中生關於他們希望父母親知道些什麼。起初，他們的良好感覺、慷慨、幽默和見解會使我驚訝。現在我只是期待並且享受這個過程。在我們深入探討與青少年男孩和女孩交談的具體策略前，讓我們一起來看看如果有機會，這個國家各地的學生會跟家長說些什麼吧！

### 你的父母們擔憂著什麼他們不需要擔心的事情？

「他們認為壞成績會抹滅好成績。他們不明白當你評斷我們時，只是加成了同學、老師、大學招生人員和我們對自己的批評。」

「他們擔心，但是我早就開始擔心了。或是在我決定後，他們問我是否會擔心，『我就是想看看它會如何發展。』」

「他們期待我可以跟我哥哥一樣聰明。」

「他們問我太多問題。『你午餐和誰一起吃？你吃了什麼？告訴我早上八點到下午三點之間發生的每一件事。』」

「他們問：『你和誰在傳訊息？你們在傳什麼？』」

「他們認為你必須拯救整個達佛才能進入耶魯。」

## 你想要給父母的一句忠告是什麼？

「如果我請你檢查我的拼字，或許還有文法，不代表我想要你幫我重寫一次報告。」

「壓力和動機是不同的。」

「我的房間是我的神殿。」

「不要表現得像是任何時候都只有兩個位置：領先或落後。」

「只因為你曾經狂野過不代表我將會謀殺某人或讓某人懷孕。」

「請聽我說，而不是想著你接下來要說的事情。」

「詢問關於我的生活，不只是我的成績。說：『你好嗎？』」

「繼續從事你正在做的事情，但是請冷靜。」

（每所學校都有一個版本）「冷靜、放鬆一下！」

**你父母做過最甜蜜而且他們可能不知道你很感激的事情是什麼？**

「當我最愛的冰淇淋出現在冷凍庫中。」

「我爸爸和我一起看《陰屍路》（*The Walking Dead*）和《蓋酷家庭》（*Family Guy*）。」

一個嬌小的六年級女孩紅著臉說：「我說的事情聽起來很無趣，但是我非常喜歡爸爸晚歸時，幫我把被子蓋得再更緊一些，就算我已經蓋好了。」

「當我媽媽跟我說關於這個世界而非大學的事情。」

「她在考試前傳簡訊給我：祝好運，我愛你；不是考完後傳簡訊問：考得如何？」

「媽媽給我的小驚喜，像是一個形狀像煎餅，並且散發出煎餅香味的戒指。」

「爸跟媽說：『讓他自己來吧。』」

# 第7章　來自哈薩克的交換學生：青少年男孩

「沒有人愛我，只有我母親，不過她也會批評我。」——比．比．金（B.B.King）歌曲*Nobody Loves Me but My Mother*

他笨拙的腳印沿著情境喜劇、電影、部落格和漫畫前進。從十三歲到大學入學，他一直避免直接與成人交談，特別是他的父母。任何自願言論的主題都是侷限的：滑板腳跟翻板、他完全原創的《部落衝突》（*Clash of Clans*）[16]策略、嘻哈歌詞的情感宣洩和真理。要得到他直接的答案幾乎是不可能的任務；解讀隱藏在他含糊的個人笑話和俚語中的訊息是艱難的工作。而收穫呢？很可能只是得到另一個藉口或拒絕，以及在他緊閉的房門背後，聽到他大吼說出的謊言。

這種刻板印象看起來似乎很諷刺，但它是基於科學：正常孩子的神經生理發展。隨著一個

16　譯註：一款電玩遊戲的名稱。

男孩長得更高，他對父母的敬重會萎縮。為什麼世界上最棒的爸爸會轉變成無理的暴君？最甜美的媽媽會蛻變成討厭的嘮叨女人？他不清楚。然而，他確實知道可以遠離他們糾纏的庇護所在哪裡。再經過一臺冰箱後，他就會安全地進入他房門緊閉的房間。免於因為意外的勃起而在大庭廣眾下丟臉……他心愛的床上鋪著老舊、溫暖的星際大戰床單。耳機！電玩天堂！吉他！私密又抒壓。啊……

青少年男孩的沉默和偷偷摸摸，使得父母們利用自己的想像力去填補那些空白。新聞媒體引發父母的恐懼，它暗示著每位青少年男性只要再遭受一次挫敗就會開槍掃射同學、面臨性侵犯的指控或是玩線上遊戲導致自己大腦部分損傷和負債。外在這些吵雜的訊息與隱藏在父母內心的沉默絕望結合。他們緬懷失去了那位可愛的小人兒，他會哀求父母躺在身邊，直到他睡著；再閱讀一本故事書；再聽一次世界上最有趣的笑話！那個男孩已經消失了，取而代之的是一個防衛又板著臉孔的傢伙，如果你彎腰想要擁抱他，他會全身僵硬並且轉開他的視線。

當他從男孩邁向成為沉著、慷慨的年輕人的道路上，你兒子的沉默寡言是可以預期的現象。他正在維持一個更寬廣的空間，一片可以容納一群學校中最喜愛的朋友、隊友、新認識可以鼓舞人心的成人，又或許是一個女朋友。如果你不把他的無禮放在心上，與你青少年期的兒子聊天可能會比與任何人說話更有趣味和更具啟發性，不過這適用某些規則和情況。當涉及與青少年男孩交談時，父親、母親與一個兒子之間存在著明顯不同的動態。讓我們先來檢視那些差異。

## 我那緊張、好管閒事的母親

對一個青少年男孩而言，自我控制是一種有限的資源，而且他的存量在晚餐前就會耗盡。一整天他都必須靈巧地遵從一系列複雜的密碼轉換規則：尊敬地對待老師；精確判斷何時該吹噓、表現出夥伴情誼和開玩笑，以使他保持在朋友圈的會員資格；同時仔細聆聽交響樂指揮、游泳教練或家教細微又重要的指令。他精疲力竭的回到家。但是等等，是誰埋伏在他的房門外？那個女人正式名稱是媽媽，渴望聽見每～件～事：「所以你覺得你的社會研究考試怎樣？你決定好是否要參與音樂劇的演出嗎？準備好星期六的會面了嗎？」

男孩知道最明智的辦法是迴避這段對話，因為他誠實的反應（「我不知道。還沒。不算真的有。」）會令媽媽失望並且引起懷疑。媽媽於是會讓爸爸知道；爸爸會將其解釋為備戰狀態。所以男孩只好支支吾吾，或假裝他正在睡覺或盡可能使用愈少的字數去回答：「媽，等一下，功課很多。」

青少年男孩遠離媽媽的部分原因是因為她是女性。她有胸部，當她擁抱他或彎腰檢查他的作業時，他會有感覺。既然他無法預測自己的身體會如何反應，最好還是保持安全距離。

不過一切遠比荷爾蒙更複雜。媽媽預設的保護天性——這是自然且可理解的衝動——將導致她去檢查男孩告訴她的事情中潛在的任何危險，而不只是中性的好奇反應。男孩們知道如果自己興奮地述說即將與生物課同學去自然保護區的過夜旅行，不專心的爸爸可能只回應：

「酷！」媽媽會說：「酷！」然後接著導入關於天氣、蚊蟲、適合的衣物、食物和學生要搭乘什麼交通工具等冗長的問題。身為一位母親，你可能發現你的語氣很難不傳達出小心翼翼，即使你打定注意要監控自己使用的文字。如果你希望說服你的兒子與你說話很安全，那麼你將需要戒掉那些習慣。

縱觀一個青少年男孩的發展，他渴望對母親的奉獻和愛充滿信心。這對某些母親來說可能很容易，但是某些母親可能需要考量到在她的生命中對她個人造成傷害的男性，例如：兄長被允許可以折磨她或其殘酷行為被忽略；被自己父親拋棄所導致的情感缺口；在她整個兒童時期或她目前的工作環境中，缺乏強壯、仁慈的男性身影。這種自我量表可以讓一個母親保護兒子免受自己的偏見和投射的影響。這樣也可以減少她在無意間把兒子做為代罪羔羊、一個讓她可以輕易復仇的目標的機會。

與你的兒子談話時，忍住每次都以大量的問句或任何類似的詞語作為開頭。給予一些暖身的時間。放鬆的臉部表情和溫暖的凝視傳遞出一個簡單的非口語訊息：我很開心見到你。直接提供食物，而不是詢問他是否想要，這樣可以擊潰他的防衛。為了使對話流動，找出線索、偵測並表現出對他目前的熱情和信念非常感興趣是必要的反應。細想以下這張採購清單，這是一位十六歲的男孩在媽媽詢問去超級市場要幫他買些什麼東西時，他交給媽媽的清單：

- 有機、當地種植的綠花椰菜和白花椰菜
- 有機蛋白質杏仁奶，只能是無糖的

- 有機生腰果醬
- 草飼牛肉

你可以稍後再告訴我你的想法，這位媽媽說：「你相信嗎？他何時開始變得如此重視健康？兩天前他才狼吞虎嚥地吃完多個街頭餐車販賣的墨西哥玉米捲。好市多販賣的草飼牛肉價格是一般牛肉的兩倍！」

雖然這些古怪的品項可能會令母親非常驚訝，但是如果你可以控制自己無法置信的衝動，那麼這張清單是邀請你進行一場真誠探究的項目類型。為什麼要草飼牛肉？是關於環境永續嗎？味道如何？草飼的家畜被對待的方式可能會比農業公司飼養場的更人性化嗎？男孩的回應將告訴你關於他目前的感受，而且你的問題是你重視他觀點的保證。

在家中，你可以利用兩種管道與他對話。一種是意外的狀況：他閒晃到廚房，你正在準備晚餐，然後你說：「我需要有人幫我將這些蔬菜切一切，謝謝！」如果他或她忘記你偏愛胡蘿蔔以斜切的方式切成一致的大小，最好不要提及。或是「我們有兩把草耙，現在院子裡有很多葉子。我們去清一清吧」。或是「這些毛巾需要摺一摺」，「幫我決定哪些雜誌要丟棄，哪些要保留」。當你們一起工作時，他將會開始說話。你必須聆聽，偶爾提出感興趣的回應或詢問與他正在討論的事情直接相關的問題（然後不要將話題轉移到他目前讓你擔心的生活領域）。

這麼做還有另一個目的，就是身為一位家庭公民，任何一個孩子，無論其多麼博學或有天賦，都不應該被免除家庭責任。你的兒子需要負責一些家務，當他正在進行時，你也可以在場從事自己的工作——不要審問他，而是對某些與他無關的事情做一般性的評論，像是新聞或一則當地的八卦。即使他戴著耳機，但是你處在同一個空間可能就足以干擾電波，使他摘下耳機，並且稍稍參與你的話題。

我要提醒媽媽們一件事——不要太常請求青少年兒子協助科技產品的使用。如同我問年幼孩童的父母：「你們的對話中，嘮叨、責備和提醒所占的百分比是多少？」一樣，我會詢問青少年男孩的父母，他們請求他協助使用科技產品所占的百分比為何。如果太頻繁，男孩們可能會覺得自己被剝削。

針對有兒子的母親，主要任務是積極尋找如何參與男孩們選擇的主題，同時克制自己擔心和想太多的天性。焦慮的可靠解毒劑：與一位熟知你兒子、值得信任的朋友或親人（非你的伴侶）討論。透過一個愛他的觀察者的眼光將提供你新的觀點，而且可能讓你得到一夜好眠。

## 我那奇怪、愛下評斷的爸爸

青少年男孩躲避父親是因為，從他們的觀點來看：「哇，爸爸真的改變好多。」五歲時，男孩們將爸爸視為英雄——他好高，尤其是當他們坐在爸爸強壯的肩膀上時。只要接近爸爸就像是獲得特權！單獨與爸爸玩大富翁；一起去寵物公園，然後在回家的路上買個甜甜圈；把腳踏車綁在車上，開車到湖邊騎車和游泳——所有這些都使一個小男孩感覺強大和被保護。

接著，在九到十四歲之間，這種仰慕消失了。男孩和男人的自然韻律出現分歧。現在一趟父親與兒子的釣魚行似乎像是一場無害但壓抑的綁架──步調緩慢，甚至使人感到孤單。爸爸對音樂和電影的品味；季後賽時，買到正對看臺座位的驕傲，嗯……相較於兒子喜愛的事物，也就是心理學家卡爾・皮克哈特（Carl Pickhardt）所描述的「叛徒、城市、打擊樂」，現在他正著迷於YouTube上的DJ、他的教練無時無刻的咒罵，還有當然他那十九歲的表哥──凱的一舉一動，如此酷又完美，而且不像爸爸，「真的很有趣又能產生共鳴。」

這不只是父親與青少年兒子之間的共同興趣減少的問題。與爸爸在一起代表他可能會以負面的方式去評斷兒子，因為身為父親的落伍觀念，想要支配……每一件事！雖然青少年不再用如此崇高的眼光去看待父親，但是他仍然希望得到父親的贊同，並且害怕他的批評。

隨著男孩長大，父親傾向更加批評他們的兒子。他們是好意：他們希望確保男孩們在這個世界上能夠照料、供養自己。但是爸爸們有時候沒有意識到這個世界對年輕人來說轉變有多大（而且必然會持續改變）。

如果美國的生活方式規定每個世代都必須超越上個世代，這些男孩們該如何勝過他們的父親呢？爸爸們都假設自己通往成功的路徑對兒子來說最可靠，但是那條路徑可能甚至不存在了，或是以父親認不出來的方式存在。父母們不瞭解新的經濟，而且爸爸也不一定瞭解哪些是受大學青睞的候選人條件。兒子們明白這些，不過同時他們也把自己與父親做比較，並且思考著「**我該如何讓他為我感到驕傲？**」這整個處境讓人感到不知所措，所以對於男孩而言最容易的反應是迴避父親。

父親該如何與這個脆弱又多刺的生物連結呢？透過一直以來，他們最擅長的事：一起出去並且玩得開心。在兒子年幼時，很多爸爸喜愛和他們一起玩耍，不過爸爸們卻沒有意識到與青少年分享休閒時光是維持那種連結力的關鍵。從舊娛樂時光的最新版本開始：可能在他生日時送他一台固定齒輪自行車，這樣你們可以一起騎車，而且當他精熟一項新技巧時，他看起來會很酷。如果你會滑雪，你的兒子會使用滑雪板，帶他去一座可以讓你們雙方滑在同一個坡道的山上滑雪。

在家裡，你可以和他一起觀賞他最愛的節目，並且延伸觀察節目中出現的機智、刺激和情感。訂兩份披薩，保持冷靜，你不用每天都這麼做，而是這次的分享經驗提供你一組新的參考和笑話——你可以談論一些對你兒子來說真的有趣的事情。所有這些活動皆需要信念和承諾，因為他們不在父親習慣的問題解決模式之內。

害怕自己永遠無法重新取得青少年兒子尊敬和仰慕的爸爸們，可以從馬克．吐溫著名的觀察得到安慰：「當我是個十四歲的男孩時，我的父親是如此無知，我幾乎無法忍受這個老男人在身邊。但是當我二十一歲時，我很驚訝他在這七年內竟然學會了這麼多東西。」

## 針對男孩的對話手冊

為了準備好與一個青少年男孩對話，覆誦一則簡短的內心激勵小語將有所幫助：

我要假裝這個年輕男性是來自外國的學生。他表現得信心滿滿，但是卻對這個國家充滿著

**不確定。注意他的能量和熱情！但是不要以為他的身材相稱於智力的成熟度。**

與青春期男孩之間的有效溝通需要簡短和直接。他們無法忍受說教和冗長的解釋。簡短但不能生硬：你可以直接且圓滑的與他溝通。幽默可以帶來放鬆，但是不要嘲諷你的兒子。即使當他年幼時，你們都很享受彼此戲弄，而且他與朋友的主要溝通模式就是巧妙的互相侮辱，但是在這個階段他對於與父母之間的情感嬉鬧過於敏感。媽媽或爸爸的諷刺性評論可能會造成他感到羞恥和痛苦。

睪固酮（Testosterone）會操縱你兒子的情緒和慾望。他體內的改變也會使他焦躁——突然的生長爆發和破音；或是好幾個月什麼事都沒發生，而他一吋也沒有長高。強烈的感覺被激起，但是必須隱藏，淚水則被壓抑。往好的一面看，他不像小時候需要你大聲且面對面地對他說話；在這個生命的新階段，他擁有絕佳的聽力和可完全掌握的語言能力。他沒有對一個簡單的問題做出反應不代表他沒有聽見或不理解你在說什麼。這是代表他正在思考或不想反應。因此，如同青少年他們時常說的：你沒有必要大叫。

預期你會感到忌妒。你習慣做他的英雄，但是現在你的兒子會尋找其他的鼓勵者。他吸引良師益友的能力是他未來能否在外在世界成功的可靠預測，所以當他列出自己最喜愛的老師、教練、學長或新的女朋友時，用默認去鼓勵，而不要懷疑他。

不要避談你自己的失誤或弱點，但是也不要太常讓孩子知道。稍微分享這些軼事，並且表現出接受任何人在成長過程中都曾做傻事、犯錯或感到羞愧的態度。

留意孩子自己透露出的訊息。如果他開始說話，放下你的電子產品或將椅子遠離螢幕。允許他繼續說話，直到他把對話結束。如果他說的話充滿負面情緒——抱怨學校裡的混蛋、不公平的分數政策或偏袒——將這些視為一種恭維。這裡歡迎他來大發牢騷。如果他的故事沉悶、冗長或缺乏吸引人的敘事，聆聽、聆聽、再聆聽，然後詢問相關問題，藉以展現你的熱情並且巧妙地示範如何總結一個故事。

父母：你說你想成為一個DJ？

兒子：我具備所有需要的東西！賈斯柏被請去當蘇菲生日派對上的DJ，他得到了薪水，而且他只有五個小時的音樂。

父母：而你有四天的份量！

不要用理由或證據去反駁他無知的觀點、誇張或扭曲的看法。不要在一個相關的主題中，嵌入你自己的期望或中心思想。請記住，今日愚蠢或可惡的談話是一個基礎。如果你證明自己是個值得信任的旅人，它將成熟為嚴肅的感受與意見分享。這需要花上時間和耐心才能達成。

與你青少年兒子的所有對話，以下事項需要記在心裡。

### 語氣和音高

柔和的語氣有平靜的力量，即使你的訊息帶著必要的責備，也要使孩子安心並傳達尊重。與其大聲叫罵，試著更溫和地重複你說的話。或評估你的問題或評論的重要性，考慮就此罷休。

如果你兒子的語氣帶著輕蔑，你仍要堅持和藹的回應。儘管他是吹牛大王，但是他的驕傲卻極度纖弱。當他起床後發現有史以來最糟的青春痘爆發、認識到自己是八年級中第二矮的男孩、沒有入選棒球隊的失望，此時譏諷的語氣會餵養他從一早就開始與之奮戰的自我嘲弄。反之禮貌的語氣則傳達出尊重，這會滋養他的自尊心。

如果他沒有遵守一個責任或協議，跟他說話時，試著不要讓自己的聲音聽起來很憤怒或厭煩。只要簡單地說：

「我們同意只要你的成績保持一定的水準，我就不會干涉你的回家作業。但是成績下滑了，所以現在我必須監控你的時間管理。」

「我很抱歉你心情不好，但是你必須把垃圾桶拿到外面。」

當他談及自己的感覺時，你可以使用一種接受、疑問，幾乎是試探性的語氣：「聽起來你對卡特很失望？」你要明白你的解釋可能是錯的，但假如你對了，他甚至會感到更痛苦。如果他否認，你可以默許並回應：「我不在場，所以不清楚細節。但我相信你可以處理得比我更好。」

## 速度

放慢語速，免得你思考快速的兒子覺得自己在參加一場辯論賽。在他的質問、攻擊或請願與你的回應之間安插暫停。這樣可以讓你有時間去深思，即使只有百萬分之一秒也好。當你不耐煩的兒子要求：「我現在就要知道！」提醒自己，你有仔細考慮的權利。

## 臉部表情

雖然小男孩經常忙於橫衝直撞或過度專注於一個遊戲，而無法判讀父母的表情，但是青少年男孩擁有不可思議的能力，他們可以隔著牆壁就讀到你的非口語訊息。如果你的兒子離你夠近，足以看見你臉部肌肉的抽搐或傻笑，即是只是在他的周邊視野一閃而過，他都能接收到。有時候，你會希望只透過眼神就能溝通；而在其他時候，就像你使用語言一樣，你也要同樣謹慎地運用你的表情。

## 肢體語言

給母親的小提醒：當你與他交談時，簡短且富感情地輕拍他的背、手臂或頭（依照他對這種接觸感覺多自在去進行調整）很可能可以被他所接受。除此之外，保持適當的距離。不要緊緊挨在他身邊或試圖與他依偎在沙發上。

給父親的小提醒：有時候你可以緊抱住他。想想美式足球選手慶祝一次大勝利時的自發性肢體語言：緊緊擁抱、拍打屁股和熱情洋溢的吼叫，以至於這些平常得體的男人們失去平衡，最終一群人愉快地倒在地上。如果你和你的兒子分享個人最好的突破──「爸！我們真的在三個小時內就完成了這趟健行！」──你們可以放鬆、大叫和擁抱。如果即使在慶賀當中，他也會害羞較親密的肢體接觸，那麼保持大聲叫囂和歡呼，以及熱情的擊掌就好。

### 時機

如果這個對話很重要，而且可能會面臨棘手的問題，挑選一個你的兒子不餓或不累的時間。一大早對於大多數人都不是最好的時機，特別是在一個青少年男孩要上學的早晨。與你兒子討論他需要記得事項的最佳時間需要根據他的睡眠作息和生理時鐘去決定。注意他何時似乎最平靜和警醒，依此安排你的談話時間。

### 環境

大多數男性偏愛你坐在他們身旁或一起從事活動時談話，而不是長時間的眼神接觸。一邊開車、走路、在體育場的看台上、等待電影開場、一起煮飯、和小狗玩取物遊戲或在他燈光昏暗的房間中聆聽或提出你的想法。微暗的光線或黑暗可以為青少年男孩提供一個庇護所，以躲避想要看清他每個細微臉部表情的父母（我看見一滴眼淚嗎？一副輕蔑的表情？），也為了開始自我意識到自己尚未勻稱的體型、髮型和青春痘的男孩提供一種保護。

## 不要對青少年男孩說的話

「你待在房間裡面那麼久幹嘛？而且門還是關著？」

「你為什麼什麼都不說？」

「賽門和傑克考得如何？」

「你怎麼了？」

「你在想什麼？」

「那泰勒的媽媽喜歡什麼？」刺探他們的朋友或朋友的家人會令你兒子起疑：為什麼你需要知道？難道你不相信他選擇的好夥伴嗎？

「當你自己申請時，看看你能做什麼？」

「你真是太棒了！你好有天分！」男孩的矛盾就是當你跟他說他有什麼天賦，如此一來似乎會使他沮喪，因為他天生的自我懷疑，反而招來反抗。

「我不敢相信你喜歡這個樂團！他們根本沒有才能。」不要詆毀他的品味。這就類似批評他的朋友，就像批評他一樣。但是你可以用一種善良的中性語氣說：「我必須承認，我還不瞭解這個音樂。」這樣說等於你把責任推到自己身上，同時也會令你的兒子感到開心，因為你承認了自己變得多麼不瞭解他，而且開始與他分離。

「我們需要談一談。」這種話會造成你兒子的擔心或害怕。傳達新規則或負向回饋時，只要直接以最簡單的方法說出來即可。

## 要對青少年男孩說的話

### 有效率、條理

當溝通責任、詢問他關於回家作業或討論任何生活中的家務時，用一種坦率、專業的方式與他交談是最好的辦法。避免懇求、審問或緊張的提醒他曾經允諾過要做的事情。另一方面，適當的時候，可以讓他討價還價並且給他選擇。真誠地問他：「你的計畫是什麼？」

## 直接

當你兒子無法信任身體不會背叛他時（上述提到的青春痘、勃起、破音等），他有一點被害妄想是自然的反應。青少年男孩一般都認為父母的話中暗藏玄機。透過簡單、直接和誠實的措辭與他溝通，你就會體諒他們的頑固、愚笨及多疑。

## 放鬆且具體地表達你的讚美

為了使他的羞赧最小化，可以一種不假思索的方式給予正向回饋：「今天在球場上表現很棒。」用真誠且具體的措辭表達你的感謝：「你和你的朋友在派對結束後把場地清理得很乾淨。」

## 表示同意

一找到機會就說：

「當然。」

「沒錯。」

「的確是。」

「你說了算，由你選一天！」

「謝謝你，先生。」

「好主意，我還沒想到這個。」

## 幫助他擴展他的情緒字彙

如同他年幼時你所做的事情一樣，當他談到情緒，反射你感覺他所經歷到超越基本的難過、生氣和喜悅的感受：「聽起來像是你感到寬心……驕傲……感激……困惑……感覺被排擠……挫折。」雖然青少年男孩明顯知道這些詞語的意義，但是他們仍然需要一些巧妙的指引將自己感受到的特定情緒連結起來。

## 讓他知道你珍愛他，並且喜歡他的同伴

作為男性文化的反制力量，而且也因為你真的愛他，對兒子說：「我愛你。」還有：

「我很幸運才能有你這個兒子。」

「餓了嗎？想要我弄點什麼呢？」

「歡迎你的朋友們留下來吃晚餐。」

**每天都以愉快的「早安」配上一抹微笑作為開始**

即使他皺眉或悶悶不樂，向他溫暖地打招呼。或是拍拍他的肩膀或撥亂他的頭髮（在他尚未打理好自己的髮型之前）。

**讓他知道你整天都把他放在心裡**

說：「今天……時，我有想到你。」

你知道他會對那件事情感到感激或欣賞。這麼說對所有性別和年齡的孩子而言都是一封情書。

## 表達對青少年男孩的友好

青少年男孩最重視的貨幣為尊重——他的隱私、能力、意見和成長的煩惱。尋求傳達你尊重他的方法，友好銀行的帳戶將穩定增加。

**敲他的房門，直到得到他的允許才進入**

對於所有青少年來說，這個行為都代表著你的友好值得最高信任。同時，你以身作則也會增加他尊重你房門關起的可能性。

### 信任他

「我遇見露易絲，她問你是否可以在她週末不在家時，幫她遛狗和餵狗。她會付你錢。她在廚房流理台上留有指示，鑰匙藏在後門的腳踏墊下。這裡是她的電話。只要打給她，然後讓她知道你可不可以幫忙。」

### 讓他喋喋不休，不要打斷他

你不是一個追求真相的記者或密探。從你的字典中刪除「男人說教」（mansplain）[17] 這個帶有貶低意義的字彙。試著區分無害的小謊和企圖掩蓋嚴重錯誤的陳述。只要針對後者給予建議。

### 不要把他在公共場合對你的冷淡當真

當你走在街上時，如果他假裝不認識你，不要以為自己被拒絕。他是在練習獨立。當你們都回到家後，如果你完全不提起這件事，那會為自己獲得額外的分數。

### 養一隻狗，不要求他幫忙照顧

對男孩而言，小狗正好與父母相反。牠們不會說話；牠們不會追問。你可以幫牠們的肚子

17　譯註：形容以居高臨下的說教姿態向對方解釋某事，以為對方完全無知。

抓癢，這麼做會令牠們開心。牠們的耳朵光滑柔軟。你可以隨心所欲的碰觸牠們（從你還小開始，你就不能用同樣的方式去摸媽媽的頭髮）。你可以把所有的煩惱都告訴一隻狗，牠會舔你但不會提供意見。你可以自在地遛狗，不會感覺孤單或好像沒有朋友。你可以去公園和其他地方，那裡的人類大部分只會注意你的狗，而不會問你考幾分或要申請哪幾所大學。

為什麼照顧一隻狗不應該設定為你青少年兒子負責的其中一樣家務，如同他年紀較小的時候一樣呢？因為對青少年而言，狗和貓可以單純作為一種抗壓力藥物，以及最便宜、最有趣的治療形式。沒有任何東西可以提供相同的目的。

## 有彈性

要求兒子嚴格順從會引發反抗。接受粗略的禮貌和合作行為。切記即使他已經長得比你高了，他仍是大部分成人生活日常細節的初學者。所以如果他沒有注意到瓦斯桶空了，第一次的疏忽值得原諒。

# 第8章 從遙遠國度來拜訪的姪女：青少年女孩

「成功不是一條直線，而是難以預測的塗鴉。」——瑪德琳．萊文（Madeline Levine），*The Price of Privilege* 一書作者

如果嘗試與你的青少年兒子交談感覺像是這個世界上最令人感到挫敗的遊戲，至少他不會使你陷入絕境。大多數青少年女孩都會引發一場父母主導（大部分是母親主導）的措辭海嘯。你的女兒可能會抱怨你、侮辱你並將你的規則視為違反人類權利，不過至少她會說話，這讓你有可以著手的地方。

當父母們討人喜愛的寶貝女孩進入青春期後，他們會感受到寂寞和悲傷，就像面對兒子進入青春期一樣。但是對於女兒，父母的感覺還伴隨著害怕在前方等待她們的可能危險，特別是性要脅或攻擊。爭論和權力鬥爭經常讓少女的父母們感到憤怒，傷害或困惑。不過有遠見的父母可以在女兒追求獨立時，鼓勵分離的過程並且減少摩擦。透過練習，你可以拋開戲劇化，帶

著良好的觀念、幽默感和偉大卻不完美的期待陪伴在女兒身邊。

## 我的母親？我的姊妹？我的亦敵亦友？

當一位女兒從學校回到家，她不一定會直奔自己的房間。通常她會先把自己的一天告訴媽媽。在廚房桌子旁面對面的交談或一起觀看手機中的影像，母親和女兒會陷入關注女孩外表、成績和受歡迎程度的回饋線路中。青少年女孩較男孩更容易感到慌亂。男孩們可能會自我意識到自己的長相或身高，但是他們也明白「**我是相當不錯的球員或我的樂團將會令人耳目一新，我確定！**」一個男孩相較於他的姊妹，比較不會苦惱於成績獲得乙上與甲下的差異，或是因為沒有被邀請參加艾莉的派對而感到身心交瘁，加上一個兒子也不會透漏任何這些資訊給他的母親知道。一個女兒更有可能分享（分享再分享）這些事情。正如女兒較年幼時，媽媽所做的事情一樣，她會察覺並且反射女孩的情感。

尚雅．路德（Suniya Luthar），一位發展心理學家和研究青少年的脆弱及恢復力的卓越專家，她發現中學女孩的母親是所有父母中最不快樂的一群。「母親基本上是『孩子壓力的第一個反應者』」她寫道，「現在她們必須釐清如何能夠提供最好的撫慰和安心，因為舊的方式——擁抱、充滿愛的話語和床邊故事——不再有效。」安慰一個青少年女孩需要召集你從未具備的敏感度和耐心。沒有可靠的方程式，因為女孩們是如此善變，你只能不斷實驗。那些持續下去的人最終會得到回報，路德保證：「我們的資料清楚顯示最快樂的母親是孩子們長大成人的那族群。」

這是一種「延宕滿足」的概念。

這些年來，我看見一種令人不安的趨勢：一直以來很投入且具洞察力的母親在她們的女兒進入青少年時期後，完全失去了功能。現在，手足般的動態在不知不覺間侵入母女關係是司空見慣的現象，所以使得女孩同時是媽媽的對手也是她的好友。有些母親傾向在女兒的朋友間受歡迎，希望抓住一些年輕人的燦爛和美麗、聽見笑話和八卦。可是很少女兒歡迎這種像大姊姊的媽媽。

今日增加的學業壓力進一步使女孩們通往獨立的過程複雜化。因為女孩們缺少像男孩們一樣關門和退縮的能力，使得強迫與媽媽合作變得更加困難。因為母親和女兒都落入了困境，所以女兒的批評、憤怒和帶有敵意的評論——全部都是她需要與媽媽分離的自然表達——媽媽可能會感受為深深的背叛。在這種充滿強烈情緒的背景下，傳統母親和青少年女兒的棘手關係變得特別不穩定。

## 爸爸與女兒

對青少年女孩的父親而言，挑戰有兩方面：抵抗因為女兒進入青春期而漸行漸遠；找到與她保持連繫的方法，即使她的母親似乎更融入她的生活。爸爸經常感覺自己被母親和女兒之間的緊密連結所排擠，縱使她們是一種愛恨交織的關係。媽媽知道女兒學業進度的所有細節，因為她每天都會拜訪學校網站；爸爸幾乎不知道它的存在。媽媽花數個鐘頭與女兒一同採買，並且分析她社交生活的細節；爸爸則不再瞭解她改變的朋友圈。（再次重申，這些歸納是根據我多年來與上千個家庭交談過的經驗。我這裡針對的不是性別，而是家庭和養育孩子的角色與責任。）

將所有領土割讓給媽媽的父親們都深刻感受到這種失落。青春期之前，他的女兒是一個小夥伴，幾乎像是個小男孩，即使她穿著芭蕾舞裙和戴著皇冠。他們可以一起出去，看球賽、溜冰或去「家得寶」（Home Depot）。他們可以在好市多的走道閒逛，試吃所有的樣品。她可以坐在他的大腿上、牽他的手、靠著他的肩膀閱讀雜誌。當她看和聽起來更像一個女人，採用一種風格俏皮和充滿俚語的快速說話方式，或是交了一個男朋友之後，都很容易讓爸爸感覺被拋棄或不知所措。不過雖然她可能沒有意識到，但是一個青少年女兒的確需要她的爸爸。

為了保持親密，從範圍較廣的活動選項上做出選擇，特別是那些媽媽反對又不願意參與的活動：恐怖片、音樂節、餐車或冰淇淋店、政治示威、滑板公園。你們可以一起報名斑鳩琴或網球課程。爸爸擔任趣味皇帝的習慣不必因為女兒年滿十二歲而終止；他只是必須做些調查以釐清她的新興趣在何方。

一位父親忽略他青少年女兒學業和社交生活上的瑣事不必然是壞事。事實上，這通常是一種祝福。他的存在是一種庇護所，女兒在那裡感受到不被監視和自由。在這裡，她學到享受一個珍愛和尊重她的男人的陪伴是什麼感覺。這是所有女人自尊的基礎。也是為什麼單親媽媽需要找到一個值得信賴的男人（兄弟、叔叔、祖父、家庭友人），使其填補青少年女孩生命中爸爸的角色是如此重要的原因。

就像媽媽對待兒子一樣，一位父親在女兒回到家或放學坐上車時，應該表現出開朗的樣子。雙眼流露出笑意、愛和贊同，一個微笑、一句溫暖的「嗨，寶貝」應該是她每天都可以依賴的試金石。我發現諮詢過的一些家庭，父親們有時候會退縮並且停止與女兒說話，因為他們變得害怕她們。缺乏像母親涉入個人主題的意願（「你和寇納發生關係了嗎？」），他們傾向沉默。荒謬的是，爸爸停工或缺席（不論在身體還是情感上面）都是導致許多年輕女孩過早從事性行為，與我稱之為「泰迪熊男友」[18]交往的原因。

媽媽在一段健康的父女關係中扮演的角色是退後一步，不要微觀管理，如果發生的情況（尤其是餐點）與在她的監視下有所出入也不要批評。一位敏銳的母親會交出韁繩，並且利用這段時光好好休息。一個灑脫、有自信的媽媽會鼓勵爸爸帶女兒進行大學巡禮，並且當他們返家後，信任他的觀察。

## 社群媒體的黏性網路

處在青少年時期的女孩們，手機對她們的影響力幾乎與父母親一樣大。她們一天的社交舞永不止息，評分標準是透過按讚和追蹤者的數目去衡量。女孩大腦的理性部分知道她應該以正

18　譯註：意指藉由男友溫暖的身體，以填補爸爸離開的空間。

確的角度去看待這些數位量詞，但是感性部分的大腦卻會按照字面去理解它們。社群媒體創造出忌妒和不安全感的觸發器，完美符合青少年女孩的神經發展。每一分鐘，她都在衡量自己的價值並且預測自己的未來。母親和女兒一起擔心的所有事情都會被她的數位足跡所放大。

精神病學家，同時也是約翰·霍普金斯大學布隆博格公共衛生學院（Johns Hopkins Bloomberg School of Public Health）的研究者拉明·穆杰塔巴伊（Ramin Mojtabai）所做的研究發現青少年罹患憂鬱症的比例在二〇〇五到二〇一四年間有顯著地增加，其中二〇一一年明顯上升。女孩罹病的比率較男孩高。一般與憂鬱症相關的因素——社會人口統計、家庭動態和藥物濫用——並不是導致增加的原因。值得注意的是：Snapchat 和 Instagram 皆是在二〇一一年於 iOS 的平台上推出。研究的作者並沒有談論這之間的相關性，而是引用他們先前研究的觀察：「近年來，青春期的女孩們可能暴露於更大程度的憂鬱症風險因素之中……年輕人之間手機的使用與憂鬱情緒有關。」

父母親關愛的注意力可以平衡一些社群媒體的拉力。你設立的榜樣可以造成最大的不同，所以當你與青少年孩子當面談話時，請把手機調成靜音。你不需要立即回應每一則訊息，或無論何時，當某人忘記一個名人的名字時，就馬上使用 Google 查詢。大人在交談時不用凝視著手機——父母必須向孩子們展示如何做到！利用你的頭腦和記憶去聊天、談心和破解玩笑，使他們留下深刻的印象。

教導青少年關於科技對大腦的影響，可能可以幫助她們瞭解為什麼自己的情緒會因為收到或沒有收到的「讚」而有如此戲劇化的轉變。關於這個主題有愈來愈多的研究，主旨在於「讚」刺激了與我們贏錢或吃巧克力時相同的大腦部位。不需要給她們講授一堂科技上癮的課；只需要簡短地在對話中提及這些研究的結果，如此一來，她們就擁有一個新的情境，可以檢視自己對社群媒體的反應。

## 針對青少年女孩的對話手冊

與青少年女孩對話從一段安靜的自言自語時刻開始：

「我要假裝這位活生生的年輕女孩不是我的女兒，是我來自遙遠國度的姪女。注視她的熱情！看她的朋友們如何欣賞她。驚嘆於她的風格，注意將多快發生改變。評斷任何她說過的話前至少先等待一天。」

現在我們繼續前進，記住以下的準則。

### 語氣和音高

避免用太可愛或哀訴的聲音說話，這樣會令青少女惱怒。即使她對你大聲說話，你也不要對她大吼大叫。除此之外，適用一般規則，只是有一個警告：你不能贏。如果你的聲音冷靜且平穩，她會說：「媽，為什麼你要用那種裝出來的殭屍聲音說話？」她會挑剔你表達、發音還有問問題的方式。拒絕落入她的圈套，試著保持你的語氣平緩，但是要明白無論如何，你都必須如履薄冰。盡你所能，忽略她的刺激。然後不用擔心，她不會用這種方式與老師和朋友說話，只針對你。

## 臉部表情

試著培養一張愉快中立的「靜止臉」，但是認清它可能不重要。所有適用於男孩，就青少年對臉部表情的超級敏感度來說也適用於女孩，只是女孩將挑戰你而不是躲避。（「為什麼你要出現那種表情？媽，我看得出來。怎麼了？」）

## 速度

就像小女孩一樣，青少年說話非常快，而且是他們理想的熱情倡導者。提醒自己當她語速很快時，不要急著追上她的速度。用你正常的速度說話。你可能會發現練習細微的深呼吸技巧將有助於抵消聆聽她的焦慮獨白帶來的緊張感。

## 時機

你不會想要在她急著出門、忙於其他事情、與一個朋友吵架或剛和情人分手時，與她談論重大的話題。但是何時她沒有投入在一些緊急的事物中呢？女孩的行動似乎沒有暫停的時候，因為她們太常在傳訊息或視訊或用其他數位方式交流。你的目標是找到一個她精神良好，而且沒有趕著出門的時間。然後請她在你說話時把手機調整靜音。

### 環境

當她準備旅遊行李時，待在她的房間陪她，不要提供任何建議，除非她詢問你的意見。看她戴上假睫毛或更換全新馬汀鞋的鞋帶（為什麼，到底為什麼要換？）當你們從A商店走到下個路口的B商店時，可以重啟中途被中斷的小型對話（她仍然記得之前的談話，而且可以接續下去）。默念那段咒語，「從遙遠國度來拜訪的姪女、從遙遠國度來拜訪的姪女」，然後找出她為什麼是（任何事）的狂熱粉絲。

避免會引發爭吵的環境，例如：在她的房間裡，如果她很「隨便」，而你天生就愛整潔。看見她乞求很久、只能乾洗的昂貴洋裝被丟在地上，壓在一雙髒兮兮的靴子下方，或是她的床頭櫃上放著兩包已經打開的洋芋片，都足以開啟一場醜陋的對話。所以你應該尋找一個中性的區域。

## 她是一個複雜的包裹

與青少年女兒進行相互尊重、具啟發性或充滿愛的對話十分罕見。它們一定會發生，當它們發生時，你要將其視為一種自我肯定。但是更多時候，你需要面對的是像 *Lisa, Bright and Dark* 裡的主人翁，這是我的一位客戶形容她女兒的方式。前一分鐘，她對你大發脾氣、侮辱你、猛烈地使用結合了明智和荒謬的論點去攻擊你：

「不公平！亞歷山大跟我同個年紀時，他可以熬夜超過十二點。我不在乎他那時是不是在做保姆。這是關於時鐘顯示的時間。」

「你訂下所有這些嚴格、古怪的規則是因為你有很多個人的問題。每個人都知道你是這樣，而且他們無時無刻都在談論。」

「你累了？為什麼你這麼累？你今天做了什麼事？你可以去工作，做有趣的事情。我卻是與有虐待狂的排球教練上體育課！」

「你覺得我應該買這些靴子？你瘋了嗎？沒錯，一定是。你是個瘋子。你有看到這條拉鍊是多麼閃亮嗎？」

五分鐘之後，她會想坐在你的腿上或幫你梳頭髮。她會問你自己穿得如何。她會拜託你準備爆米花，然後和她一起觀賞新的科幻影集。保存這些夥伴情誼的時刻，並且將它們視為當你女兒在大學假期返家時，你將享受到的關係預告，同時準備好面對她現在搖擺不定的情緒。

青少女是敏捷且善於發明的訴訟律師。我聽過上百個令人驚訝不已的故事，最喜愛的是以下這個。一天早晨，一位住在芝加哥的父親正要從十五歲女兒的皮夾中取回借給她的信用卡。他在皮夾裡面發現一張德州的駕照，上面印著女兒的照片和一個陌生人的姓名。年齡二十一歲。他拿給太太看，然後一起詢問女兒，他們向她展示那張駕照，並且堅持要知道發生了什麼事。女兒一看到馬上就說：「對，那是一張假的駕照。我有它才能和海莉、卡莉及芮德一起去酒吧。

我從來沒有喝酒！我去酒吧是因為如果我不去，那我就會去一個有毒品且無人監督的私人派對。所以你們應該要高興！酒吧有人監督。媽、爸，我發誓我絕對沒有喝酒。」

他們把那張駕照還給了她。

數年後，當這位父親把這個故事告訴我，他仍然無法置信自己和太太當時竟然會相信這個說法。他說：「但是她如此具有說服力。」他聲音中顯現出明顯的欽佩之意。牽扯到女兒，一切都很複雜。

## 建立禮貌規則

「她跟隨我到每一個房間，對著我大吼大叫。」

「她所有關於我外表的惡毒評論，讓我感覺自己像是垃圾。我怎麼會養出這種怪物？」

「我覺得自己希望她是拳擊袋。而我想用力揍她！」

青少年女孩對她們的母親很壞，因為她們承受如此多的社交和學業壓力，而媽媽是安全的避風港。這種動態與孩子年紀尚小時沒有什麼不同，只是更加令人不快。《少女心事解碼：青春期不再難搞！給家長的準備之書：陪伴孩子迎向身心發展七階段》（*Guiding Teenage Girls through the Seven Transitions into Adulthood*）一書作者麗莎．達摩爾（Lisa Damour），為這個問題提供了絕佳的解決辦法。她將尊重與禮貌做了區別。女兒不需要尊重她們的母親，母親也不需要從女兒身上得到那種感覺。女兒想有什麼感覺都可以，不過為了得到你注意她的殊榮，她需要有禮貌地說話。

每個家庭對這種說話方式的定義都有些許差異，但是有一些可適用於雙方的一般參與規則：

- 不能用吼的。
- 不能說通用的侮辱。（如何辨識呢？句子以「你總是」或「你從來沒有」做開頭。）
- 一旦他人開始說話，不可以打斷。
- 即使你不同意，還是要聆聽別人的觀點。

你可以告訴你的女兒這些規則，並且解釋：「在這間房子裡，人們會有禮貌地互相說話。」不過請一定要做到。我諮詢過一些家庭的父母經常在孩子面前對彼此說出刻薄或批評的話，我提醒他們雖然孩子們已經習慣他們之間的大爭吵和小衝突，但是他們仍在學習人與人的關係中有什麼值得期待。

冷嘲熱諷的評論通常來自媽媽，她們會批評爸爸對女兒說的話將造成她無法彌補的傷害。這的確不公平，不過就像孩子年幼時，父親可以採取比媽媽更為寬鬆的態度一般。我告訴母親們：「我很抱歉，但是他可以說些帶著戲弄的話語，女兒會感受到溫柔親切和連結。你說相同的話，反而會傷害你女兒的感覺。」當媽媽對爸爸的口語玩笑發展出更高的容忍度時，通常也是整個家庭達到更高禮貌程度的轉折點。

如果你和你的伴侶對彼此和孩子都有禮貌，你就有牢固的基礎可以要求女兒表現出相同的行為。她不必贊同你的品味、你的衣著、你問的問題或你準備的晚餐。切記，她的行為沒有任何一樣是永久或可用於預測未來的。使用以下策略去建立禮貌規則，並且當你想要結束談話時就結束吧。

## 當女兒表現出以下情況，你可以說什麼

### 無理或惡毒

女兒尖叫、使用不敬的語言、侮辱你。「我知道你非常生氣，但是這不是交談。它感覺像是一場攻擊，而且無法解決任何事情，因為我不會聽你現在說的話。當你可以用一種更冷靜的方式告訴我你想說的話時，我隨時準備好聆聽。」然後停止回應她。不要被她引誘而反擊回去。

### 擁護一種在你的觀點看來沒有道理的想法

你九年級的女兒說：「沒有什麼需要擔心的。維拉的哥哥麥爾會載我們全部人到科切拉音樂節。他人真的很好，你不相信我們嗎？」你的回應可以是以下一或多種：

「我對你的確很有信心，而你一向擁有絕佳的判斷力。我不信任的是這整個狀況。」

「這個安排可能完全沒問題，但是我不放心的是那裡的誘惑（或危險，或缺乏監督）。」

「不是，根據你以往的良好紀錄，我確定你之後一定可以去，只是現在我還沒準備好。」

這是一種取代「你在開玩笑嗎？可能至少還要兩年！」的正向增強。

### 拒絕停止一個話題

這種情況通常會轉變成女兒跟著你在家中打轉，希望強迫你參與談話。你可以說：「這次的交談必須停止。我還沒想清楚。很快我會說出一些讓我後悔的話。」你可以知道自己快沒有耐心了，當你的思緒開始擴展到其他事情，並且出現想要處罰她的念頭：「她總是對法語作業感到厭煩，就是為了惹我生氣。我要罰她禁足一個月。我要拿走她的手機，直到聖誕節才還她。」

## 不要批評她的風格，而是培養她的意識

涉及你女兒駭人的妝容、指甲油、髮型或衣著，我的建議是什麼都不要說。她正在嘗試不同的身分，就像她是個小女孩時喜歡扮裝一樣。如果她的風格太超過，學校將約束她。她可能不再尋求你誠實的意見，但是如果她問了，而你的想法是負面的，使用你用在小女孩身上相同的方式。打出偏心媽媽牌（「你在我眼中永遠看起來很漂亮」）或類化於所有人（「我不喜歡任何人打扮成這樣」）。

風格不討人喜歡的衣著雖然看起來很礙眼，但對青少年不會造成危險。但如果是性感的服裝呢？很可能就你認知是明顯撩人的衣著（熱褲配上可以擠出乳溝的超緊上衣）在你女兒眼中並不這樣認為；它只是時尚。如果你試圖訂定規則，她可以在一出門的下個街角就換上她偏愛的服裝。我不是在建議你任由她穿自己喜歡的衣著；我只是想讓你們瞭解父母力量的限制。當你把她送回房間換上一些較不暴露的衣服時，以一種關心的語氣跟她說明，可能會產生一些影

響：「那麼短的裙子會吸引所有年齡層男性的注意，包括令人毛骨悚然的成年男子。」不用奢望她會感謝你這個見解。你的目標是把這個觀念灌輸到她的腦海中，它將會從猶豫、懷疑的小種子長成健康的自我意識之花。

青少年女孩想要穿著時髦的衣服，並且感受自己的性感魅力，但是她們無法真正瞭解緊身、暴露的衣服對男孩和男人會造成什麼影響。社群媒體暗中破壞她們對自己外表的自信，也助長了高度性感的時尚。與此同時，人們愈來愈意識到性侵害的普遍存在以及妨害女性權利和尊嚴的行為。對於年輕女性（以及成年女性）來說這很令人困惑。你該如何鼓勵女兒欣然接受自己的性感，並且發展出一套不會貶低或物化自己身體的個人風格呢？

一種方式是談論你本身的審美觀。你欣賞誰的風格？有很多電影中的女性角色可以拓展你女兒對於女人和時尚的觀點。租些電影，和她一同觀看。你不是期待她今天可以認同你的品味，雖然她可能會；你的目的是提供她明日的觀念。

在網站 Commonsensemedia.org 中，「包含堅強女性角色的電影」（Movies with Strong Female Characters）的列表之下，有一系列經典和新上映的電影。與你女兒一起欣賞這些影片，注意不要讓培養正確觀念的想法排擠了你單純想與她一同分享的樂趣。

## 不要對青少女說的話

「奧莉維亞的媽媽告訴我，她這個暑假要參加大學面試訓練營。聽起來是不是很有幫助呢？」不要把與其他青少年的比較作為激勵孩子的暗示。

「夠了，請說清楚！」這裡是指以探問的語氣結束一個句子。（「我們約好要在電影院前會面，然後她取消了？那我們必須重新安排時間？」大多數女孩會發展出這種習慣。）

「你聽起來像是實境秀中的無聊角色。」許多成年人認為以嘎吱作響、低音、單音表現，稱為喉嘎音的說話聲音令人惱火。不過年輕人的認知不同，可能會認為它具有權威性和權力。

「你知道自己多常說『**好像、你知道嗎和嗯**』，還有用『**所以呢**』作為句子的結束嗎？」不要干涉她的口頭禪。再次重申，這只是一個句子。

「停止咬指甲、用手指捲頭髮和玩弄頭髮的分叉……」心理學家理解這些行為是青少年的高能量在宣洩機會太少之下的產物。她們被強迫坐著上完整堂生物課，而不是打獵、採集或追逐小孩子。用腳打拍子、不間斷地說話、前後搖晃椅子的危險坐姿可以幫助排除一些壓力。青少年必須活動。所有這些習慣終將自行消失。

## 可以對青少女說的話

### 讚美她的選擇，不是她的外表

如果你認可某事，她可能會反對。反對你賦予她力量。所以如果你想要稱讚她，要稱讚具體、可觀察的事實，不是你個人的判斷。不要說：「你穿那件夾克真好看」或「我愛那些耳環」。而是說：「那件皮夾克看起來如此柔軟」或「那對耳環很能襯托出你的髮色」。

### 記住她曾提出的問題，並且詢問她，不要下評斷或給忠告

「我知道你上星期學微積分時感到很挫折。那新的單元如何呢？」

「你決定好要塗哪種釉料在你的碗上了嗎？」

### 採取間接的途徑

透過談論電影或電視節目中的角色去帶入尷尬的主題或敏感的感覺。不要點出那些虛擬的人物和你的女兒或她身處情況中的相似之處。如果她提及關聯性或分享了一些自己的見解，你需要小心處理。這些是珍貴且親密的時刻，你最佳的貢獻是仔細聆聽，同時偶爾小聲地回應「哇，真有意思」。

### 保持開放的心胸

「我還沒那樣想過」是一句強大且開放的句子。你可以示範仔細聆聽後改變你的想法，藉由說：「好主意」或「我不知道會有成年的工作人員在場監督。既然我知道了，那麼你當然可以去」。

## 表達對青少女的友好

有可靠的方式可以累積你在青少女友好銀行中的信譽，而且它們驚人的簡單。

**謹慎**

女兒們對於和朋友分享羞愧、驕傲、心碎、孤獨、喜愛和感激感到安全——而且可能會詢問並遵從你的忠告——只要她們相信告訴媽媽或爸爸的事情不會被洩漏出去。

**養一隻寵物，不要求她幫忙照顧**

如同青少年男孩一樣，寵物對青少女具有治療作用。小狗或小貓永遠不會批評她的體重或在她背後說三道四。牠給的愛是無條件的，而且總是可以接近。她可以抱牠、撫摸牠、和牠一起睡覺。雖然有些女孩熱衷於照顧動物，但是有些並不那麼喜歡。有些女孩甚至會把逃避照顧寵物視為一種維護自主的手段。所以就像男孩一樣，不要強迫你的女兒照顧動物……只要感謝她所提供的情感支持。

**讓她裝飾自己的房間，不要干涉**

你沒有義務買一間夢幻房間給她，但是在你設定的預算內，讓她隨心所欲。盡可能讓她擁有主宰權，因為她覺得自己絲毫沒有權力。

**用小禮物給她驚喜**

這有點冒險，因為她的品味無時無刻在改變，但卻很值得，特別是如果她那一週過得很不順利。說：「我記得我們上次去購物中心時，你很喜歡這個。如果你不喜歡，退貨也很容易。」

**當她對你展現體貼，記得要表現出非常開心和感激的樣子**

當你看見慷慨或體貼的行為，要非常讚賞地說：「寶貝，我真的很感謝你做了這件事，真的振作了我一天的精神。謝謝你——你是最棒的女兒。」

# 第9章　有意見者：與你的伴侶、前任伴侶、祖父母和「奧莉維亞的媽媽」合作

我們生活在一個資源豐富的時代，只要碰一下螢幕就可以取得資訊。當我們不需要網路或真實世界中的專家的服務時，他們會禮貌地離開，直到下次我們需要他們的時候。不過你孩子的另一方父母或祖父母卻不是這樣。他們總是有意見，而你一定會聽到。更不用說你聽見的「想像中的斥責」來自每天在遊戲場或接送孩子時遇到的其他媽媽們。

公平起見，你孩子的另一方父母在養育你的兒子或女兒時，理應享有平等的發言權。祖父母通常能夠愛護和鼓勵一個孩子，而不需要擔心他的發展里程碑或考試結果。在其他媽媽之中，你不僅會發現充滿不安全感的愛現者，也有聰明、慷慨、忠誠的女性，可以成為你終身的朋友。這些有意見者皆包含在你的人際關係圈內。透過觀察你如何與他們互動，將塑造出你孩子對人類關係的理解——人類代表不完美、充滿希望、非凡與容易犯錯。持續在發展的事物。

## 與你的伴侶談論你的孩子

母親與父親之間的拉扯是一種古老的舞步，每十年就會修正一次。隨著核心家庭努力適應現代壓力，以及平均家庭的定義擴展為包括兩個媽媽或爸爸、大學畢業生回到家中居住、媽媽成為負擔生計的人，角色也發生變異。然而，除了這些改變，大部分的家庭仍然建立在兩個父母的基礎之上，所以代表著兩種養育孩子的觀點乘以千種意見不合的時候。

從嬰兒長成高中生的過程，你的孩子一直在聆聽。隨著你長大，你會注意到父母每天回到家時彼此問候對方的方式；你會感覺到他們之間的溫暖或緊張，這會令你感到安心或驚慌失措。你知道你的孩子也會經歷一樣的事情，所以你試圖做個成熟且自制的榜樣，無論累積了多少怨恨或挫敗。然後你咒罵自己的失敗。到底對自己以及伴侶的合理期待是什麼呢？

讓我們從成功的父母不一定要具備的條件開始。關於你養育孩的決定不一定非要正確。我不是指相較於你配偶的正確；我指的就是正確，沒有所謂「正確」這回事。本週危機的完美解決辦法可能行不通，或者只對一些家庭有用。它們在星期一有用，但星期二就無效。家庭是不斷進化的有機體。

在你孩子面前，父母雙方不一定要完全一致。關於教養小孩，有一種迷思是如果孩子們發現媽媽和爸爸在想法上有分歧，他們不是會利用這點就是會感到害怕，不過其實一切都取決於你們如何表達意見不合的方式。文明的辯論和妥協是你可以示範讓孩子知道的技巧。

不一定總是使用室內的音量說話。有些家庭熱情如火；有些則相敬如賓。有些家庭充斥著喧鬧的犀利言詞；其他則是溫和圓潤的話語。有些家庭享受歡樂的自我嘲弄；其他則喜愛黑色幽默。只要存在尊重這個基礎，每種風味都應保有其空間。

當涉及養育孩子，沒有兩個父母會對於危險、樂趣、禮貌或食物營養的適當程度具有完全相同的認知。但是當其中一人費盡心力想找出最佳的選擇又舉棋不定時，較不痛苦的那一方往往被視為不敏感，或是忽略及不忠誠。在許多我與父母的會談之中，我發現自己時常重複「那不重要」。然而，我們生活在一個父母表現出**所有一切**都重要的時代——好像每個決定都攸關生死。

我們父母對孩子的生活品質挹注了巨額的投資。但不一定全然是高貴的衝動：孩子的幸福變成了我們對未來的恐懼，以及對自己、伴侶、工作、性別、老化、姻親和經濟不滿的代理。它取代了孩子，而與孩子爭論則取代了其他我們應該進行的對話。文化的瘋狂節奏，使得情況更加糟糕。急迫是正常的感覺。當父母雙方出現意見不合時，我們匆促地想立刻解決問題。沒有反省的空間；沒有妥協的時間；沒有心力問問自己：「我的配偶是對的嗎？為什麼我會這樣反應？」

## 代理權爭奪戰與如何識別它們

一般家庭（沒有人罹患精神疾病、藥物或酒精成癮、濫用），大部分與孩子有關的爭論都是「代理權爭奪戰」。代理權爭奪戰通常是由你童年時期的情感創傷（主要是無意識下）所引發。你正在重新經歷並且試圖矯正你父母曾經犯過的錯誤，但是你的伴侶卻表現出與你父母一樣的行為。女性（還有一些男性）習慣感到自己是受害者，這種感覺從童年時期因為權力太少或不被尊重而持續存在。男性（與一些女性）感覺被擺佈和受限制，他們的自信被削弱；他們的童心被扼殺，這是來自童年時期努力取悅一個愛挑剔的父母所導致。這些只是無數例子中的兩例。

我們沒有辦法清除你的記憶和所有過往經歷的神經系統，也無法透過單純的理智去解決你孩子的每一個困境。此外，那些記憶不僅造成你的神經衰弱和苦澀；它們也讓你成為富有洞察力、耐心和深情的父母。同時，你可以學習識別何時對孩子的合理關心與過去自己的傷痛或其他不相關的問題重疊。最好可以在與你的伴侶討論前就掌握這一點，但是當你試著表達自己的想法時，很容易可以看出其中的關聯性。

如同以往，語氣是第一個警告。你的音高上升了嗎？你是否聽起來帶著輕蔑或被冒犯？你的身體感覺如何？你是否心跳加快、喉嚨感覺緊緊的呢？你是否握緊拳頭、搖頭或不耐煩地抖動你的腿？你的呼吸變急促嗎？仔細聽自己說出口的話，你是否正在說：「你總是……你從未……我無法相信你……？」

當你注意到這些信號，請暫停。暫緩這次的對話。這可能非常困難，因為這個問題感覺起來像個災難，加上你已經延遲到其他事情的進行，而且你知道自己是對的，那麼為什麼猶豫不前呢？當你和你的伴侶都有充分休息、飽足並且有十五分鐘或更多的時間專注於這場對話，除了緊急醫療情況之外，幾乎所有事情都可以排開時，將會是一段更適合的時間。

## 基本的禮貌和給父母們的聲音課程

我送給媽媽和爸爸們的真言是：「停止擔心另一位父母的影響，專注於你自己的行為。」例如：瞭解孩子對父親粗魯行為的容忍度較母親高，可以幫助你的心態從驚恐轉變為沉思：「嗯。他只是大聲叫她停止像隻猴子似地攀爬冰箱，然後滾出廚房。這不是我會說的話，但是他的語氣帶著輕快。我們看看她會如何反應。」幽默感和對他人善意的信任有助於建立一個更輕鬆、可愛的家。

父母保持這種健康觀點的最可靠方法為觀察一些老派的禮儀。例如：就像媽媽對於猴子的評論一樣，爸爸也堅持不會對待媽媽像對待僕人一樣、不會嘲笑她或糾正她。父母對待彼此的分寸總是拿捏得很好。他們不會侮辱、咒罵或霸凌對方。如此一來就向孩子示範了適當的行為，同時也象徵著父母是站在同一陣線，即使有時候他們會意見不合，但還是會讓孩子感到安全。

有禮貌的行為對父母而言都是相同的，無論你是一對夫婦或分開的父母（假設一個客觀的第三者可以看得出父母雙方都合乎禮儀且充滿善意）。你不必假裝深情或用親吻向你的前任伴侶打招呼，但是你仍然可以表現出尊重和禮貌。禮貌是行為，並不是感覺。

傳統上，禮貌行為是由許多強調形式的人為表面規則所組成，像是誰站在第一個、誰要幫誰拉椅子。雖然它們可能顯得專制，但是那些規則代表每個人都知道自己該做什麼。它們維持了社會齒輪的潤滑度。同樣地，也有行為和口語傳遞的基礎規範，能夠使你和伴侶間享有更平順、更令人滿意的關係。

- 用可聽清楚的音量說話，但是不大聲吼叫。
- 限制從另一間房間喊叫。
- 保持肩膀放輕鬆、不手指對方、不無奈地聳肩或做出「搞什麼？」的手勢。
- 經常且自動地說請和謝謝。
- 在一個評論或問題的開頭或結尾加上那個人的名字，或帶有感情的小名。
- 當你的伴侶正要出門時，向他或她說再見。
- 抵達家門時，在車上或街上多待一會兒。深呼吸幾次，替你的大腦和身體供氧。使你不會拖著辦公室的爭執回家。
- 當你的伴侶回到家時，停止觀看螢幕，把椅子轉向或起身歡迎他或她。給予一個擁抱、親吻或輕拍。如果你正在講電話，先結束通話。即使你正在跟你的母親談論你的孩子也一樣。
- 不要用一連串的家務或孩子的壞行為與危機報告去歡迎返家的伴侶。
- 克制自己打斷另一方正在講述的故事，即使你之前已經聽過。聆聽但不審核內容是否適合孩子。不要辯論事實或搶說其中的妙語。
- 分配每個家庭成員在餐桌上的固定座位。小孩不應該坐在父母的椅子上。讓他們期待自己變成父母時也可以享有此殊榮。

語氣和肢體語言比起內容傳達出更多意義。哼聲、嘆息和不自然的笑流露出怨恨、懷疑或優越感。其他需避免的行為包括：

- 咕噥著說話，或是輕聲說話，使對方必須走到你身邊才能聽見。
- 模糊或不明確的回應：「不要擔心了！一定會做好的。」
- 拖延決定。
- 忘記曾經同意過的事情。
- 把肯定的詞語說得令人不愉快，例如：「好啦！」或青少年常說的：「隨便。」

## 文明的爭論

一段婚姻關係裡面，你的伴侶總是在特寫鏡頭中。隨著影像變得更加鮮明，你很容易就可以看見瑕疵。你假設你的配偶永遠會保持著所有你愛上的特質；然而，隨著年紀增長，你們兩人會持續改變。摩擦將無法避免。

你們將會意見不合，但是你們沒有必要爭吵。你們不需要為了孩子而裝模作樣；看你們如何處理衝突，對他們而言是件好事。你呈現給他們看的和諧不是表面上緊張的開心和僵化的規則，而是一種堅定、尊重溝通的習慣。

從察覺非口語信號開始。當你不同意你的配偶時，直接用口語告訴他，不要暗地裡向孩子扮鬼臉或翻白眼。不要用雙手抱頭表示男人是多麼愚蠢；當父母令一方離開房間時，不要對孩子做出挑眉或嘴巴張開等驚訝的表情。你不會想與你的孩子密謀對抗你的伴侶。如果你無法不表達對你的伴侶說或做得某事的驚訝和驚慌，當著他或她的面說，如果可能帶點淡淡的幽默：「什麼——你現在要帶他們去游泳？你的父母們要過來吃午餐。你難道不想看到他們嗎？」在你的假設中包含寬容，可能另一方忘了你們的計畫。

當批評另一方時，先承認他或她做對了什麼事。目標是不帶怨恨的坦誠。如果你太生氣或是代理權爭奪戰的警報開始響起，你可以說：「我感覺得出來如果我們繼續談下去，我會說出一些讓自己後悔的話。」或者「我們現在無法解決這個問題。我太疲倦了。今天事情很多。我們可以在孩子睡覺後（或明天、週末）再來談清楚」。

如果你不同意，但是不想爭論或延遲決定，說：「這個問題，我會遵從你的想法。我不確定這是否是最好的辦法，但我們可以試試看。」

如果孩子在場：「媽媽和我在這件事上想法有分歧，這是一個重要的話題。我們會仔細想一想，做更多討論，然後我們會讓你知道我們的決定。」不要把你的配偶視為一個拒絕臣服於你優越智慧的愚蠢小丑，或是總是破壞好時光的樂趣憎恨者。

某些反覆出現的情況值得你把孩子帶到一旁，向他或她解釋另一方父母的性情，同時保持尊重對方的態度。「你知道交通問題會如何使爸爸焦躁。所以他在開車時，最好不要和他說話。」或者「你知道媽媽在準備一個新課程前會有什麼反應。她需要專心，所以無法給予你全部的注意力。如果你需要幫助或有問題可以來找我。」孩子們可能無法自己識別出這些可預測的特質或模式，所以這類熟悉，甚至是親暱的談話可以教導他們去察覺其他人的氣質和性格，也是一種避免踩到情緒地雷的好方法。

當你與伴侶間的意見不合開始白熱化時，避免它升級成為一次爭吵的最佳方法是練習主動聆聽。這意味要全神貫注地注意對方，而不是等待機會發表自己的評論，或選擇性聆聽可以證明你的伴侶犯了多大「錯誤」的事情。心理學家哈里特．勒納（Harriet Lerner），寫過一本經典書籍《生氣的藝術：運用憤怒改善女性的親密關係》（*The Dance of Anger*），她指出我們會自動聽取負面消息：「如果你正在聆聽你不同意的不正確、扭曲或誇張的內容，你可以感覺得出來自己正在防禦。」你不必糾正所有你不同意的事情；你不必盤問或挑剔。你應該姑且相信另一方的判斷。假如你練習不要在爭吵爆發的那一刻投入其中，而是等到你們雙方皆冷靜下來時，那麼所有這一切將更可能發生。此外，如果你說出了讓自己感到後悔的話，你總是可以問對方：「我可以重說一遍嗎？」

## 現代家庭的場景

當我們爭吵關於孩子的事情時，我們是在吵什麼呢？噢，每件事：成績、食物、他們的朋友、運動潛能、螢幕時間、電子產品、睡覺時間、宗教學校的重要性以及我們花在他們身上的金錢。當他們長成青少年，以所有上述的緊張關係為中心，另外加上青少年的花費、門禁、衣著、車子和義務。通常父母一方會為孩子找藉口或對其壞行為不予置評，而另一方則訝異於前者看不清這種模式以及孩子每況愈下的軌跡。

沒有一組戒律可以解決養兒育女的前十名爭論，但是父母們可以清除一些障礙，使關於這些主題的對話可以令人感到更舒服。大部分我見過的配偶都具有共通的盲點和關於彼此感覺和動機的假設。他們的故事幾乎就像來自同個劇團的作品——相同的情節和劇本，不同的演員。一些情節直接與睡眠和就寢時間等問題有關。其他則是根深蒂固的習慣，使得父母們無法明白他們阻礙了更有成效的討論。以下是我最常聽到的情況。

## 音樂床與睡前儀式

夜晚，孩子可以睡在父母的床上，而爸爸則改睡到沙發。或者孩子害怕，所以爸爸只好去睡孩子的床。一個相關的隱藏危機是睡前儀式吞噬了父母的婚姻關係：

父親：五歲的艾拉不願意上床睡覺，除非我太太進行一次精密完整的睡前儀式。她必須按照特定順序唱某些歌曲，協助艾拉將她的填充玩偶擺放在床腳，唸半小時的故事，然後以檢查床底下和衣櫃有沒有怪物做結束。整個儀式每天晚上都需要花愈來愈久的時間。

我：多久？

父親：長達一個半小時。然後艾拉半夜會多次起床，進入我們的房間。她堅持要媽媽陪她走回自己的房間。

母親：如果我在她睡前不安撫她，她會尖叫。她很害怕。我不知道為什麼我先生無法理解。

父親：我也很害怕。我為這段婚姻感到害怕。我不知道為什麼我太太無法理解。

這裡的問題是尊嚴和相互尊重的習慣。每個人都會恐懼強烈的情緒——彷彿沒有孩子應該要懼怕黑暗；沒有父母應該要經歷他們的孩子會感到害怕一般——所以他們選擇了一種容易的解決辦法，也就是成為人類安撫毯。接著它變成一種習慣，然後父母的睡眠和隱私被犧牲。有些婚姻裡面，每個人都同意「家庭床」；但是我所諮詢過的配偶裡面，父親對於孩子侵入父母的房間心懷較多的怨恨。孩子夜晚的恐慌也會變相侵蝕父母的親密關係。

## 互相歸咎

父母們通常認為孩子的問題特徵是伴侶壞行為所造成的直接結果，他們視那些行為是一種故意的選擇。但是仔細想想，你配偶的行為真的如此草率、危險或殘忍嗎？還是他或她只是單純從事了某些你不會做的事情？我們的文化導致我們相信一次錯誤的行動可以永久毀了一個孩子，所以父母會歸罪於對方——通常是在孩子面前帶著諷刺的口吻：

「太棒了！你回答他問題的『誠實』答案，關於囚犯上了斷頭台之後發生的事是他不應該知道的。」

「我看見你屈服於她對鬆餅的渴望。如果她滿嘴蛀牙，都是你的錯。」

「你還在幫他穿襪子和鞋子？會不會太誇張？」

責備對方很吸引人，因為你感覺自己好像對一種實際上幾乎無能為力的情況採取了行動。父母在孩子的發展階段中會感到無助。他們無法改變孩子的氣質或改變會影響孩子的外在力量（無論好與壞）。養兒育女的一個悖論就是你只具備有限的控制，但卻會感受到全部的責任。這就是為什麼父母開始來來回回地互相指責。

## 媽媽愛上了她的小男孩，而爸爸在寒風中出局

當媽媽明顯偏愛將時間花在兒子身上時，父親特別會變得忿恨和壓抑。母親如此迷戀兒子的部分原因是由於他是較年輕、較可愛和更具可塑性的丈夫版本。在今日養育子女的風格之下，相處的時間再長也不夠，這替父親和兒子爭奪母親之愛的古老競爭提供了新的篇章。媽媽也與女兒非常親密，但是她們會爭吵，所以爸爸通常可以分享到愛。這種競爭如果存在的話，狀況往往也較輕微。

在我與為了媽媽熱愛她的小男孩，而感到痛苦掙扎的夫婦會談時，我有時候會跟妻子說：「你知道艾登會長大，並且愛上另一個女孩。湯姆真的也很可愛，而且他才是會與你共度一生的人。」如果你的鎂光燈都集中在孩子身上，而你的先生被冷落在陰暗處，請考慮拓展你的視野。

## 做些事！但是要做什麼？

一個母親向父親抱怨與孩子有關的事，而這位父親認為她希望自己可以做些什麼。他不知道能做什麼，但是他一心一意認為必須要做些什麼事，爭執因此而生。不過媽媽通常只是希望他聆聽。一般的刻板印象是男人採取行動，女人則更謹慎小心，但是在現代父母身上，這兩種角色時常互換。媽媽變成是立刻動身並且解決問題的人。這些情況下，父親（或較穩定的伴侶）的選擇是提供安靜的支持或不表態：「我不完全知道為什麼你如此生氣，但是我尊重你的意見。」

## 發送惱人的訊息

父母有時候會養成一種習慣，向彼此發送一系列以孩子為主的抱怨：「她把球拍留在球場上……史黛拉說莫娜把她的醜照片放到網路上……現在發燒到攝氏四十度……」當你無法消化或自己試圖解決苦惱時，這是將痛苦外包出去的方式。這些訊息引燃了父母的焦慮，而且不會給予彼此想念對方的時間。畢竟當他們下班回到家後，能聊些什麼呢？就是所有那些瑣碎的問題。

## 臥室裡的科技

投身進入網路世界是一趟孤獨的旅程。你可能偶爾與伴侶分享有趣的影片，但是接下來你就被吸回自己的社群網絡、新聞網站或工作上的事物。儘管沒有人是故意的，但是心情放鬆時對另一人充耳不聞的習慣，會導致一方伴侶或雙方感覺被孤立和忽略。

所有忠誠的夫妻都必須決定如何平衡網際網路與共同生活之間的吸引力。入睡前關掉電子產品最初可能會不太適應，但是那些是每晚你們可以單獨相處的少數時刻，非常珍貴不應該浪費。

## 提升氣氛

我們珍愛我們的孩子，並且費了很大的心力去培養他們社交、學業和創造技巧。然後我們看向自己的配偶，疲倦地聳聳肩。大人們已經沒有精力去陪伴彼此。

提升家中的氣氛需要將你部分的心力奉獻給你的伴侶。我在基督教牧師諮詢的文獻中發現的一種教學就是絕頂聰明的例子：它建議每天早上，夫妻分開前，互相問對方：「我今天可以為你祈禱什麼？」如此一來，在他們離開安全的家或準備處理孩子和家務前，有一段緊密連結的時刻。一天結束後，當父母回家相聚在一起時，可以詢問彼此的祈禱是否奏效。

這個小儀式滋養了配偶間彼此最需要的東西：一個深愛、關心他們的伴侶，但又不必為對方遇到的挑戰負責任。帶入神是一種隱喻，一種說：「你心裡在想什麼？」的方法。當彼此回到家，無論有沒有替對方祈禱，父母雙方都可以問彼此：「那個問題解決了嗎？」

改變你的自我談話是巧妙提升氣氛的另一種方式。如同你訓練自己以身為人類學家的角度去觀察孩子般，你可以對伴侶做相同的事情。在這個部落裡，處理事情的方式為何？我的客戶之中，觀點不同引發了反射似的假設。

一個父親告訴我：「我太太聽了過多關於孩子的資訊。她無法保持客觀。她很誇張。」或只是簡單地說：「她瘋了。」而媽媽說：「可以清楚看見他的父母對他造成的傷害」或「他絕對有精神疾病的傾向」或「他都沒有在孩子身邊，所以不知道自己在說什麼。」相反地，當你的伴侶說或做了某些觸發你為人父母的焦慮，你可以告訴自己：「真是有趣。」然後跟你的配偶說：「再多說一點」或「我從未那樣想過，請幫助我瞭解。」

一些高傲的表情或文字會對你的關係造成相當大的傷害，但是微小的感激之情也同樣強大。另一個提供父母親用來提升氣氛的習慣——包括離婚的父母——是維持注意你或你孩子真心欣賞另一半的特質或事件。然後告訴對方：

「我真的很開心他遺傳到你的歌聲。」

「她回家時真的很興奮要再次去溜冰！」

「他好愛這部電影——謝謝你帶他去。」

「你教她如何使用電鑽！我希望我爸有教過我。」

假如你離婚了，你可能會認為自己聽起來像個騙子或這些評論不會造成什麼影響。但是它們會解除你前任的武裝、降低緊張程度、建立信任，並且提高他或她考慮你的觀點的機會，以及當你的計畫臨時需要改變時的配合度。

最後關於提升氣氛的建議：抗拒關於你孩子的詳細進展和承諾等對話的不健康誘惑。愉快地討論與孩子無關的主題，這比起仔細分析他三年級老師的天資更為重要。你孩子的老師、朋友和迷戀將很快被下一年的版本所取代而成為歷史。你需要的可能是較少談論你的孩子，而不是更多。

## 與你的前任配偶交談

分別養育子女已經變成一種常見的現象，但這不是指現在比起數十年前，當離婚必須背負著沉重的汙名那時來得容易。有些前任伴侶隨著時間經過會轉化為友好的混合家庭；其他則保持戰爭狀態，但是在規則和日常慣例尚未建立好的初期，大部分家長都掙扎於其中。你仍然是媽媽和爸爸，但不再是先生和妻子，因為無法忍受的衝突、失望、背叛或失敗的溝通使你們分開。現在，你自舊有的挫折中解放，但是被迫面對新的挑戰。什麼是公平？準時的定義為何？何謂乾淨？休息？避免受到不良影響呢？

與前任的有效溝通需要外交手腕，而外交需要策略。即使你仍傷心欲絕、頭暈目眩，還在照護新鮮的傷口，當與你的前任談論孩子時，有一種心態對於展現無威脅和支持的態度會有所助益：假裝你的孩子是條狗。如果你請朋友照顧你的拉布拉多一個週末，你的指示可能是「瑪澤肚子有點不舒服，可能是食物的關係。牠現在似乎好多了。我今天早上有帶牠散步過。星期天晚上再來接牠，謝謝你！」

有些父母較傾向不對前任坦承關於孩子的小危機或小病痛，沒有父母想要另一方認為在自己的監視下竟然有壞事發生。其他父母則傾向過度指導。拉布拉多犬的招數可以幫助你傳遞基本的訊息，然後讓出控制權：「我想讓你知道，她最近每晚都因為與盧克分手而哭泣。這種情況可能會持續，也有可能她會因為換到一個不同的環境而感覺好一些。」或者「她非常擔心歷史期末考，這就是為什麼她看起來如此緊張。」而不是「因此你必須確保她每晚最少用功兩個小時。我有準備閃卡。把它們分做兩堆。每天至少讓她完整複習一次。」

## 不要讓孩子成為傳令員或間諜

離婚的父母有時候會經由孩子進行溝通以避免直接聯繫。每位婚姻和家庭諮商師都對這種作法提出警告，但是它需要當事者具有超人般的自制能力。很容易說出：「提醒你媽，我下個週末要出城。」但是這樣可能會出什麼錯呢？最重要的一點就是：你的孩子可能會忘記。

傳送文字訊息是解決這個問題的有效方法，但是記住訊息的範疇應只限定於先前同意好的事項：接孩子的時間、玩伴家的住址，或者——也是使用訊息進行適當溝通的原則之一——禮貌請求改變時間計畫表的措辭。千萬不要發送情緒化的訊息。我時常看見前任配偶間的訊息戰爭——丈夫與他頑固的新任女友隊伍槓上妻子與她的朋友或她的母親團隊。他們全部都從語法上分析訊息的意義。文字訊息是一種衝動的媒介，而電子郵件則是一種冷淡的方式，所以如果你打訊息時無法控制自己，堅持改用一封簡短但友善的電子郵件或電話去溝通，就是不要利用孩子做為你的傳令員。

當一個孩子從父母另一方回來後，用開心的訪談為幌子去進行一場嚴密的盤問相當吸引人：「你們去哪裡吃晚餐？你點了什麼？媽媽的新男友有在那裡過夜嗎？」無論你詢問的方式為何，孩子們都不會被愚弄。他們知道自己被希冀成為一個間諜，這樣會令他們感覺自己不忠誠和落入圈套。加上批評前任配偶，會促使孩子保護自己的媽媽或爸爸，逼迫他們過早開始扮演成人的角色。

向孩子吐露關於分居、離婚或持續的緊張局勢也同樣不健康。即使孩子從未抗議，可能還提出好的建議，甚至感覺自己特別和長大成人，讓他們扮演這個角色會給他們帶來負擔，並且從他們無憂無慮的童年生活中偷走更多因為家庭破碎而失去的東西。

## 不要打擾；不要參與

當你的孩子和前任配偶在一起時，如果你克制自己打電話或發送文字訊息給他們，你會贏得前任的欣賞。我們很容易將此行為合理化為一種愛的再保證——晚安，甜心！——但這可以變成一種侵入。你不知道你打擾到什麼樣的生活節奏或活動。聯繫你的孩子傳達出缺乏信任，而且有時候是受到無意識的忌妒或孤單的痛苦所刺激。此外，這是沒有必要的行動，因為壞消息會立刻被放送——如果他們需要你，你將會知道。

最後一個可以促進你們雙方和孩子的友好習慣：接送孩子時，開啟一段與孩子或邏輯無關的閒聊。它可以持續到雙方能夠維持友善語氣的最長時間。三十秒或三十分鐘都可以。當你要離開時，你可以拋出一個與你孩子有關的真心恭維：「你相信她竟然做得出那組驚人的城市街道模型嗎？看起來她遺傳到你的工程天份。」

## 與祖父母建立連結

主廚馬西默．博圖拉（Massimo Bottura）將他對烹飪的熱愛歸功於他與珍愛的祖母之間的深厚關係。當他的哥哥折磨和取笑他時，他回憶：「我的安全避難所就是在廚房的桌子底下，我的祖母正在那裡擀義大利麵。」她會用一根三呎長的擀麵棍將哥哥們趕走，同時大叫「不要來煩他——他年紀比較小！」馬西默會在桌子下看著麵粉飄落，然後當他的祖母轉身拿取食材時，他會偷走桌上的新鮮義大利餃子。

聽著博圖拉將這張桌子做為一種避難所和營養物，我想到家庭中的情感分工。他的祖母不認為建立她孫子的品性是一種義務（「男孩們現在請坐下並且認真聽。嚇唬你們的弟弟是不對的，如果有人這樣對你，你有什麼感覺？馬西默你不可以偷食物。」）相反地，她繼續從事烹飪，同時支持著男孩的愛、自由與脆弱。

最好的情況下，你的父母仍活在世上、頭腦清楚、並且參與你的家庭事務，他們同樣也會提供那種單純的疼愛給你的孩子。不過通常不是如此簡單。關於健康和安全等價值觀和態度的改變，使得兩方都感到挫敗：祖父母發現父母的擔心和限制很古怪，而父母們則認為祖父母的忽視和鬆懈的態度很危險。當你忽略他們的意見或堅持他們要遵守你的規則時，你的父母們可能會感到受傷和困惑。「為什麼我們的女兒脾氣那麼暴躁、不知變通又是個偏執狂呢？只能吃有機食物？穿有機棉的衣服？」隨著孩子長大：「飲用花園水管的水、使用真的木頭和釘子建造一座堡壘、在真正的街頭習得街頭智慧哪裡有錯？」

某些議題——像食物過敏、家教和特色夏令營——尤其有爭議。祖父母因為孩子是多麼「嬌弱」和父母是多麼「神經質」而感到茫然不知所措。家教和營隊的價格讓一些祖父母大吃一驚；也對是否需要抱持著懷疑。另一個爭論點是兒童的治療或藥物。祖父母傾向於分布在兩個極端，但都不是很能同理家長。不是「為什麼你不早點做？」就是「你瘋了嗎？孩子們就是那樣，是你處理的方式讓情況變得更糟。」同時，父母們認為祖父母已經脫離了目前養育孩子的挑戰，因此他們的意見幾乎沒有價值。

的確你成長的世界與你現在養育孩子的世界非常不同，而祖父母們很容易對轉變帶來的挑戰感到困惑。他們認為你誇大了問題，有時候他們可能是對的，但是通常他們是錯的。好險，在這種衝突中流露出一絲慰藉：祖父母和孫子之間存在著最好的人類關係，因為他們有共通的敵人（你），而且也都不會浪費時間在擔心糖分或不含防腐劑的洗髮精。此外，他們彼此相愛。鼓勵這種愛情，你與孩子都可以從中獲得很大的益處。

假如你願意承認他們與你不完全一樣的事實，大部分的祖父母都非常好用。他們有耐心聆聽學齡前的幼兒說著漫無邊際和毫無邏輯的故事；他們對孩子的期望之低會讓人耳目一新：「甜心，陪我一起坐在沙發上，然後告訴我有關你的新倉鼠的所有事情。」祖父母可以透露關於你還是個孩子時的祕密——發生的惡作劇、熱情和近乎災難，「你爸爸七歲時，就像你現在一樣！」而且他們可以敘述成長過程中那些舊時代的精彩生活故事：「我們沒有電腦，也沒有網路。我們可以整天自己一人在住家附近遊玩！那時候沒有手機，所以要回家吃晚餐時，媽媽們會站在街上大聲呼喊自己孩子的名字。」

孩子們與祖父母相處還有一個額外的隱藏優點。即使孩子們愛慕他們的爺爺和奶奶，在遠離自己的父母一個下午或一個週末後，他們也會對父母重燃感恩之情。當他們騎在爸爸的肩膀上時，你可以從他們開心的臉龐看出來他們對你的愛，縱使他們可能仍然渴望著祖父母下一次的拜訪。

## 如果祖母忽視你的規則，有關係嗎？

在機場候機時，我無意間聽見一個男人正在跟一對夫妻說話，他們正在前往照顧五歲孫子的路上，這是他們第一次單獨照顧那個男孩多天。那位男人說：「這很簡單。你到的時候，父母會遞給你們一張清單。仔細閱讀那張清單，就像研究憲法一樣。當父母詳細跟你們解釋時，不斷點頭並且注意聽。然後他們走出家門的那一刻，你們就可以把清單丟掉，照你們的方式去照顧孩子。」

那真是絕佳的建議，為什麼呢？因為孩子們是雙聲帶。他們可以輕易適應不同家人的不同規則，如同在學校，他們知道該怎麼與老師說話和與同學互動。父母離婚的孩子會在雙方的家中學到不同的規範。所以如果祖父母沒有堅持你清單上的所有項目，你的孩子和你在一起時的行為舉止也不會有任何影響。孩子們通常都太聰明了，他們會說：「奶奶讓我這樣！」但是如果孩子們回到家後表達出新的要求，你可以簡單地回應：「我知道那聽起來很有趣，但是我們的規則不一樣。」

當然也有例外的時候。如果祖父母是酒鬼（或現在嫁娶了一個），住家的泳池沒有籬笆，並且飼養了一隻無法預期的狗；如果祖父習慣大聲辱罵祖母；如果他們隨意漠視你孩子的健康問題，那麼不應該在沒有他人監督的情況下讓你的孩子與他們相處。如果他們是負責任的人，只是無法克制對巧克力的渴望，又喜歡觀看愚蠢的電視節目，就隨他們吧。你必須記得，他們比你們年長許多，所以長時間看顧小孩子後會疲倦。這就是為什麼他們需要看這麼多電視的原因。

## 處理祖父母惱人的評論

祖父母的建議、糾正或全然的不贊同是刺耳的，而女兒對自己母親的批評尤其敏感。與其讓你自己被祖父母的評論激怒，你可以學習管理它們。致力於展現出一種口語風格，對他們輸入的評論表達尊重、愉快地自立和不表態的開放態度。以下是祖母和成年女兒之間的典型對話，帶有一些圓滑的反應。

「潔絲，我擔心把馬雅養育為一個素食主義者會讓她變得過分挑剔。當首次有人遞給她一個漢堡時，她會因為飢餓而表現無禮或畏縮。你確定你想這樣做嗎？」（注意這令人討厭的反問句結構。）

「媽，我知道你在擔心什麼，但是我們的確有讓她接觸各式各樣的食物，所以我們不擔心這點。你有讀過或聽到吃素的孩子變成終身的挑食者嗎？」

祖母不太可能擁有科學證據去證實她大多數的意見。反之，她的回應可能是「任何人都可以看出……」或「每個人都知道……」又或者，她只會簡單地搖搖頭。在沒有進入激烈的爭論前先承認她的憂慮是友好的表現，因為她不會再養育或毀掉任何自己的孩子。

另一個途徑是尋求她的指引：「你記得我小時候有什麼過份喜歡的食物，或完全不吃的食物嗎？你怎麼解決呢？」如果你是一個挑食者，這可能會開啟一場討論，關於你母親嘗試過的無效方法（像是強迫你吞下綠色蔬菜）。或者你的媽媽可能有些具啟發性的有用建議。如果她不記得養育你時有遇過這個問題，那麼這個對話可能會暫停，同時她也默認自己沒有任何第一手的建議可以提供。

你和你的媽媽甚至可能會談到關於你兒童時期在餐桌上的滑稽舉止，或她是小女孩時吃的食物。她擔心你孩子的飲食可能是來自她童年時期的殘餘焦慮，畢竟關於飲食的議題在某些家庭中可以追溯回好幾個世代。

透過練習，聆聽祖父母的評論而不爭吵或認輸是可能的。不要期待改變或教育他們，但是抱持著你可以從他們的經驗中學習的可能性。

## 放下舊有的嫌隙

當你與父母交談時，同時會產生兩種對話。一種是存在於你的腦海中，出自你家庭兒童時期的回憶；一種是在你受傷、氣憤或感覺被不公平對待時可能會被提取出來的潛意識想法。沒有意識到這一點，你仍然試圖矯正那些錯誤，其中有些可能被你誇大；而有些則是合理的。

這種內在敘述影響了你與父母親在真實生活上的對話：你使用的文字、語氣、你多常說話和你會克制自己說些什麼。舊有的嫌隙變成根深蒂固的假設。在你有孩子之前，這種功能障礙主要影響你、你的父母和你的手足。但是當你自己成為父母，你有了新的動力去提高交談的標準。放下長久以來的不滿，你就開始為你的孩子設立了一個好榜樣。你也有了新的動力去設定界限，堅持被尊重地對待，此外，如果你的父母拒絕接受他們過去扮演的不公平角色或對你、你的伴侶或孩子不友善，那麼你可以選擇遠離父母的陪伴。無論你與父母親的關係如何，以文明的方式與他們交談是你未來的存款，因為你與父母說話的方式非常可能就是將來你孩子成年後與你說話的方式。

持續與父母發生摩擦會影響你當一個精力充沛的媽媽或爸爸以及你養育孩子的能力。你只具備有限的情感燃料。根據你的睡眠、飲食和運動習慣；你有多麼享受自己的日常活動；以及你人際關係的品質，它會被消耗或得到補充。你的孩子們有權得到你大量的精力。如果你因為父母親的要求感到怨恨、壓力或被剝削而消耗了自己的情感燃料，你就只剩下一點可用於講述睡前故事，或聆聽你孩子描述他最好的朋友新飼養的小狗。

如果你不清楚自己對於母親或父親的感覺，可以進行一個測試。當你看見你的手機上顯示父母親的來電或文字訊息，你的第一個念頭是什麼？你的身體如何反應？回覆電話後，你有感覺輕鬆和感謝父母嗎？或者你感覺憤怒、受辱、衰弱或羞愧呢？如果是後者，考慮做些改變，和一位治療師談談。抑或藉由設定明確的界限去減少緊張局勢：「媽，除非有緊急情況，請不要在我工作時打來或傳送訊息。我很願意週末時和你聊一聊。」在一些家庭中，無論多麼謹慎的言詞或調整過的語氣都無法改善彼此的關係，如果是這樣，你與父母親的接觸和聯繫必須有所限制。

## 附加條件

接受來自祖父母的金錢禮物或時間不一定是個問題。有些祖父母幫忙支付孩子大學的學費，因為大學變得非常昂貴，而他們可以負擔。其他祖父母則樂於當保姆，因為他們享受與孫子女在一起的時光。但是在許多家庭中，這是更複雜的心理問題。我有客戶接受父母的金援，因為他們確信進入精英私立學校受教育或參與價格不斐的暑期計畫是達成社交和學業成就的必要準備。我問這些父母：「你是把自己部分的靈魂賣給了這些金錢嗎？你放棄了自己的尊嚴和權威嗎？」

這些家庭中的祖父母有時候會因為父母的依賴，而視他們為軟弱或無助。他們對孫子女的尊重比對自己的孩子還要多。這種情況不僅發生在富裕的家庭中；相同的權力遊戲也會發生在祖父母經常性地協助照顧孩子，或當父母出門度假時，允許孩子住在自己家中，只不過程度較輕微。如果你進行了電話測驗，並且對你的父母產生負面的生理或情緒反應，那麼表示你們之間的關係處在過於緊繃的狀態。

## 另一邊的祖父母

綜觀大部分的人類歷史，婚姻都是被安排的。現在西方國家的成年人可以自由決定要與誰結婚，這令雙方家長都感到恐懼。可能是為了保護種族的本能，姻親最初都容易對他們孩子選擇的結婚對象存疑。隨著孫子誕生，這種心態會再度燃起。

為了促進和維持與姻親之間的關係，我建議父母將他們想成國外來的達官顯要。遵守適當的禮儀。當你在他們的地盤上時，將你的習性（「空氣清香噴霧會令我頭痛」、「我們不喝汽水」）以及正當的抱怨（「可以請你關掉電視嗎？」）放到一邊。當他們在你家時，表現出幾個相同的習慣（如手邊隨時有健怡可樂）將對你有大大的助益。

我從一群中國職業婦女身上學到一些極好的對待姻親的技巧，她們參與我在北京講授為期一週的親職研討會。她們大部分都與協助養育孫子女的婆婆住在一起。我要求她們扮演婆婆的樣子，然後她們立刻表演：

你怎麼可以準備這種早餐給我兒子吃？你知道他早餐愛吃蛋！你知道他喜歡吃什麼樣子的

蛋。他必須辛苦工作一整天，然後你甚至沒有注意他愛什麼。顯然唯一瞭解他的人只有我！

這些女性都是高成就且能律己的人。她們一天有八個鐘頭坐在飯店的會議室內，從來不會檢查手機，而且很少去洗手間，顯示出對我的時間和身為老師的尊重。她們對自己的姻親也有相同的感覺。針對婆婆關於早餐的批評，她們的回應可能是：「我很榮幸向你學習，並且知道如何當你兒子最好的妻子。」一書本上聽起來很奉承，但是親耳聽到會讓人感覺愉快。

中國女性解釋這是她們如何緩和婆婆的怒氣，並且解除緊張局勢的方法，她們理解這是因為婆婆忌妒她們的年輕與機會所導致。許多婆婆都來自農村家庭，成長於貧困的農村。在中國，世代的差異是如此顯著，所以年輕女性很容易可以對婆婆展現出慷慨和同情。

在西方國家，這類針對批評的尊重回應可以採取提問的形式。如同你的母親批評你的選擇時一樣，你可以用一種不帶挑戰的語氣去轉移姻親的判斷：「你可不可以告訴我你養育喬的方式呢？他有負責的家務嗎？他有被處罰過嗎？如果你有機會重來一遍，你會做任何改變嗎？」

詢問這些問題提供年長者一個機會去分享他們的經驗，以及反思他們的意見。如果你說：「我先生七歲必須做他的回家作業時的情況是什麼樣子呢？你如何鼓勵他？」他們可能會回應：「這個嗎，他七歲的時候學校還沒出回家作業！」叮咚！現在他們對你的反對意見有了一些瞭解。

## 對祖父母展現友好

如此多的注意力都放在孩子身上，祖父母有時候會感覺自己的付出似乎理所當然或他們是被聘僱來給予幫忙。承認祖父母的功勞，並表達你的感謝之情可以培養友好關係。

### 寄送生日卡片（非電子形式），內容包含一段溫暖的兒時回憶

現在你已經為人父母，這些回憶將更容易浮現在腦海中。祖父母可以反覆閱讀這張卡片、展示給他們的朋友看，並且將它擺放在床頭櫃上。

### 請祖父母示範或傳授你孩子一種技能

最明顯的例子是製作一份最喜愛的食譜，但是你的父母擁有一輩子受用的技巧和才能：祖父打領帶或吉他調音的技術；祖母清除蜘蛛網或洗牌的方法。

我女兒艾瑪高中時，她和朋友開了兩個小時的車到我父母家，請他們指導一些舞步。這些孩子準備參加一場美式搖擺舞派對，而她們知道哪裡可以找到專家。我的父母們是透過相親認識的——雙方的一位共同朋友認為他們兩人可能很適合，因為他們都是優秀的舞者。我知道艾瑪很欣賞她家族傳統中的這段有趣部分。

## 請孫子記錄一次採訪祖父母的內容

如果祖母和祖父比較喜歡不出現在鏡頭前，可以讓他們用麥克風錄音下來。大部分的人都喜愛追憶他或她的生活。除非祖父母因為疾病而無法接受採訪，否則直到人生的最後人們都還是會保留著清晰的長期記憶。孫子是一位新的聽眾，而且不會揭露祖父母的瘡疤，所以祖父母可能會更願意開誠布公。即使年紀相對較小的孩子也可以進行這些採訪；你可以上網搜尋他們可以用來採訪的問題清單。

## 想想有哪些機會可以讓祖父母參與（不要忘記祖父）

除了當保姆外，你的父母還擁有什麼技巧可以為家庭做出貢獻呢？祖父也很珍愛孩子，但是處在媽媽和祖母之間的愛與戰爭中，他們通常會被忽略。我注意到許多祖父比起參與自己孩子的生命更加願意參與孫子的生活（可能是睪固酮濃度和競爭慾望下降的附帶優點）。此外，這些年長的男性通常很瞭解如何取悅幼小的兒童。當我女兒年紀非常小時，每當我父親走路，她們總喜愛站在他的雙腳上與他一起行走，一邊溫和地哼著：「巴搭，巴搭。」當他停止不動時，她們會說：「更多巴搭！更多巴搭！」

## 與「奧莉維亞的媽媽」交談

有了孩子是通往新友誼的門戶，這個朋友圈是媽媽們在幼兒園的遊戲場上或在陪伴實地考察的耐力測驗期間所形成。其中有些人會變成終身的盟友，而且這些友誼比你們各自孩子之間的情誼更長久。有些父母會變成值得信任的顧問和可靠的支持。其他人則會讓你產生自中學後就不曾再感覺的那種自我懷疑。（我在諮商時，聽過媽媽們十分煩惱出席學校活動時要穿什麼和坐在哪裡，擔心如果自己做了錯誤的選擇，風雲家長會不歡迎他們。）

當我女兒還在上學時，似乎其他每個女孩的名字都是奧莉維亞。一個「奧莉維亞的媽媽」可能無意間被人聽見正在說：「我不知道奧莉維亞是如何做到的！當我們要上床睡覺時，她總是還在用功，然後當我們早上起床，她已經準備好全家人的早餐，而且還遛好了狗！她為哥倫比亞的土著婦女創立了一個微型的非營利性組織（奧莉維亞的媽媽用充滿著西班牙語的腔調說出哥倫比亞幾個字），而且我們認為達特茅斯學院會因為潛水而錄取她。」奧莉維亞的媽媽不一定在說謊。可能她女兒有替家人做過一次早餐，遛了幾天狗，然後就停止了。她的家庭希望她可以透過潛水而被一所大學錄取。如果我不是在諮商業界工作，並且聽過許多家庭的內部故事，我可能會因為拿自己的女兒與奧莉維亞相比而感到灰心。

今天比起從前，學校社群更常成為父母社交生活的中心。這種親密導致不安全感和競爭意識的提高。其他家長似乎開始像是你育兒技能和社會地位的駭人晴雨表；他們孩子不時的成功變成你評斷自己孩子的標準。經過多年實際的治療經驗，我的結論是：人們對於自己家庭生活的描述，其可信度大概跟他們臉書頁面的貼文一樣。

直到孩子進入中學前，你可能每天都需要與其他家長互動。從第一天你在校門口等待孩子放學或於學校之夜在校園裡冒險時，你可能會與孩子同樣感到緊張。此外，渴望被其他媽媽所喜歡和接受，你可能會喪失該說什麼的辨識能力。一個好的基本原則：認識其他家長時，使用你新認識任何人時的那種敏銳度。如果你希望立刻與其他家長變得親密或受歡迎，你可能會被引誘太快吐露過多的消息。不要為了換取友誼而洩漏孩子的祕密。不妨思考一下：如果偶然被你的孩子聽見，你會感覺如何？我們都需要朋友幫助我們評估孩子的行為，但是請稍待並且觀察此人是否值得你的信賴。你相信她不會告訴她的孩子嗎？因為一旦她這麼做了，**你的**孩子也很可能會發現。

最後，請拒絕以下這些情況：為了與其他家長建立關係而使自己成為代罪羔羊，或加入由家長組成，針對學校管理階層的決策、不那麼適當的教師行為或影響班級的問題學生的風紀團體。一旦表達訴求的快感過後，你將使學校氣氛低落或使另一個孩子的生活變得更加困難，這樣並不值得。

我們需要包含其他父母的社群。我通常這樣建議家長們：「找到一個父母，她孩子的年紀比你的孩子稍大一點，而且她孩子的表現很不錯：腳踏實地又相當熱情。當你對一個與孩子有關的決定感到迷惘時，詢問那位家長，不要隨便在遊戲場上找一個媽媽。」無法變成你最好朋友的那些父母，仍然可以成為為你帶來關於老師、教練、家教和其他關心你孩子的成年人——也是下一章將談到的受託人——一些寶貴消息和回饋的來源。

# 第10章 受託人：讓你孩子生命中的保姆、教師、教練和其他成年人發揮最大作用

拉拔一個孩子長大成人，需要整個村莊的努力……而村民們可能輕率、令人愉快、惱人或鼓舞人心。有些人似乎對孩子的未來有著過高的權力。其他人則是充滿愛的盟友和良師。這些人是你孩子發展中的心智、情感和才能的受託人和臨時管家。當你的孩子看到你是如何與這些成年人互動或聽到你在家討論他們時，你就是在教導他們有關如何對待權威人士以及應對挑戰和榮譽的課程。在與受託人的對話中，你的假設應該是：「此人希望我的孩子擁有最好的一切。」你的內心口號：「我的孩子不是特例。」

你的方法、態度和評論可以讓受託人感到自在，也可以讓他們給你貼上難搞的標籤。你不會想要那個標籤。它非常難以擺脫。

## 保姆：充滿愛的專業人士

如果你有一個保姆，你和她或他之間存在著獨一無二的關係。看看那聘僱流程。人選無需

執照、學位或客觀可衡量的技能。一個代理機構將進行背景調查，你可能會從朋友的保姆那裡得到一個名字，然後你會打電話給之前雇用那位保姆的家長，但是你主要是根據直覺去授予陌生人對你家中最有價值和最脆弱的財產負起全部的責任。當然通常結果是好的。很明顯，僱用保姆能夠讓父母雙方保有工作，或者無需花時間往返托兒所。但是，這個角色對於孩子和父母的其他深遠益處使我將保姆納入值得尊敬的受託人之中。

當一個保姆進入孩子的世界後，孩子的世界就開始拓展。他會開始接受和欣賞陌生的事物：新的人（遊戲場上的其他保姆和孩子）；新的食物和口味；她說話的腔調；她熱情洋溢的情感表達；新遊戲、歌曲和知識。這是孩子將要經歷的分離與進入幼兒園所需的適應性的實踐。

你與保姆的互動將是你孩子對雇主和員工關係的第一次接觸。這也可能是你第一次作為老闆的經驗。在你孩子好奇的眼神下，你將進行談判、處理衝突、發號指示、糾正和表揚。然而，保姆並非普通的員工，因為保姆每天都在你的家裡，她會看到你的家庭極為痛苦的一面。權力平衡也是一個難解的問題：在許多家庭中，父母和保姆都有些偏執妄想症。保姆害怕激怒父母並被解僱，而父母害怕保姆撒謊、偷竊或突然辭職，使孩子陷入極度的憂傷，並且被迫急忙僱用替代者。（雖然讓孩子失去心愛的保姆是痛苦的，但如果你解僱她有其道理，實際上是在保護你的孩子。如果她是因為生活環境的變化而離職，那麼你可以邀請她透過拜訪或節日和生日賀卡來與孩子保持聯繫。）

由於這種專業關係也涉及私事，所以界線變得模糊，情況通常不利於保姆。母親們為了讓保姆樂於工作會拚命表現友好，但過於謹慎的措辭可能會導致保姆無法理解指令。與保姆關係太像姊妹——分享關於你的婚姻、健康、朋友或工作細節——即使感覺像是在建立關係，但其實將侵蝕你的權威並侵犯保姆的隱私。反之，告訴你自己「保姆就只是像一位家庭成員」，可以讓你更容易去微妙運用保姆的時間和保姆對孩子的愛。

## 僱用保姆前先設定期望

如果你在面試保姆時就已經表達了心中的期望，那麼大部分的戲劇化都可以避免。這並不像聽起來那麼容易，父母可能會由於即將完成整個尋人過程而感到如釋重負、因為與某人快速的產生情緒連結或在朋友的熱情推薦下而失去了判斷力。坐在你面前的人選既溫暖、聰明、經驗豐富又可以馬上工作，所以你不想因談論太多規則使她對此工作失去興趣。但是，與你擔憂的相反，父母若能夠清楚地解釋這份工作反而能消除保姆的疑慮。除了工作時數和住宿安排（如果她要和你們住在一起），你可以概述你對她的期望以及你如何看待自己身為雇主的責任。作為雇主，對保姆的公平待遇通常包括：

- 不要在最後一刻要求她延後下班（或者僅在真正緊急的情況下才這樣做）。
- 支付加班費。
- 如果你們要外出度假，請付她薪水。
- 提前告訴她你們的假期安排。

- 與其要她報銷花費，不如提供一張信用卡和現金，用於支付與孩子相關的費用。
- 準時回家，讓她得以結束一天的工作。

如果你在面試過程中明確的告知規則，那麼當保姆為你工作時，執行起來會更加容易。關於手機的使用，你可以說：「當我們陪米拉玩、幫她洗澡或者哄她睡覺時，我們不會使用手機，我們希望你也是如此。當你們在公園玩時，我們希望你能好好看著她，不要用手機玩遊戲或檢視朋友或家人的訊息，因為意外可能隨時發生。我們只有在計劃改變或發生緊急情況時才會傳訊息或打電話給你，我們也期望你這樣做——我們不需要你在做任何微小的決定前都先跟我們報備。」

## 非常困惑

好幾年前，我在聖塔莫尼卡舉辦了一場保姆工作坊。大多數參與者都是以西班牙語為母語的女性，但都有一定的英語流利程度。我的計畫是談論有效的管教策略以及如何與孩子的父母溝通。雖然這些女性對管教的建議表示感謝，但在工作坊中她們真正有反應的是關於與媽媽的交談。她們最常提出的抱怨是：「如果她能告訴我她想要怎麼做或她想要我做什麼，我會很樂意配合。」我從中聽出很多的「困惑」和「沮喪」。

塔米．戈爾德（Tammy Gold）在她的書 *Secrets of the Nanny Whisperer* 中，強調模糊不清的情況最常令保姆感到不開心。這裡列出她建議改善溝通的六條準則：

**1.切勿以詢問作為指示**

不是「你認為今天你能夠換床單嗎？」而是說「今天請更換床單。」

**2.切勿使用「如果」這個詞**

「如果可以的話，你能夠……」這使得要求聽起來是可選擇和低優先順序。

**3.當你想要保姆做某件事時，直接了當地表達**

女人習慣以建議來表達她們的希望——回想你媽媽不時說過的話，「沒穿夾克出門難道不會冷嗎？」然而，不要詢問或暗示，直接說：「請準備三個三明治並帶到公園，這樣薩米可以與他的朋友一起享用。」

**4.不要將你的需求或要求歸因於某人（或某事）**

父母有時會這樣做，試圖增加他們指令的重要性，卻可能會適得其反。像是告訴保姆一項新的研究顯示，嬰兒應該在十二個月內停止使用安撫奶嘴，這可以被視為一則資訊而不是指令。保姆可能會想，**我照顧孩子已經二十年了，他們之中沒有任何一個人因此受到傷害**。承認是你自己的決定：「我們正在讓她戒掉奶嘴。所以請不要讓她使用。謝謝！」

### 5.不要頻繁使用電子郵件或文字訊息給予回饋或指示

抗拒干擾保姆和你孩子共處以及她下班後的時間。關於時間表改變的簡短訊息是必要的，但是即使是為了立即溝通的效率，也不可以用電子設備傳遞負面回饋或複雜指令。它太容易被忽略或誤解，尤其是對英語為第二語言的保姆來說。

### 6.你的保姆不會讀心術

即使你認為保姆知道你的價值觀和慣例，也要直接告訴她你想要她做什麼或不要做什麼。對所有保姆都是如此，尤其是那些成長環境的文化規範與你不同的保姆。不要假設保姆知道你的意思、你打算做什麼或者你比較喜歡怎麼做。

我建議所有僱用保姆的父母安排每週一次的簡短會談。不一定要安排在星期五下午，但應該是你要認真、仔細觀察的會議。與任何其他策略一樣，這將使父母與保姆之間的關係保持低壓力，也可以讓你警覺出一些問題——皆需憑藉傾聽保姆告訴你的內容並注意到她什麼沒有說。保姆容易輕描淡寫地帶過重要的事或根本不提及它們。你必須藉由平靜的回應，透過時間來獲得她的信任，而不是在她給予你不太好的訊息回饋時馬上轉換為起訴模式（當開始面對年齡較大孩子的老師時，你也必須學習這一點）。

每週一次的會談讓你瞭解保姆和你孩子之間的關係如何。這並不會反映在她報告你所關切事情的數量上，而是在她分享關於孩子的細節中。一次的會談可以從你問她問題開始：「這一週過得怎麼樣？有什麼事我應該知道嗎，你有看到德瑞克的行為有任何不尋常的地方嗎？」她也許會笑著說，「他開始會小心翼翼地把自己頭髮分邊，然後會在鏡子前看上許久。他說他愛上了凱莉。」一個充滿愛、敏銳、新鮮的觀察是她理解你小孩的信號，而不是在看臉書或發簡訊給朋友。模糊不清的敷衍式答案則反映出相反的信號。

如果你沒有從保姆那裡得到任何類似的故事，而她的心思似乎被個人問題所占據，你可以問，「你最近似乎有點憂慮。有沒有什麼事你願意告訴我呢？」如果她堅持一切都很好，但是你仍然感到不安，那就去調查。沒有預警地返家、要朋友未事先通知就順道拜訪、或者突然出現在公園（「我今天提早下班」）。不要忽略你的直覺。

你的孩子跟保姆在一起時的行為表現可能會比跟你在一起時來得好。這可能令人困惑，讓你擔心孩子愛保姆勝於自己的媽媽或爸爸。但是，當他們以陰鬱、幼稚或懷有敵意的情緒從學校回家時，你會看到相同的反應：他們的一整天很長且高要求，而他們面對自己最愛的人時表現會最差。如果你的孩子也喜愛保姆，那你就成功了！精熟保姆、父母和孩子三方合一的關係對於你即將要與孩子的老師建立連結是絕佳的準備。

## 老師面臨考驗

我們大多數人成長的時候，父母親並不擔心我們的老師是否對學生一視同仁和鼓舞人心。他們也沒有盲目地認為成績至上。媽媽和爸爸有明確的忠誠：服從成年人。如果我們被送到校長辦公室，我們父母的憤怒是直接針對我們。我們可能會堅持這不公平，我們也有自己這一面的說法，但是即使他們聽了我們的話，大多數父母也不會擅自為小孩辯護。他們的反應通常是，「也許是那樣沒錯，但你最好知道人生本就不公平，好好自我反省一下。」

如今不再是這樣了，老師和父母之間的神聖同盟已經破裂，現今許多父母針對課堂糾紛時會本能地站在孩子這一邊。他們為了孩子扮演傀儡大師，糾纏不休地打電話或發電子郵件給老師，往往使用最禮貌的語氣請求老師提供第二次機會，或是請老師放寬規定，「但他是被挑釁」或「他永遠不會再犯」是孩子的通行證。這是奉獻的黑暗面，父母可能在無意間製造了反效果。

我們知道，當兒童免受不按時交作業、玩電玩而不學習或破壞規矩的後果時，他們獲得的是修圖過的生活樣貌，這將使他們更難掌握成人世界。那麼，為什麼父母如此熱衷於幫孩子處理本來應該是孩子該自己面對的事物呢？整本書中我們一直在討論的同一種力量赤裸裸地出現在學校中。父母將原始的成績單視為護照——面對不確定未來的重要防禦工事。他們孩子的社交逾越？不太可能重演的無害過失；榮譽和勝利？父母的價值認證。由於如此多的利害關係，父母的情感中將勝過他們的常識。

在這種緊張的氛圍中，老師不再被視為兒童生命的冒險故事中多彩多姿的次要演員，而是善惡的代理人。他們被仔細檢查、拍馬屁、八卦和遊說。現今很少有老師能放棄父母的信任和支持去對學生作出合理的評量，以完成自身的工作。私立學校和高稅收級距公立學區的教育工作者要應付認為他們支付的學費可以購買老師全天候時間的父母。貧困社區的教師則面臨不同的挑戰。父母由於缺乏流利的英語程度或以前自己在課堂上的負面經驗，使他們對於參與學校事務可能會猶豫不決。他們可能疲憊不堪於多份工作或不知道出席親師座談會的好處。在這些情況下，父母不會干預孩子的學校生活，但是他們缺乏參與會使老師缺乏支持學生學習的那種聯繫。老師發現自己處於兩種極端狀態：抵禦直升機父母或自食其力。

直升機父母（或「掃雪機（snowplow）」、「神風（kamikaze）」）這種教養方式已經出現了大約二十年，久到足以對老師的課堂教學方式產生永久性影響。其中一些是正面的：學校的管理人員和老師對學習障礙的跡象變得更加警覺；更加瞭解霸凌的長期影響；更尊重性傾向、種族和社會階層的多樣性以及偏見歧視所造成的壓力。缺點則是父母主動站在學校這邊，而沒有考慮到孩子發自內心的抱怨或合理的學習進度。

但在這巨大變化的過程中，老師和父母彼此間變得更加小心翼翼。隨著父母的涉入，一些老師則是退後。他們重新考慮願意對父母說的話或者是給學生的建議。自相矛盾地，父母給老師的壓力越大，孩子就越不可能從教師那裡得到最好的教育益處。

最明顯和廣泛的例子是分數膨脹及其副產物——公平的通貨緊縮。我把我上一本書命名為《從B-到A+的猶太教養智慧》（*The Blessing of a B Minus*），因為有很多家長對B-的反應是恐慌、聘請家教和糾纏或祈求老師。由於父母處於如此慌亂的狀態，評分標準變得扭曲。有能力但沒有實際參與課堂、按時繳交作業或準備考試的不認真學生通常不會得到D或是C的評分。老師惹惱父母是不值得的，因為他們可能會向學校抱怨他們的孩子是由於教學品質的關係而沒有成功學習。

教師不僅使用一種滿足虛榮的評分標準，當他們看見孩子們浪費自己的才能或隨意放棄較困難的作業時，他們也會對於給予坦率的評估這件事猶豫不決。老師們不會撒謊，只是許多人學會置身事外，因為他們已經體驗過不好的後果。結果是父母被剝奪了得知關於他們孩子的有用資訊。

## 隱形家教、父母的重寫報告以及走向滅亡路上的其他指示牌

「你不能把孩子們空運到山頂，把旗子放到他們手中並稱其為他們的成就。」

——茱莉・李斯寇特－漢姆斯（Julie Lythcott-Haims），《如何養出一個成年人》（*How to Raise an Adult*）

最具破壞性的情況是，父母的干涉越線到不誠實的行為。在許多我諮詢的家庭中，幫孩子們聘請一個或多個科目的家教被視作一種成績保障。有些是「隱形家教」，意味著孩子們被暗示不要讓老師知道他們得到額外的指導。要求孩子們對老師保密會發出一個令人困惑的訊息：當你擁有一個優於同儕的有利條件時，對成年人說謊也沒有關係。這也是規則如何不適用於每個人的一個例子。這個祕密會給任何一個孩子帶來不公平且令人洩氣的負擔。

道德界線變得模糊不清的另一方面是作業。當我與教師團體會面時，我總是建議他們在年

初時就告知家長自己希望他們如何參與孩子每天的功課或特殊作業。如果你孩子的老師沒有在親師座談會或「歡迎來到四年級！」的部落格或時事通訊中提出綱要，請直接詢問他。當期望不明確時，好意的父母很容易給予學生太多的幫助，特別是因為許多學校的家庭作業、運動練習和其他課外活動的數量已經多到失控。

這個問題只會隨著孩子年齡的增長而增加，社區服務、排練和體育社團旅行會填滿他們的行事曆。現在媽媽或爸爸用摻雜著野心的同情心重寫了一篇報告，並再次暗示孩子家裡發生的事情應該留在家裡——孩子不應該告訴老師。然後老師針對報告內容進行了一次測試，孩子考糟了。老師把報告和考卷放在面前並打電話給父母。父母可能會坦白，或者臨時找一個藉口：「哦，對了，她在考試當天得了流感，這就是為什麼她的注意力無法集中。為什麼不讓她下週再重考一次呢？」如果這種欺騙成為一種模式，沒有人會被愚弄，而老師將會放棄那個家庭。不是學生，而是整個家庭。

教師和管理人員都知曉一些最有特權（表面上）的學生所面臨的壓力：父母總是在旅遊或工作、媽媽或爸爸罹患憂鬱症、某方面成癮或準備離婚、金錢的問題。孩子在混合式的家庭（因再婚而重新組成的家庭）中感到迷茫或被忽視。老師們知道他們可以提供學生在其他地方無法獲得的珍貴關注和照顧，也理所當然地希望能成為孩子生命中的陪伴角色。

教師不會因為父母的行為而責怪孩子。但是，如果他們察覺到自己的建議只得到表面上的遵守，但實際上卻是深層的抵抗和缺乏持續的應付，或者父母繼續幫學生撒謊或掩飾，那麼許多老師將會收回他們對家庭的努力。通常這樣會產生的結果是老師不那麼認真細心地傳遞資訊，以及在尋找解決孩子學業困境的方案上不那麼具創造力。

公立學校也存在著相同的問題，由於每班通常學生數更多，老師對於家長的詭計也較沒有耐心去處理。他們可能會聳聳肩就算了（對孩子來說不好，他們可能會斷定在作業上作弊是因為老師們很蠢、不在意或兩者皆是）。不過老師也很可能會把學生叫到一旁，要求知道真相、逼迫學生說出慚愧的懺悔或一個謊言。她甚至可能會依照規定打給父母要求一次會面，到時候父母會被質問，而學生會被進一步羞辱或管束。

對於太多家庭來說，這種壞習慣會持續到學生進入大學。到那時，學生已經將父母「編輯」報告的重寫、藉口和掩飾納入自己的道德框架中。**欺騙是沒關係的，只要不被抓到就沒事。每個人都這樣做。**

隱形家教和父母的欺騙會帶來意想不到的後果，包括：

- 失去內在動機。（我做這個工作是為了我的父母和老師，不是為了我自己）
- 喪失喜悅和驕傲。來自發現如何自己克服學習和創造力挑戰的那種滿足。
- 自信心低落。（如果我的爸媽必須花大錢請專家到家裡來，或是為了幫我找藉口而向老師撒謊，我一定相當失敗）
- 無意間教導孩子透過花錢可以快速、乾淨的解決問題。

好父母做出壞選擇是因為他們想要一個不同的現實。我告訴他們：「請不要剝奪你孩子的現實。它是個免費的美妙老師。你不需要為了現實支付任何學費。然而，你必須支付許多錢才能保護孩子遠離現實。」

## 親師會議上（或任何其他地點）如何與老師交談

你與孩子老師交談的目標在於創造一種合作關係的精神。你希望她公正；你希望透過你在家中的行動去強化她試圖在課堂上達成的目標。為了賦予她誠實溝通的信心，你必須傳達出你可以接受事實的訊號。如果你真的希望得到她的信任，你可能需要吐露你對於不喜歡回饋的反射反應為恐慌或否認。任何母親都可以這樣說，因為它絕對真實。然後告訴她你多麼重視她的意見，並且希望她可以自在地與你分享。

你的言行舉止應該表現出謙卑，並且強調自己的外行身分。這不是在拍老師馬屁；這是承認她在這個領域上的專業，而針對這個領域，你懂得並不多，即使你讀過許多相關書籍。縱使你是個兒童發展專家，但是你不是在孩子學校教學仍然是個事實，即使你是，你也不清楚你孩子那個班級的動態。

從一開始就明確傳達出尊重和開放的態度有兩個重要原因。第一個是大多數家長都傾向站在孩子那一邊。老師已經厭倦戰鬥，而且會假設你的立場也是那樣，除非你向她保證並非如此。第二個原因可能是你令老師感到膽怯。如果你的孩子就讀私立學校，你的家庭收入和社會地位比她更高的可能性非常大[19]。你可以藉由談論你**沒有**的東西去取得平衡，也就是她對兒童的知識。你只需要說一段體貼的言詞，像是「來這裡真好。二年級對我們來說是一個新的領域，我想要知道我們可以如何幫助蓋伯達到你為他及整個班級所設定的目標。」

在親師座談會上，大部分的老師會描述這個年級階段的男女生一般的發展里程碑及典型行為；通常會出現的社交問題；以及學生們普遍認為有困難的科目為何。除非你有絕佳的記憶力，否則應該做筆記，這樣當你遇到類似的問題時才有資料可以參考。

你的第一次機會可能出現在親師會談。這種會談通常很簡短，時間約落在十二到二十分鐘，所以參加前一定要事先準備。

- 如果進度報告已經寄出，一併攜帶，方便你提及裡面內容。
- 如果你不確定如何最好的幫助你孩子解決他可能面臨到的問題，趁機詢問老師。
- 如果你的孩子正要或即將要面對情感挑戰，讓老師知道。不需要過度分享，不過坦誠相待比起個人隱私或面子更重要。告訴老師，如果她可以通知你她注意到你孩子在行為或情緒上的任何改變，你會很感激。如此一來將提供她更多「你可以接受」的證據。影響孩子行為的常見議題包括父母親正準備離婚、父母一方生病、手足出了問題、家裡即將多一個新成員，或是摯愛的祖母去世。

19 作者註：在私立學校和高稅收級距的公立學區，你可以立刻分辨出教師與保留給學生的停車格。停車格中車子較新、較昂貴的型號是誰的呢？答案是學生。

- 如果你的孩子之前有情緒或學習問題方面的診斷，請告訴老師。我知道你可能不想這麼做。「我們希望保護他免於負面的期待或標籤！新老師和教室提供了一個機會，讓我們知道那個問題是否是環境所導致。」可是不提醒老師有這些問題，你就違反了開放合作關係的精神，並且剝奪了孩子從她的敏感度與專業知識中獲得益處的機會。
- 有些學校採取的親師會談模式也包含學生參與。每個人都聽見相同的回饋，並且一同瞭解孩子的成長（父母傾向記得與孩子缺點有關的任何事項，即使老師熱情地列舉出一長串他的優點）擁有許多好處。如果一個孩子正在經歷一段困難的時期，大家一起腦力激盪、設定目標會有所幫助。但是有些主題在最初討論時，最好不要在學生面前，例如：與你孩子的精神健康或可能的學習障礙有關的問題。會談結束後，你可以與老師聯絡，詢問額外會面的時間，以及詢問她在你們下次會談前，請學校諮商師到班級和遊戲場上觀察你的孩子是否會有幫助。

## 與老師關係更上一層樓

親師會談時，你會想要強調你對老師的支持，同時避免使用的文字或行為讓她感到被冒犯。在這種框架內，你仍然可以表達自己的意見，而因為你已經表現出尊重她的工作和承諾，所以老師將對你的意見抱著更開放的態度。

## 瞭解你的職業習性

一位是FBI探員的家長告訴我：「我的工作是搜尋線索，並且找出誰是犯罪者，所以對我來說，身為母親很困難，因為我總是假設我的女兒藏了某樣東西。」父母對老師和其他受託人也會表現出相同的職業習性。律師媽媽會盤問老師；治療師父親會對老師進行精神分析；市場行銷經理試圖恭維和誘惑；執行長則令人生畏。我們所有人都具有職業習性，所以試著辨識出你的。如果你很難克制那種行為，請事先發出友好的自貶警告。例如：「我是一位律師，所以如果我進入盤問模式，請讓我知道。我真的很重視你的回饋。」或者是讓父母另一方去說話。我經常告訴準備參加會議的家長，如果他們想要提出的一些議題可能會造成老師的內心轉為防禦，那麼應該讓較激進、知情的一方在會談前準備一份討論要點，然後讓較和藹可親、較不煩燥的一方進行發言。如果你是一位單親父母，擔心談論到棘手的問題，先與朋友進行角色扮演。著重在表達的風格、內容和語氣。

## 與老師建立同盟

如果你同意老師的看法那就說出來。例如：如果她重視學生要準時到校：「我知道很重要，所以我們正在設法執行一個新計畫。我們要把每個人的起床時間提早十五分鐘。我們也在考慮是否要與另一組人共乘。」針對老師給予你孩子的回饋，你可以回應：「哇，這真是令我大開眼界。我之前一直處在當局者迷的狀態。」

**用討人喜歡的言詞作為親師會談的開場。逐字述說你孩子講過關於老師的真實事情**

老師正在尋求認可。如同她在腦海中搜尋關於你孩子的記憶，以及寶貴的正面回饋一樣，你也會希望以欣賞的態度去開啟這次的會談。雖然老師們在意你對她們工作的評價，但是從你孩子口中說出的讚賞對她們的意義更為重大。孩子通常會說許多關於老師的事情。然而，如果你的兒子或女兒沒有分享太多這類的事或就是不喜歡老師，透過詢問戶外教學、活動、教室佈置或任何他們喜歡的其他事情的開放式問題，試著從中提取他對老師的印象。你只需要知道一個細節：

「瑪莉亞說：『長除法其實非常簡單。加爾薩老師解釋得很完美。』」

「安卓說你告訴全班，你在放假期間去挑戰了一次鋼索飛行。他印象非常深刻！」

「佳貝麗著迷於你的植物繁殖展示。它真的點燃了她心中某些熱情。」

**以一種期待瞭解老師的態度和幫助孩子的語氣去表達你的關心，而非使用批評的口吻**

如果你從孩子那邊得知一個問題，你只知道一半的故事。不要跟老師對質：「丹尼爾說你告訴班上，這次測驗內容只包含第四章，但其實涵蓋了第四章和第五章。他沒有準備。」而是說：「你可以提供我一些大綱嗎？丹尼爾時常搞錯考試包含的章節。你可以提供一些如何幫助他進步的建議嗎？這是有沒有專心聽講的問題嗎？」你的潛在態度為老師是專家：「這是我的第一個八歲孩子，而你已經有過許多與他們相處的經驗。」

## 如果老師說的某件事令你不快，請克制自己的反應

教師們不會隨意告訴家長他們的孩子有問題。一般來說，他們會等到自己有信心那個問題不只是發展上的一個小障礙，不需要介入就會自己消失的時候才告知父母。你需要假設老師是受到她的直覺、經驗和友善的指引。如果她建議你的孩子取得特殊的協助——一份個別化教育安置計畫（IEP）或是專業的評估——請視她的目的為幫助你的孩子，而非使自己的工作更容易。相信她會謹慎小心，不會將這個消息散播到整個社區。

如果她建議治療或測驗，請她（或部門主管或校長）幫忙轉介。你不必當天就馬上預約，更明智的作法可能是與孩子的小兒科醫生或明理的朋友、同事討論老師的建議。如果你決定讓孩子接受進一步的評估，學校的建議具有特別的價值；這些專業人員都彼此熟悉，而且習慣相互溝通學生的進展。在學校心理的專門用語中，我們稱之為「孩子學習團隊」。

## 簡短卻重要的禁忌清單

自我控制是你與老師交談時所追求的一種特質。一條通往自我控制的捷徑：不要抱怨。即使你認為這是一種展現幽默或破冰的方式。特別是在親師會談上，不要提及：

- 小巧可愛的椅子。
- 因為她與其他家長談話超過表定時間，使你等待了十五分鐘。
- 花費在州立規定測驗上面的時間。

- 學校在三年內使用三種不同的數學課本。
- 「不明確」的作業指示。（你孩子向你解釋的版本）
- 任何超過教師範圍的事情，無論這些議題多麼有價值。教師無法干涉行政、州立或聯邦法律、資金和支出或是學業軍備競賽。

無論是在親師會談或較不正式的場合，有些行為會導致教師在應對父母時變得憂慮。

**不要一手緊抓著你孩子的文件現身**

這就像是你將傳票遞給老師一樣。如果你必須與老師討論一份考卷或作業，先將文件放在你的皮包或公事包中，只有在會談期間，當你婉轉地提到相關主題後，才適合展示那份文件。

**不要提早抵達或遲到。請準時**

老師可能會與前面的家長談得稍久一些，所以同樣地，她花在你身上的時間可能也會長一點。所以替自己保留足夠的彈性時間。

**不要看你的手機或將其置於桌上**

會談期間請把手機調成靜音，並放在看不見的地方。

### 不要把其他學生當成代罪羔羊

「這不像我兒子，他在家絕對會合作。（說這句話的家長知道那是個謊言！）他是受了麥克斯的影響。如果你將他們兩人分開，我相信你會看到改變。」如果真是如此，你難道不認為老師早就會這麼做了嗎？當老師感覺需要與你談論孩子的行為或其他困難時，她一定已經考慮過最顯而易見的解決辦法。尋找代罪羔羊是源自保護孩子的衝動，所以你必須監控自己的這種自然反射。

### 不要說其他家長的八卦

為了與老師建立關係，你可能會試圖向他傳遞一個或兩個謠言（「你聽到高登的父母分居了嗎？」）。如此一來會讓老師處於尷尬的位置。只分享你自己和你家庭的消息就好。

### 不要在接送孩子時要求即興會談

這種情況最常發生在放學後，老師正在整理她夜晚的回家作業時（改報告、考卷或備課）。老師的工作日尚未結束，而你突然地拜訪只會延後他的下班時間。

### 不要以朋友和同謀，而非專業人員的角度去對待老師

父母往往依賴學校以獲得一種社區的感覺，特別是在私立學校或父母為了學區而搬到那個

區域時。在這些情況下，友善的文化通常代表那裡的所有人都需要喜歡彼此，因此反而無法坦白。所以如果你想要從老師的智慧和技巧中獲益，請尊重你們之間的界線，讓老師可以做一個專業人員。

## 不要亂傳文字訊息給老師

夏綠蒂告訴你羅根在休息時間試圖掐死她。你檢查她的脖子，但是沒有痕跡。可是……預防勝於治療，而且難道哈里森女士不想在明天上學前就知道這件事嗎？一個強而有力的箴言是「等一下」。它代表「為什麼我要說話？」而在親師關係中則代表：「為什麼我要在教師的休息期間發送簡訊／寄電子郵件／發送語音訊息給她呢？」過於頻繁和衝動地傾訴你的顧慮，會讓你變成放羊的孩子。風險為何？重要的溝通將被扔進老師心中標記著「沒什麼大不了，又是夏綠蒂的媽媽」垃圾桶。記住，老師需要課後時間和週末以重新充實自己。

## 管理的方法：學校主管和校長

一所著名的私立學校主管告訴我，在一次入學面談時，一對夫妻宣布：「我們很高興讓女兒讀這所學校，只要你們不再提供凱爾西復學合約。」復學合約是時髦的學校用語，意味讓孩子可以在隔年回到學校就讀，而非將她退學。

類似的故事，我已經聽過不下數十次。有時候如果父母對老師抱持懷疑態度或不屑一顧時，他們也會視學校主管和校長與自己是平等的，尤其容易發生在家長的口袋很深，可以捐錢給學校的情況下。一旦他們的孩子入學，與他們維持關係就是行政官員的每日挑戰。為了增加學生父母心態較沉穩的入學機率，主管和行政官員會尋找以下的跡象。

### 父母雙方處於戰爭狀態嗎？

當父母親（不論有無婚姻關係）不合時，肢體語言和非口語線索都會相當明顯。這些紛爭經常會在學校上演或投射到老師身上。許多家長都離婚，學校不是對那些家庭存有偏見，它們只是不希望被持續進行的戰爭所波及。

### 他們對孩子的期望相同嗎？

即使家長的關係健康穩固，他們可能在孩子的能力或氣質的看法上非常不一致。這通常意味著父母一方較務實，而另一方則堅持孩子有較高的潛力。真相為何對學校來說的重要性比不上這種對學生的矛盾看法會導致父母對學校抱持著不切實際的期待的可能性。

### 他們一開始就堅持己見嗎？

行政官員鼓勵家長詢問關於學校課程、文化和使命的問題。但是在最初的面談，提出任何具挑戰性的假設問題時，請先慎重思考一番：「如果我的孩子錯過一次測驗或作業，教師們是否願意用額外的分數去彌補失去的分數呢？」「我們每年春天都會外出旅遊三個星期。萊利的小學會替他準備學習包，這樣他不會錯過任何課業。這裡的老師能夠替他準備嗎？」切記，學校可以選擇自己接受的家庭，不僅是單一學生。用傲慢的方式介紹你自己、提出挑戰或傳達出你相信錄取你的孩子將會提高學校的地位很容易遭致反效果。這就像是在你的額頭貼上「麻煩人物」的貼紙。

**他們有表現出信任學校的樣子嗎？**

學校長官在尋找父母相信學校，並且知道學校會將他們孩子的最大利益放在心上的線索。他們想要確保家長一般不會干涉老師，而且會讓她做好自己的工作。

**他們有思考過這所學校是否適合他們的孩子嗎，不管學校的風評如何？**

每個人都想被錄取，但是對孩子而言這個環境是正確的嗎？來自父母的學業要求，以及高度依賴家教皆可以為孩子進入一個特定機構的情感和認知準備做足掩護。甚至入學測驗的成績也可能因大量的準備工作而提高，所以即使是不進行入學測驗或正式評估的學校，經驗豐富的招生官員也都發展出完善的感應器，可以良好配對學生的能力、動機和課程的要求。錄取那些尚未準備好接受學校工作量的學生只會招致孩子可能的失敗。

公立學校的校長無權拒絕學生，不論其父母是否散發出警報。但是正如任何關係緊密的社區——你的辦公室、你的禮拜場所——裡面處於權威地位的那些人會評估每位成員的團隊精神，並且依此調整他們的彈性和容忍度。就可親近方面來說，基本規則就是除非有特殊事件或你的孩子正面臨危機，否則你不應該期待從這些行政官員的身上得到特別待遇。

## 聰明的家長不說老師閒話

家長們從年初就被無數次告知、沒人閱讀的入學手冊中也明列著當孩子發生問題時先去找班級老師。然而，許多父母不瞭解或不尊重這種可被接受的抱怨階級制度。有些人覺得直接跟上層說更自在；有些人則不想損害他們自認與教師之間存在的友誼：「我們建立了如此良好的關係！我就是無法當面告訴她這件事。」所以他們避免了自己感到困難的對話，直接跑去找校長。

父母的權利和急迫也起了作用。「我以前一定會去找老師，但是她做的事情實在是太糟糕了！我的孩子告訴我……」孩子們是編造故事的專家，他們會使自己看起來像是冷血教師手下的無辜受害者。就像傳話遊戲一般，當父母告訴行政長官孩子說過關於老師的事情已經遭到扭曲。

這是一種說人家閒話的形式——絕對是你要訓練孩子不要表現出的行為。你會希望他能發展出面對朋友的勇氣，展現在當朋友做了某件傷害他或他人的事情的時候。

何時才適合去找校長或主任呢？如果你已經和老師爭吵了很長一段時間，而你開始考慮幫孩子轉學的時候。我可以聽見家長抗議：「那太荒謬了！是這位老師如此無能（懷有偏見、年輕、年老、卑鄙）。而且她對孩子大吼大叫！我必須去跟上層說，特別是我們搬到這個城鎮的唯一理由就是學校系統的品質。」

不過學校就像你的工作地點。如果你與上司意見不合，你會去找他並且嘗試評估問題和一同想辦法解決。只有極度嚴峻的情況下，你才會繞過上司，直接尋求組織領導人的幫忙，因為那個人會回去告訴你的上司或老師：「凱蒂的父母告訴我你孤立凱蒂、嘲笑她，並且留她在教室外面兩個小時，不准她使用廁所。」而在這場騷動之後，你的孩子仍然會待在同一個班級中，只是從今以後發生的任何問題都會因為老師對你的不信任而加劇。

## 何時該擔心

無論你支付的是學費或學區費用，教師的類型範圍皆包含非常有才能到立意良善但平庸，真正惡劣或會心理上虐待學生的老師非常稀有。我時常說和寫到對孩子而言擁有一個平凡的小學老師是件好事，因為這是他們發展出韌性的方法。我支持這一點。不過如果你的孩子因為遇到一位會辱罵學生的老師而感到痛苦，那麼這時就是你化身為母獅子模式的時候了，而且要強烈要求將他或她調到其他班級。

罕見的情況下，你會遇到一位擁有許多教職員盟友的長期任職教師，或是一位匆忙被遞補上任的新手，他們異常地冷淡、正在經歷情感問題，使得他不適任作為一位班級導師，又或者缺乏教學熱情，散播恐懼、痛苦或對學生極端厭倦。剛開始上學的年幼孩童不知道自己可以期待什麼。當一位教師的行為持續表現出不愉快、不仁慈或不合時宜，他們可能也不知道自己理應值得更好的經驗。有些孩子可能尚未發展出可以描述班級中嚴厲或緊張氣氛的語言技巧。對於父母而言，這代表著一個挑戰：你該如何區辨孩子的行為表現是因為仍在適應嚴謹的上學日（相較於家庭生活或在幼兒園時的步調），還是因為遇到一位不良的小學老師而受苦的徵兆呢？

一開始，請先誠實思考其他可能造成你孩子心情低落或退化的原因。最近有搬家、生病或家庭問題嗎？你是否直覺上認為他尚未準備好上整天的幼稚園呢？如果你想不到任何類似的事情，那麼拒絕上學這個可能性的第一則證據包括孩子說：「我不想要起床、我不想出門、我討厭學校。我的老師很壞，而且她討厭小孩。」更細微的證據包括本來已經訓練好如廁的孩子開始會夜晚尿床、半夜因為惡夢而驚醒、咬自己的上衣或經常抱怨肚子痛和頭痛以逃避上學。

如果你注意到心情低落的跡象，找一位行政人員或學校心理師或諮商師對你的孩子在不同情境下進行觀察，像是在他的班上、午餐時間、遊戲場上或科任課時（例如：非級任老師教授的美術、音樂或體育課）。觀察者可以告訴你孩子是否一抵達學校就變得開朗活潑，抑或他與其他孩子在一起時表現畏縮、易怒或愛挑釁。

當年紀較大的學生抱怨被老師虐待或老師「恨」他，首先排除有時候是因為被家庭否定或缺乏注意而導致的動態：真正的問題是對父母或繼父母的恐懼或憤怒，但是反映出來的卻是與老師的相處出了狀況。大多數青少年都很願意滔滔不絕地談論壞老師——你不需要去挖掘線索。

只有一個例外情況是學生過去與權威人士，尤其是老師在相處上有發生過問題，使得他可能認為如果他再抱怨另一個老師，父母也不會相信他。這些苦苦掙扎的學生應該得到與善於表達的學生會主席一樣多的保護。

年紀較大學生的成績、他成績單上的評語，以及關於一位特定老師（非所有老師或學校本身）的反覆抱怨和挫折，這些都將提供你更多何時該介入並要求讓孩子轉班的線索。

## 不是所有人都有天賦

當我父親就讀布魯克林區布萊頓海灘的小學時，所有學生在學年一開始都需要接受一次歌唱測驗。然後每個孩子會被分配到下面三組中的其中一組：高音部、低音部和聽眾。聽眾的責任是什麼呢？學習所有歌曲的歌詞、參與每場表演並且保持安靜。

現在如果嘗試進行這種歌唱測驗，你會發現家長在校外抗議，手舉著「完美音高是相對的」或「獨唱代表歧視！」等標語。伴隨成績膨脹而來的是天賦錯覺，導致了一些有趣的困境。戲劇老師尋找包含三十五個幾乎同等重要角色的劇本（哈囉，「安妮」[20]！又見面了）。一位巴頓魯治市的小學老師告訴我她正在設計《101 忠狗》（*101 Dalmatians*）的演出。每位成員不只需要一句台詞還需要一個名字。這個壓力使她失眠：「昨天半夜兩點，我醒來想到 **Tic**、**Tac** 和

20 譯註：《安妮》（Annie），湯瑪斯．米漢（Thomas Meehan）撰寫的第一部百老匯音樂劇。

Toe！這樣就有三個名字了！」

許多家長表現得像是個狂熱的粉絲，因為他們堅信自己的孩子非常有才華，否則他們會擔心如果她發現自己沒有，她會崩潰。其他家長則視運動、音樂或任何形式的創造性表達為一條替履歷加分的內容，孩子必須帶著堅定而非喜悅的心去追求。當我聽見家長說：「我的兒子參加籃球社。他打得沒有非常好，但是他很喜歡。」我內心總是為他們歡呼。他們幫自己省下了價值美金三千元的心理測驗——我知道那個健康的孩子有一對明智的父母。

就生命教訓方面而言，課後加強是理想的。你能把真相留給別人去說是一種祝福。如果學校通知你，你女兒的洋裝太透明或駕駛教練因為你兒子忽略後照鏡而責備他，那就表示你不需要自己教這些。應用相同的精神，你就可以輕鬆地坐著，以鼓勵但不狂熱的態度去支持孩子參與美式足球隊的選拔賽或音樂劇《金髮尤物》（*Legally Blonde: The Musical*）的甄選會。交由教練或戲劇教師做主，然後你陪伴孩子練習台詞、去看球賽、合理地為孩子打氣或提供安慰。怎樣算合理的期待呢？想想看只有2％的大學在校生有拿到體育獎學金。當你不知道要賦予你的高中生孩子多大壓力才合理時，這個事實將提供你一個衡量標準。

此外，教師和教練們報告許多家長無法控制自己。一位戲劇老師回憶一個家長的悲嘆：「我女兒唱歌像是愛黛兒（Adele）！她在《美女與野獸》（*Beauty and the Beast*）中怎麼可以只演出一個茶托呢？還有，她排了滿滿的課後活動，所以無法參與所有的排練。」一位教練告訴我關於一個極度渴望進入棒球代表隊的高一生的故事。他很有天分，但是因為他是最年輕的，所以自然他坐板凳的時間也很長。他的爸爸直接去找教練，並且說：「我們都知道卡麥隆是傑出的投手，所以問題出在哪邊？為什麼不讓他上場？」

作為一個次要角色和坐冷板凳是一個孩子學習忍受挫折、研究球技更好的球員和督促自我練習的方式。這也是當他成為一個較重要的人物或站上更好的位置時，可以體會到榮耀激增的唯一方法。在不騷擾教練或煽動孩子感覺受委屈的情況下，你可以展現同理心。你表現的方式不是透過聚焦在孩子的失望上面，而是透過分享自己的失敗、目標和成就。

我最近與一位母親會談，她本身是個成功的藝術家。她青少年的女兒也是一位有抱負的畫家。嘆了口氣，這位女性準備好告訴我一些消息。

「這個嘛，我已經將最新的作品送交一年舉辦兩次的——」

我打斷她，並且以一種鼓勵的語氣說：「然後你被拒絕了。」

「對，而且你好像很開心聽到這個消息？」

「為了你女兒好。現在你可以告訴她你的感覺；當你感到失望時，你會做什麼去激勵自己的鬥志，還有你計畫如何增進自己的技巧，使下一次入選機會增加。」

當我們試圖保護孩子免於失敗和失望時，我們傳達出一個訊息就是它們令人難以忍受。幫他們向教師或教練請求則傳遞出孩子太軟弱，無法獨自處理這件可怕創傷的額外訊號。藉由分享你的自身經驗，你對待孩子就像對待一個與自己平等的人，而這麼做所展現出來的尊重是一種強而有力的安慰。你同時也在教導她如何自生命中無可避免的失望中生存。

何時與你孩子的教練、戲劇老師或辯論隊的隊長談話才適當呢？在孩子升上中學後，永遠不要這樣做；除非孩子病得太重，無法自己取消排練或會議。除此以外，這些對話是你孩子的責任。如果你介入去幫助她發表主張，那麼你就剝奪了她練習必要技能的機會，而這種技能比起你代表她提出的問題更加珍貴。

## 一位受託人可能會注意到你沒有注意到的事情

父母雙方僵硬地坐在沙發上進行他們第一次的諮詢。媽媽開始說：「是關於我們的女兒，老師告訴我們她在課堂上的測驗中啜泣。她只有十歲！」

身為一位心理師，我感覺心中警鈴響起，因為一個孩子在學校情緒爆發而非家裡，不是一個常態。

「你有女兒的照片嗎？」

媽媽拿出手機，我看到一個極瘦的小女孩身上穿著史沃斯摩學院的運動衫。

「你們兩人之中有人畢業於史沃斯摩學院嗎？」

「我們都是，」媽媽回答。

「我們在那裡認識的，」爸爸接著說。

「所以她是雙校友子女？」

他們點頭。

「她是否已經開始擔心自己能不能進入相同的大學呢？」

「可能吧，但是完全沒關係，我們已經告訴她不一定要上那所學校，」媽媽說。

「她只是最好不要去念州立大學，」爸爸低聲嘀咕。媽媽不以為然地看了他一眼。

我提醒他們：「孩子看不出細微的差別。他們的認知能力與成人有非常大程度的差異。你們的女兒不瞭解申請多所學院的概念，或是雖然你們給了她那件毛衣，但是如果她沒有去念你們的母校，你們也不會失望。你們可以跟她說：『身為五年級生的好處之一是你現在完全不必思考大學的事情。你還有好多年的時間可以想清楚自己想唸哪一所學校。所以如果你想，你可以穿這件運動衫，也可以不穿。無論如何，我們都支持你。』」

這位女孩的老師夠警覺，會注意到她的眼淚，並且立刻聯絡家長，或許因為這樣而避免孩子陷入多年的痛苦。老師們和其他受託人可以作為孩子和父母的期望、投射和無意間矛盾訊息間的防火牆。

## 為你的孩子帶來不同的光芒

有一天，一個害羞又用功的七歲學童提早來到班上，然後坐到自己的座位上。她的老師——一位身材結實的女性——學生稱她為沃德女士，是班上唯一的第二個人。這個學童，也就是妮可．梅森（C. Nicole Mason），她在自傳 *Born Bright: A Young Girl's Journey from Nothing to Something in America* 中，回憶沃德女士的目光從桌面抬起，接著說：「過來這裡。」

她繼續批改作業，當我站在她面前，準備好回答她的任何問題時……她把筆放下，並且看著我。

「你很聰明，你知道嗎？你長大以後想要做什麼？」她的目光直直地盯著我看。她希望我瞭解她在說什麼。

我聳聳肩。從來沒有人問過我這個問題，而且我也沒有答案。

「你現在不知道沒有關係。你是一個聰明的小女孩，可以走很遠，只要繼續走下去。」

我站在那裡，雙腳像是長了根似的，無法動彈，等著她對我說更多的話，但是她沒有。她回到自己的工作上。過了一會兒，我回到我的座位。她所謂「繼續走下去」或我可以「走很遠」是什麼意思呢？我不禁納悶著，是要走到哪裡？

對梅森而言，這次的對話燃起了她的好奇心和自我覺察，之後帶領著她成為一位教授、作家、時事評論者和公共政策專家。

有愛心的受託人是每個孩子生命中的寶貴資源。當一個新患者告訴我她的父母雙方都不及格——他們因為太生氣、沮喪、全神貫注或自我毀滅而無法提供愛的照顧——我總是會問：「那麼誰珍愛你呢？因為我看得出來你是被愛的。」從來沒有人必須沉思許久才有答案。是露易莎阿姨！或是一個鄰居、教練、祖母、小學的圖書館員。總會有一個人能夠與孩子產生連結，而且以某種方式讓孩子知道「我看得見你，而且我喜歡我所看到的」。

受託人可以提供豐富的禮物。有時候是不加批評與持久的愛；有時候是一次急需的現實資源。他們可以識別出一個人的才能，或透漏消息給家長知道儘管他們的孩子有吹雙簧管的天賦，但是她討厭它。教師、家教、營隊輔導員、保姆——為了讓受託人發揮最大的作用，只需要假設他們是最好的。如此一來，你將通常是對的。

# 後記

整本書中，我呼籲你們扮演文化人類學家、無聲管家或神遊旅行者的角色。我要求你們以一個住在遙遠國度來拜訪的姪女、來自哈薩克的交換學生、一個眼光敏銳的時尚達人或一隻狗的角度去看待你的孩子。為什麼？因為每天我都看到父母和孩子緊緊擁抱在一起，而沒有對話的空間。我在本書分享的是心靈、實踐和咒語的轉變，這些轉變最能讓父母鬆開擁抱並退後幾步。

在給學生的一封信中，詩人萊納・瑪利亞・里爾克（Rainer Maria Rilke）寫到分離如何導致理解和愛：

一旦接受即便是最親密的人也存在著無限的距離這個現實，就可以發展出相互支持的美妙生活，如果他們能愛上彼此間的這種距離感，就可以使看見另一方的完整天空成為可能。

為了愛上你和孩子之間的距離，你需要的只是尊重孩子的自然需求：孩子與父母分開的正常發展。透過你的言行舉止，你將教會你的孩子如何理解世界、置身其中，然後向你解釋一切。他的世界將與你所知道的不同；這就是它的美妙之處。但是一個年幼的孩子缺乏描繪全貌的詞彙。孩子被他們所感知和看到的所有事物淹沒；他們需要一個機敏、有耐心和生動的翻譯者。

年齡較大的孩子已經有足夠的語言能力。他們需要的是一位在遛狗的同時會聆聽兒子沉思的父母；對女兒最喜歡的電視節目提出敏銳的問題，而不是詢問其私生活的父母；當一個青少年感動地分享他的驕傲或痛苦時，能夠等待不打斷他的父母。若說最有價值的聲音課程是知道何時該保持安靜，絕非一個誇大的說詞。

你的孩子每天都是一個新的人：更多的細胞、更多的驚奇、更多痛苦和喜悅的變化。當你慢下來、當你放下手機並打開你的好奇心和熱情時，你會加深自己與孩子的連結。你要作為一位遠離科技磁場的護航者，然後進入童年的「宏偉大教堂空間」。在那個廣闊而神聖的地方，孩子們會說出內心真話。聆聽你的教誨，他們會學會同理自己和他人。你和他們的世界將更豐富、更神奇。你們會看見彼此完整的模樣。

# 致謝

如果沒有麗奈特・帕德瓦（Lynette Padwa）的編輯天分和支持，這本書不會存在，她幫助我堅持到底並且不偏離主題。同時，她很風趣、有耐心且冷靜。麗奈特不是寄給我冗長的電子郵件，而是打電話給我，或是建議我們見面但從事各自的工作。聲音課程就此產生。

感謝 Scribner 出版社的團隊：我的編輯——卡拉・沃森（Kara Watson），她的平易近人、溫暖、協助和機敏使本書前往明確和體面的方向；出版商——南・葛拉漢（Nan Graham）的傑出管理；編輯助理——愛蜜莉・葛林華德（Emily Greenwald），她維持我們觀點的新鮮和流行；珈雅・米塞利（Jaya Miceli）俏皮且具創造力的書封設計；凱利・卡貝爾（Kyle Kabel）迷人的內頁設計；以及瑪莉・貝斯・康絲坦特（Mary Beth Constant）的靈巧校對。

感激我的經紀人——蘇珊娜・格魯克（Suzanne Gluck，負責著作）與戴比・格林（Debbie Greene，負責演講），這兩位女性的溝通風格是我嘗試使用於任何需要特殊魔法的情況：融合了犀利的商業頭腦與讓人最放鬆的友好能力。

感謝卡拉・沃爾（Kara Wall），我超過十年的助理，感謝她良好的幽默感、優秀的判斷力和敏銳的觀察力；迅速的訪談謄寫器——亞曼達・巴克納（Amanda Buckner）；Chevalier's Books（洛杉磯最悠久的獨立書店！）的麗茲・諾伊施塔特（Liz Newstadt）與艾瑞卡・勒特雷爾（Erica Lutrell）對作者和書籍的鼓勵；還有洛杉磯公立圖書館皮優皮可韓國城分館（Pio Pico Koreatown branch of the Los Angeles Public Library）的可愛圖書館員，那裡是我唯一可以遠離電子產品並且振筆疾書的地點。

我感激全國獨立學校學會（National Association of Independent Schools）讓我進行了「來自保健室的觀點」（*View From the Nurse's Office*）的研究計畫，以及護士們慷慨分享他們對於學生與家長的世界正在改變的看法，即便他們正在照料傷口和撫慰學生。

我怎麼可能寫一本關於對話的書籍卻沒有優秀的交談者呢？特別感謝我的先生——邁克爾・托爾金（Michael Tolkin），他的聲音——低沉、滑稽又具啟發性——還有我已成年的女兒們，蘇珊娜（Susanna）和艾瑪（Emma），她們擴充了我對於她們那種非常現代生活的知識及語彙。以及感謝同事和友人：卡爾・曼尼柯塔拉（Kal Maniktala），兒童及青少年精神病學家，為了分享我們本身的故事篇章及家庭背後故事的喜悅而持續當了三十五年的支持者；蓋瑞・艾瑪利醫師（Gary Emery），長期的大師及嚮導；以及風趣、有智慧、善良，同時是一位快速步行者和有趣說話者的勞瑞・古德曼（Laurie Goodman）。

我把本書獻給我的父母，撰寫此書時，兩人的年齡分別是八十九歲和九十五歲。他們從一開始就提供了聲音課程的價值。媽，謝謝您，從我開始發表意見以來就一直認真地聽取我的意見、讓我進入戲劇學校、幫我買木偶，這些舉動帶領我通往表演、通往演講、通往我的旅程、讓我看見保存和保護對話藝術的重要性，尤其是針對那些認為彼此差異太大，很難找到共通點的人們。還有謝謝您對人類文化表達的每個轉折仍舊抱持著開放的心胸。

爸，謝謝您每天陪我走路上學時與我的談話，以及記得我所有朋友的名字。尤其感謝您作為一個說故事大師的身分。您可以看出每件事的幽默之處，並且將每件事作為題材：成長於布萊頓海灘、你在印度和緬甸從軍的那些年、參加哈林區的舞蹈比賽、在同一間辦公室出版*National Lampoon and Weight Watchers Magazine* 的試驗。您的故事散布在所有我寫的文字當中。

# 推薦閱讀

這是我目前選出的最愛清單，經過分類且依作者姓氏的字母順序排列。我排除了知名人士的書籍及流行經典，只包含較少人知道的書籍，它們可以打開父母避之不談的話題大門，並且提供一個共享魔力的門戶。

## 給兒童的書籍

Ellis, Carson. *Du Iz Tak?* Somerville, MA: Candlewick Press, 2016：美麗且古怪的生物使用虛構的語言。這本給孩子的友善繪本適合年齡七歲以上的兒童，它囊括了大範圍的現代家庭形式，包括領養、同性父母、單親和繼父母。

Harris, Robie H., and Michael Emberley. *It's So Amazing!: A Book about Eggs, Sperm, Birth, Babies, and Families.* Somerville, MA: Candlewick Press, 2014.

Schaefer, Valorie Lee, and Josee Masse. *The Care & Keeping of You: The Body Book for Younger Girls.*

Middleton, WI: American Girl, 2012.

Tarshis, Lauren. *I Survived Hurricane Katrina*, 2005. New York: Scholastic, 2011. 《I Survived》系列是令人感到振奮且具歷史意義的書籍，它們單獨以孩子作為主要角色——內容包含珍珠港、911 攻擊和納粹入侵。你已經感到緊張了嗎？如同以往，明智的策略是查詢 commonsensemedia.org，上面有根據教育價值、正面資訊、正向角色榜樣、暴力和恐懼，以及語言的評分。

Waber, Bernard, and Suzy Lee. *Ask Me.* Boston: Houghton Mifflin Harcourt, 2015. 一位父親和女兒在秋日散步時的談話。他們對話的稀疏話語和充滿愛的韻律可以作為孩子與父母間一問一答的驚奇實用指南。

## 給青少年的書籍

Harris, Robie H., and Michael Emberley. *It's Perfectly Normal: Changing Bodies, Growing Up, Sex, and Sexual Health.* Somerville, MA: Candlewick Press, 2014.

Hoxie, W. J. *How Girls Can Help Their Country: Handbook for Girl Scouts.* Carlisle, MA: Applewood Books, 1913. 這本書是由美國女童軍創始人——茱麗葉．高登．羅所著。Applewood Books 是一間總部位於麻薩諸塞州的出版商，致力於「重印美國的生動經典——仍然吸引現代讀者興趣的過往書籍，」發行了此書一百週年的紀念版本。閱讀它並且學習一個女孩如何只使用六吋長的繩索將竊賊牢牢綁緊。

Natterson, Cara and Josee Masse. *The Care & Keeping of You 2: The Body Book for Older Girls.* Middleton, WI: American Girl, 2012.

Silverberg, Cory, and Fiona Smyth. *Sex Is a Funny Word: A Book about Bodies, Feelings, and You.* New York: Triangle Square, 2015.

## 給父母們的書籍

Biddulph, Steve. *Raising Boys: Why Boys Are Different —— and How to Help Them Become Happy and Well-Balanced Men.* Berkeley, CA: Ten Speed Press, 2013. 一位澳洲作家。一本絕佳、平易近人又睿智的書。

Damour, Lisa. *Untangled: Guiding Teenage Girls through the Seven Transitions into Adulthood.* New York: Ballantine Books, 2016. 在我執業過程中，我向所有青少年的父母推薦這件珍品。

Gnaulati, Enrico. *Back to Normal: Why Ordinary Childhood Behavior Is Mistaken for ADHD, Bipolar Disorder, and Autism Spectrum Disorder.* Boston: Beacon Press, 2013.

Isay, Jane. Unconditional Love ‥ *A Guide to Navigating the Joys and Challenges of Being a Grandparent Today*. New York ‥ HarperCollins, 2018.

Kobliner, Beth. *Make Your Kid a Money Genius (Even If You're Not).* New York: Simon & Schuster, 2017.

Lancy, David. *The Anthropology of Childhood: Cherubs, Chattel, Changelings.* Second Edition. New York: Cambridge University Press, 2015.

Laureau, Annette. *Unequal Childhoods: Class, Race, and Family Life.* Berkeley: University of California Press, 2011.

Leitman, Margot. *Long Story Short: The Only Storytelling Guide You'll Ever Need.* Seattle, WA: Sasquatch Books, 2015.

Lieber, Ron. *The Opposite of Spoiled: Raising Kids Who Are Grounded, Generous, and Smart About Money.* New York: HarperCollins, 2015.

Lythcott-Haims, Julie. *How to Raise an Adult: Break Free of the Overparenting Trap and Prepare Your Kid for Success.* New York: Henry Holt, 2015.

Nash, Jennie. *Raising a Reader: A Mother's Tale of Desperation and Delight.*

New York: St. Martin's Press, 2003.

Olive, John. *Tell Me a Story in the Dark: A Guide to Creating Magical Bedtime Stories for Young Children.* Sanger, CA: Familius, 2015.

Ripley, Amanda. *The Smartest Kids in the World: And How They Got That Way.* New York: Simon & Schuster, 2013.

Roffman, Deborah. *Talk to Me First: Everything You Need to Know to Become Your Kids'"Go-To"*

*Person about Sex.* Boston: Da Capo, 2012.

Shatkin, Jess. *Born to Be Wild: Why Teens Take Risks, and How We Can Help Keep Them Safe.* New York: Penguin Random House, 2017. 青少年老鼠與同伴在一起時，選擇飲用更多酒精。那麼成年老鼠呢？沒有變多，只喝相同的量。這樣你知道了吧！

## 給所有人的一本書

Fisher, Dorothy Canfield. *Understood Betsy.* 於一九一六年首次出版。

我媽媽告訴我，當我是個孩子時，我很愛這本書。最近我又讀了一次，發現自己仍然很喜歡。這本小說以一個帶著許多現代問題的主角為特色。一開始，九歲的伊莉莎白・安是一個最可憐的生物：骨瘦如柴、臉色蒼白又自私，她飽受數學恐懼症、慢性消化疾病、廣泛性焦慮和惡夢的困擾。當她被送往佛蒙特鄉村的一個農場與親人同住時，一位叔叔去火車站接她，實事求是地遞給了她駕馭馬的轠繩以及一段新生活。

這本書是作者最為人熟知的書籍。「母親不是讓你依賴的人，而是使你無需依賴的人」則是她最有名的語錄。

# 附錄

## 男孩與女孩在大腦發展和功能上的相對差異（擴增版）

| 男　孩 | 女　孩 |
|---|---|
| 男性大腦的下頂葉通常較大；這個區域掌管空間和數學推理。男孩大腦中負責語言的區域比起女孩發展得更慢。男孩在說話和聆聽時主要是使用左腦。 | 女孩大腦的布洛卡區和威尼克區有著更多的神經元，這些區域掌管語言的產生和理解。胼胝體是連接左右大腦半球的神經組織，在女孩的大腦中較厚，所以有利於溝通。女孩在說話和聆聽時會同時使用到左右腦。 |
| 男孩的三度空間推理較好（例如，能夠想像物體旋轉時的外觀），並且更能將情感與理智分開。 | 女孩更會不自覺地將情感和理智融合在一起。 |
| 男孩可以更容易極度專注，但較不擅長任務切換。 | 女孩較厚的胼胝體使她們能同時進行多項任務的能力優於男孩，因為她們能夠同時使用左右腦來處理刺激。 |
| 男孩大腦中掌管空間記憶的區域比女孩早熟四年。 | 女孩大腦中掌管語言及精細動作技巧的區域最多可以比男孩早熟六年。 |
| 幾乎所有男孩在四歲半時的語言表達可以被他人理解。平均而言，男孩每天的詞彙量較女孩少，語速也相對較慢。 | 幾乎所有女孩的語言表達在三歲的時候就可以被理解。平均而言，女孩每天的詞彙量是男孩的兩到三倍，講話速度是男孩的兩倍。 |
| 學習閱讀的時間比女孩慢。 | 學習閱讀的時間比男孩早一年到十八個月。 |
| 身體分泌的血清素比女孩少，使得男孩更煩躁，更容易衝動行事；男孩大腦分泌的催產素和血管加壓素也較女孩來得少，使他們不那麼容易察覺到他人痛苦或憂慮的信號。 | 身體分泌更多的血清素，使得女孩更容易調節情緒以及控制情緒的表達；分泌較多的催產素和血管加壓素，也使得女孩能快速應對他人痛苦或憂慮的信號。 |

| 男　孩 | 女　孩 |
|---|---|
| 交談中，男孩需要說話者的音量高於女孩所需要的六到八分貝，這樣他們才能輕易地聽到，同時他們對背景噪音也有較高的容忍度。 | 產生聽力技能的神經連接在女性大腦中更為發達。女孩在較低的分貝時就能識別出聲音，也比男孩更能區辨語氣中的細微差異。在高頻下她們聽得更好。她們也更容易受背景噪音的影響。 |
| 男孩處理視覺線索的方式與女孩不同；他們容易被冷色系和動作所吸引，在明亮的光線下看得更清楚。 | 女孩容易被暖色系、臉孔和紋理所吸引。在生命的前三個月，女嬰會增加400%的目光接觸和相互凝視；男嬰的凝視不會增加。女孩較男孩更能察覺面部表情和肢體語言傳達的意思，且在較暗的光線下能看的較好。 |
| 男性的自主神經系統（調節內臟器官功能，如心率、血壓和消化）讓他們對壓力或對抗作出興奮反應。他們的感官會變得敏銳，而且會感到精神振奮。 | 女性的自主神經系統使她們透過在原地靜止不動和／或感到噁心、頭暈、厭惡和恐懼來應對極端的壓力。 |
| 男孩的睪固酮濃度較高；然而，男孩之間的睪固酮濃度範圍差異很大。睪固酮導致男孩藉由侵略和企圖占主導地位來表達他們的社交能量。 | 女孩擁有較高濃度的雌激素和黃體素，兩者是「社交荷爾蒙」。女孩利用社交能量與同齡人和成年人形成依附和同盟。她們也會經歷較強烈和快速的情緒起伏。 |
| 男孩需要更長的時間去處理情緒刺激；他們在情感上比女孩更脆弱，更難以撫慰。 | 女孩經由比男孩更多的感官來處理情緒，並且能夠更有效地表達和處理情緒所引發的經驗。她們更廣泛的資訊流（例如，閱讀他人臉部表情的能力）使得女孩較容易鑽牛角尖。 |
| 相較女孩，男孩不太尋求目光接觸，當他們坐在某人旁邊和一起從事體能活動時，往往會更願意進行口語交流。 | 女孩會尋求目光接觸、微笑和面對面的口語溝通，並作出正向的回應。 |

# 引用

## 作者的話

* 不過這個工作已經開始了。*Russo, Francine, "Is There Something Unique About the Transgender Brain?" Scientific American, January 1, 2016. https://www.scientificamerican.com/article/is-there-something-unique-about-thetransgender-brain/.*

## 第一章

* 大腦發育確實與社交互動有關。*Catherine Saint-Georges et al., "Motherese in Interaction: At the Cross-Road of Emotion and Cognition? (A Systematic Review)," PLoS One 8, no. 10 (2013). http://www.ncbi.nlm.nih.gov/pmc/articles/PMC3800080/.*

* 在進行醫學檢查時，降低他們的疼痛感。*Joanne Loewy et al.,"The Effects of Music Therapy*

*on Vital Signs, Feeding, and Sleep in Premature Infants," Pediatrics 131, no. 5 (May 2013), http://pediatrics.aappublications.org/content/early/2013/04/10/peds.2012-1367.abstract.*

＊媽媽的聲音和心跳確實會導致寶寶的大腦長得更大。*Douglas Quenqua, "Mothers' Sounds Are Building Block for Babies' Brains," New York Times, February 23, 2014, https://well.blogs.nytimes.com/2015/02/23/mothers-sounds-are-building-block-for-babies-brains.*

＊一個孩子應該從出生到五歲之間獲得大量充滿文法糾正、適當發音和豐富字彙的口語刺激。*"Frequently Asked Questions about Brain Development," Zero to Three, https://www.zerotothree.org/resources/series/frequently-asked-questions-about-brain-development.*

＊聽到各式各樣、大量詞彙的孩子與那些沒有聽到的孩子。*Margaret Talbot, "The Talking Cure," New Yorker, January 12, 2015, http://www.newyorker.com/magazine/2015/01/12/talking-cure.*

＊*36* 個月大時能夠發展出更進階的表達性語言。*Nadya Pancsofar and Lynne Vernon-Feagans. "Fathers' Early Contributions to Children's Language Development in Families from Low-Income Rural Communities," Early Childhood Research Quarterly 25, no. 4 (October 2010), http://www.ncbi.nlm.nih.gov/pmc/articles/PMC2967789/.*

＊她明確地回答：「沒錯！」*Personal conversation with Los Angeles —— based early childhood educator Beth Weisman.*

＊讓寶寶可以適當地清晰發音。*Renee Bevis, RN, "Why Kids Need to Learn to Eat (not just suck) and*

*Hungry Babies Must Be Fed (even if their parents are afraid they'll get fat),” Child Care Health Solutions newsletter, January 2014.*

*「照顧者專注在那些設備上……」*Jenny Radesky et al., “Patterns of Mobile Device Use by Caregivers and Children During Meals in Fast Food Restaurants,” Pediatrics, 113, no. 4 (April 2014), http://pediatrics.aappublications.org/content/pediatrics/133/4/e843.full.pdf.*

*相較於使用手機的父母。*Leah Todd, “Parents Who Use Cell Phones on Playgrounds Feel Guilty, Study Finds,” Phys.org, May 21, 2015,*

*http://phys.org/news/2015-05-parents-cell phones-playgrounds-guilty.html.*

*「我要去多遠的地方呢，他們可能會合理的擔心……」*Susan Dominus, “Motherhood, Screened Off,” New York Times Magazine, September 24, 2015, http://www.nytimes.com/2015/09/24/magazine/motherhood-screened-off.html.*

*這種尋求和發現的壓力就會加劇。*Susan Weinsehenk, “Why We're All Addicted to Texts, Twitter and Google,” Psychology Today, September 11, 2012, https://www.psychologytoday.com/blog/brain-wise/201209/why-were-all-addicted-texts-twitter-and-google.*

*「許多網路公司正在學習菸草業……」*Bill Davidow, “Exploiting the Neuroscience of Internet Addiction,” Atlantic, July 18, 2012, http://www.theatlantic.com/health/archive/2012/07/ exploiting-the-neuroscience-of-internet-addiction/259820/sh.*

* 「我們可能認為孩子天生就對手機著迷……」 *Linda Stone, interview by James Fallows, "The Art of Staying Focused in a Distracting World," Atlantic, June 2013, http://www.theatlantic.com/magazine/archive/2013/06/the-art-of-paying-attention/309312/.*

* 「非常年幼的孩子經由雙向溝通會學得最好……」 *Ari Brown, Donald L. Shifrin, and David L. Hill, "Beyond 'Turn It Off': How to Advise Families on Media Use," AAP News, September 28, 2015, http://www.aappublications.org/content/36/10/54.full.*

* 「……也會妨礙睡眠的質量。」 *American Academy of Pediatrics, "American Academy of Pediatrics Announces New Recommendations for Children's Media Use," news release, October 21, 2016, https://www.aap.org/en-us/about-the-aap/aap-press-room/Pages/American-Academy-of-Pediatrics-Announces-New-Recommendations-for-Childrens-Media-Use.aspx.*

* 「學齡兒童因為語言障礙需要額外協助……」 *Laura Clark, "Gadgets Blamed for 70 Per Cent Leap in Child Speech Problems in Just Six Years,"Daily Mail, December 27, 2012, http://www.dailymail.co.uk/news/article-2253991/Gadgets-blamed-70-cent-leap-child-speech-problemsjust-years.html#ixzz3HIrgYRFI.*

* 「他們就只會知道什麼是孤單。」 *Nick Bilton, "The Child, the Tablet and the Developing Mind," New York Times, March 31, 2013, http://bits.blogs.nytimes.com/2013/03/31/disruptions-what-does-a-tablet-do-tothe-childs-mind/*

## 第二章

*「童話具有暗示性」 *Bruno Bettelheim, The Uses of Enchantment:The Meaning and Importance of Fairy Tales (New York: Vintage, 1989).*

## 第三章

*如果拒絕這些機會，麻煩就在等著他們。 *David Lancy, The Anthropology of Childhood: Cherubs, Chattel, Changlings (New York: Cambridge University Press, 2008).*

*男孩和女孩在說話、拼圖或呈現視覺分心的情況下。 *David Walsh, PhD, Smart Parenting, Smarter Kids (New York: Simon & Schuster, 2011).*

*在影響語言、空間記憶和動作協調等區域。 *Virginia Bonomo, "Gender Matters in Elementary Education: Research-Based Strategies to Meet the Distinctive Learning Needs of Boys and Girls," Educational Horizons 88, no. 4 (Summer 2010), 257–264.*

*不太會干擾到一個男孩。 *Leonard Sax, "Sex Differences in Hearing: Implications for Best Practice in the Classroom," Advances in Gender and Education 2 (2010), 13–21. © 2010 Montgomery Center for Research in Child & Adolescent Development. Full text online at www.mcread.org.*

*坐在前面的表現可能會比坐在後面時。 *Ibid.*

*男孩與女孩在腦部發展和功能上的相對差異。*Chart information compiled and adapted from: Walsh, Smart Parenting, Smarter Kids; Sax, "Sex Differences in Hearing"; Bonomo, "Gender Matters in Elementary Education"; and Michael Gurian, Boys and Girls Learn Differently!: A Guide for Teachers and Parents (San Francisco: Jossey-Bass, 2001).*

*兩天前而非這個下午所發生的事。*Gurian, Boys and Girls Learn Differently!*

*使他們對他人的情緒或生理痛苦反應較慢。*Ibid.*

*「增加了他們未來罹患焦慮症、憂鬱症和其他疾病的機率。」*Peter Gray, "The Decline of Play and the Rise of Psychopathology in Children and Adults," American Journal of Play 3, no. 4 (Spring 2011), http://www.journalofplay.org/issues/3/4/article/decline-play-and-rise-psychopathology-children-and-adolescents.*

*「吸一口新鮮的香菸。」*"10 Creepy Vintage Ads of Doctors Endorsing Cigarettes." The Ghost Diaries, July 2015, http://theghostdiaries.com/10-creepy-vintage-ads-of-doctors-endorsing-cigarettes/.*

*「當他們遠離電玩時，會經歷像是戒斷的症狀。」*American Psychiatric Association, Diagnostic and Statistical Manual of Mental Disorders (Washington, DC: American Psychiatric Association, 2013).*

*年齡八至十八歲的孩子之中，只有8%的遊戲者符合那個標準。*Daphne Bavelier, "Brains on Video Games," Nature Reviews Neuroscience 12 (December 2011), http://www.nature.com/nrn/journal/v12/n12/full/nrn3135.html.*

*愉快連結的感受。Amanda Lenhart, "Teens, Technology and Friendships," Pew Research Center, August 6, 2015, http://www.pewinternet.org/2015/08/06/teens-technology-and-friendships/.

*每日從事電玩超過三個小時。Andrew K. Przybylski, PhD, "Electronic Gaming and Psychosocial Adjustment," Pediatrics 134, no. 3 (September 2014), http://pediatrics.aappublications.org/content/pediatrics/early/2014/07/29/peds.2013-4021.full.pdf.

## 第四章

*更可能過早就有性生活。B. J. Ellis et al., "A Longitudinal Study: Does Father Absence Place Daughters at Special Risk for Early Sexual Activity?" Journal of Child Development 74, no. 3 (May–June 2003), 801–821.

*不要評論女孩的體重。Brian Wansink, Lara A. Latimer, and Lizzy Pope, "'Don't Eat So Much': How Parent Comments Relate to Female Weight Satisfaction," Eating and Weight Disorders, June 6, 2016.

*用多種語氣講述一個句子或詢問一個問題。Peggy Post and Cindy Post Senning, Emily Post's The Gift of Good Manners: A Parent's Guide to Raising Respectful, Kind, Considerate Children (New York: William Morrow, 2005).

## 第五章

* 「其他文字則具有許多不同的意思（如：遊戲）」 Cory Silverberg and Fiona Smyth, *Sex Is a Funny Word: A Book about Bodies, Feelings, and YOU* (New York: Triangle Square, 2015).
* 使用孩子一定能夠瞭解的單字。 Betsy Brown Braun, *Just Tell Me What to Say: Sensible Tips and Scripts for Perplexed Parents* (New York: HarperCollins, 2008).

## 第六章

* 冒險的吸引力有助於青少年與父母分離。 Agnieszka Tymula, "Adolescents' Risk-Taking Behavior Is Driven by Tolerance to Ambiguity," *Proceedings of the National Academy of Sciences of the United States of America* 109, no. 42 (October 16, 2012), http://www.pnas.org/content/109/42/17135.
* 帶有情緒的狀況和影像的反應。 National Institute of Mental Health (NIMH), *The Teen Brain: Still Under Construction* (Bethesda, MD: 2011).
* 憤怒和厭惡。 Kate Lawrence, Ruth Campbell, and David Skuse, "Age, Gender and Puberty Influence the Development of Facial Emotion Recognition," *Frontiers in Psychology* ( June 16, 2015), https://www.ncbi.nlm.nih.gov/pmc/articles/PMC4468868/.
* 影響到他們對壓力的反應。 NIMH, *The Teen Brain: Still Under Construction.*

＊九或十個小時的夜間睡眠。*Mary A. Carskadon, PhD, "Sleep and Teens —— Biology and Behavior," National Sleep Foundation, Spring 2006,https://sleepfoundation.org/ask-the-expert/sleep-and-teens-biology-and-behavior.*

＊焦慮、憂鬱、衝動行為。*NIMH, The Teen Brain: Still Under Construction.*

＊隔天可以吸收新資訊。*Gary Stix, "Sleep Hits the Reset Button for Individual Neurons," Scientific American, March 22, 2013, https://blogs.scientificamerican.com/talking-back/sleep-hits-the-reset-button-for-individual-neurons/.*

＊「……我們常忘了提及我們會受到怎樣的損害。」*Camille Peri, "10 Things to Hate About Sleep Loss," WebMD, last modified February 13, 2014, http://www.webmd.com/sleep-disorders/features/10-results-sleep-loss.*

＊勸說意圖自殺的人離開高處的技巧。*Jaime Lowe, "How to Talk to a Stranger in Despair," New York Times Magazine, January 13, 2017, https://www.nytimes.com/2017/01/13/magazine/how-to-talkto-a-stranger-in-despair.html.*

## 第八章

＊「……孩子們長大成人。」*Lucia Ciciolla and Suniya Luthar, "Why Mothers of Tweens —— Not Babies —— Are the Most Depressed," Aeon, April 4, 2016, https://aeon.co/ideas/why-mothers-of-*

*tweens-not-babiesare-the-most-depressed.*

*「……年輕人之間手機的使用與憂鬱情緒有關。」 *Ramin Mojtabai, Mark Olfson, and Beth Han, "National Trends in the Prevalence and Treatment of Depression in Adolescents and Young Adults," Pediatrics 138, no. 6 (December 2016), http://pediatrics.aappublications.org/content/early/2016/11/10/peds.2016-1878.*

*贏錢或吃巧克力時。 *Association for Psychological Science, "Social Media 'Likes' Impact Teens' Brains and Behavior," news release, May 31, 2016, https://www.psychologicalscience.org/news/releases/socialmedia-likes-impact-teens-brains-and-behavior.html#.WKIXCYWR-Kz.*

## 第九章

*「新鮮義大利餃子。」 *"Massimo Bottura," Chef's Table, season 1, episode 1, directed by David Gelb (Netflix, 2015).*

## 第十章

*只有2%的大學在校生有拿到體育獎學金。 *"NCAA Recruiting Facts," National Collegiate Athletic Association, July 2016, https://www.ncaa.org/sites/default/files/Recruiting%20Fact%20Sheet%20WEB.pdf*

# 附錄

*男孩與女孩在大腦發展和功能上的相對差異。*Chart information compiled and adapted from: Walsh, Smart Parenting, Smarter Kids; Gurian, Boys and Girls Learn Differently!; Sax, "Sex Differences in Hearing" ; and Bonomo, "Gender Matters in Elementary Education."*

高寶書版集團
gobooks.com.tw

FU 095
**好好和孩子說話，創造零距離對話**
心理學家的父母說話課，有效溝通、情緒減壓，打造親密和諧的親子關係

作　　者　溫蒂·莫傑爾博士（Wendy Mogel, PhD）
譯　　者　陳莉淋
特約編輯　林婉君
助理編輯　陳柔含
封面設計　黃馨儀
內頁排版　李夙芳
企　　劃　何嘉雯

發 行 人　朱凱蕾
出　　版　英屬維京群島商高寶國際有限公司台灣分公司
　　　　　Global Group Holdings, Ltd.
地　　址　台北市內湖區洲子街88號3樓
網　　址　gobooks.com.tw
電　　話　(02) 27992788
電　　郵　readers@gobooks.com.tw（讀者服務部）
　　　　　pr@gobooks.com.tw（公關諮詢部）
傳　　真　出版部　(02) 27990909　行銷部 (02) 27993088
郵政劃撥　19394552
戶　　名　英屬維京群島商高寶國際有限公司台灣分公司
發　　行　英屬維京群島商高寶國際有限公司台灣分公司
初版日期　2019 年 6 月



國家圖書館出版品預行編目(CIP)資料

好好和孩子說話,創造零距離對話：心理學家的父母說話課，有效溝通、情緒減壓，打造親密和諧的親子關係 / 溫蒂·莫傑爾（Wendy Mogel）著；陳莉淋譯
-- 初版. -- 臺北市：高寶國際出版：高寶國際發行, 2019.06
面；　公分. --（未來趨勢學習；FU 095）
譯自：Voice lessons for parents : what to say, how to say it, and when to listen

IISBN 978-986-361-690-0(平裝)

1. 親職教育　2. 親子關係　3. 親子溝通

528.2　　108007182

GOBOOKS
& SITAK
GROUP©